AF330715

JURISPRUDENCE DU CONSEIL D'ÉTAT

EN MATIÈRE DE TRAVAUX PUBLICS.

ANNÉE 1851.

PÁRIS. — IMPRIMERIE DE SOYE, RUE DE SEINE, 36.

JURISPRUDENCE

DU

CONSEIL D'ÉTAT

EN MATIÈRE DE TRAVAUX PUBLICS

REVUE COMPLÈTE ET RAISONNÉE

DES ARRÊTS RENDUS PAR LE CONSEIL D'ÉTAT

SUR LES CONTESTATIONS RELATIVES A L'EXÉCUTION DES TRAVAUX PUBLICS
AVEC LES TEXTES DE LOIS ET RÈGLEMENTS QUI Y SONT RAPPORTÉS

PAR ED. DELVINCOURT

Docteur en droit, avocat au Conseil d'État, à la Cour de Cassation,
et de l'Administration générale des forêts.

———

ANNÉE 1851.

PARIS

CHEZ L'AUTEUR, RUE DES PETITS-AUGUSTINS, 12.

—

1852

INTRODUCTION

Le Conseil d'État est le tribunal où se jugent en dernier ressort les réclamations contentieuses des entrepreneurs de travaux publics. C'est sa jurisprudence qui fait loi, et c'est en conséquence cette jurisprudence que les entrepreneurs doivent connaître pour apprécier la valeur des réclamations qu'ils ont à former. De plus, les décisions du Conseil d'État étant presque toujours motivées en fait, il n'est possible d'en bien comprendre la portée que lorsque l'exposé de l'affaire jugée a été assez développé pour bien éclairer le lecteur sur les faits que le juge a eus à apprécier. C'est ce but que nous nous sommes efforcé d'atteindre dans le recueil que nous livrons à la publicité. Nous avons cherché, en évitant toutefois de nous trop noyer dans les détails, a bien mettre nos lecteurs au courant des faits qui ont donné lieu à des décisions du Conseil d'État, en analysant les prétentions contraires et en prenant soin de rappeler, à chaque espèce, l'opinion du ministre compétent, ce qui établit une espèce de jurisprudence ministérielle qui peut être au besoin invoquée. Nous pensons que ce recueil ainsi conçu sera d'une incontestable utilité pour les entrepreneurs auquel il est destiné, et nous avons eu soin, afin d'en rendre l'étude plus aisée, de le faire suivre de tables diverses qui faciliteront les recherches. Enfin, nous y avons joint les lois et ordonnances qui règlent le mode qui sera suivi et les formalités qui seront remplies pour l'adjudication des marchés publics, et de plus les clauses et conditions générales imposées aux entrepreneurs des travaux des Ponts et Chaussées.

Le présent volume contient la série des arrêts rendus par le Conseil d'État depuis le 1er janvier 1851 jusqu'au 2 décembre, jour auquel il a été dissous. Le volume de 1852 contiendra les arrêts rendus depuis le jour de sa réorganisation jusqu'à la fin de l'année.

JURISPRUDENCE

DU

CONSEIL D'ÉTAT

Séance du 4 janvier 1851.

Pourvoi du sieur Orth, entrepreneur, contre un arrêté du Conseil de Préfecture du Bas-Rhin, du 2 août 1847. — Décisions diverses.

M. Henri Orth, entrepreneur, s'était rendu adjudicataire d'une fourniture extraordinaire de matériaux pour la route départementale n° 7, de Saverne à Fort-Louis.

Dans le cahier des charges sur lequel eut lieu l'adjudication, on avait conservé une partie de la disposition de l'art. 3 du devis général de l'entretien des routes du département, relatif au cassage des matériaux, ainsi conçue : « Les matériaux destinés au « rechargement de la chaussée d'empierrement seront réduits à « une grosseur telle qu'ils puissent passer, en tous sens, dans un « anneau de 0 m. 06 c. de diamètre. Le cassage sera fait dans les

« lieux d'extraction et hors de la route, à moins d'ordre contraire
« donné, par écrit, à l'entrepreneur. »

Mais on avait rayé la clause qui suit immédiatement, laquelle
portait : « La grosseur indiquée ci-dessus comme *maximum* pour
« les matériaux destinés aux entretiens, est de rigueur, et pour
« obvier aux conséquences de toute fraude ou négligence à cet
« égard, l'administration se réserve la faculté de faire ramasser et
« casser, aux frais de l'entrepreneur, par des ouvriers en régie,
« les pierrailles ou cailloux qui, même après la réception et l'em-
« ploi, seraient reconnus ne pas satisfaire au premier paragraphe
« du présent article. » A cette clause on avait substitué celle-ci
infiniment plus élastique :

« L'administration se réserve la faculté, si les pierres et les
« cailloux sont *mal cassés*, de les faire casser par des ouvriers en
« régie, aux frais de l'entrepreneur. »

Sous le bénéfice de la suppression de la première clause, l'entrepreneur avait, sous la surveillance de l'ingénieur chargé de
diriger les travaux, opéré le cassage des cailloux sur des échantillons déposés sur la route, selon l'entrepreneur, par les ordres de
l'ingénieur.

Survint un nouvel ingénieur qui désapprouva ce qu'avait fait
son prédécesseur et mit les travaux en régie, pour avoir à recasser les cailloux soi-disant mal cassés par l'entrepreneur.

Deux opérations de cubage avaient eu lieu : la première le
25 novembre 1846, la seconde lors de la réception générale, le
14 avril 1847. — L'entrepreneur soutenait que la première opération n'était que préparatoire, qu'elle avait eu lieu hors de sa
présence et qu'il n'en avait pas eu connaissance. Quant à la seconde
opération, il la critiquait comme renfermant des erreurs qui lui
étaient préjudiciables.

Il avait donc à se plaindre 1° de l'opération du cubage, 2° de la
mise en régie. Il porta sa double réclamation devant le Conseil de
Préfecture du Bas-Rhin. Il demandait, entre autres choses, que le
conseil ordonnât une expertise qui vérifiât les erreurs contenues
au procès-verbal de cubage. Le 2 août 1847, intervint un arrêté
de ce conseil ainsi conçu :

« Considérant que le réclamant soutient à l'appui de sa demande en expertise, que le cubage des matériaux qu'il avait livrés, est erroné, et qu'il y a lieu de procéder à une vérification pour rectifier les erreurs contenues au procès-verbal du 25 novembre 1846 ; qu'en ce qui concerne la grosseur des pierres, il s'est conformé à un échantillon à lui remis par M. l'ingénieur Schlesing ; que c'est donc à tort qu'une régie a été établie pour compléter la fourniture et faire le cassage conformément au devis ;

« Considérant que le procès-verbal qui constate les résultats du cubage des matériaux a été présenté à l'entrepreneur le 26 novembre 1846, pour l'accepter ; qu'il est vrai que cette acceptation n'a pas eu lieu ; mais que, d'après l'art. 9 du devis, conforme à l'art. 32 des clauses et conditions générales, l'entrepreneur devait fournir ses observations dans un délai de dix jours, ce qui n'a pas eu lieu ; que cette déchéance doit d'autant plus être appliquée, que, depuis le temps qui s'est écoulé, une vérification ne pourrait conduire aujourd'hui à aucun résultat certain ;

« Considérant, en ce qui concerne le cassage des pierres, que l'art. 3 du même devis porte que les matériaux seront réduits à une grosseur telle qu'ils puissent passer en tous sens dans un anneau de 6 centimètres de diamètre, et que le § 2 du même article autorise la mise en régie, si les matériaux sont mal cassés ;

« Considérant qu'il résulte du procès-verbal ci-dessus visé du 25 novembre 1846, que beaucoup de cailloux ou de pierres avaient des dimensions trop fortes ; qu'il est établi par le rapport de M. l'ingénieur ordinaire qu'il y avait de 46 à 65 pour 100 de matériaux cassés à 0 m. 08 c. de diamètre ; que, dès lors, il y avait lieu à l'application des dispositions ci-dessus visées du devis et à la mise en régie ; qu'en vain le réclamant soutient qu'il s'est conformé à des échantillons remis par l'ingénieur ordinaire ; que cette allégation est inadmissible, puisque cet agent ne pouvait s'écarter des termes formels du devis, qui fait la loi de l'entrepreneur ;

« Arrête :

« La réclamation du sieur Henri Orth est rejetée et le décompte de son entreprise demeurera tel qu'il a été établi par rectification du 10 juin 1847. »

Le 30 octobre 1847, M. Orth s'est pourvu au Conseil d'État contre cet arrêté.

A la déchéance prononcée contre lui pour le cubage des matériaux, il opposait l'art. 9 du devis spécial ainsi conçu : « L'ingénieur de l'arrondissement, accompagné du conducteur, procédera
en présence de l'entrepreneur, dûment appelé, aux réceptions générales ou partielles des matériaux approvisionnés et mis en état
de livraison. Il sera dressé, de chaque réception, un procès-verbal
qui, après avoir été signé par l'ingénieur, le sera aussi par le conducteur présent à l'opération et par l'entrepreneur, lequel pourra,
s'il le juge nécessaire, faire des observations par écrit à la suite
dudit procès-verbal, dont une expédition lui sera remise. » L'entrepreneur soutenait qu'il n'avait pas eu connaissance du procès-
verbal qui aurait été dressé le 25 novembre 1846 ; qu'en conséquence il n'avait pu consigner, à la suite, les observations qu'il
avait à y faire.

Au fond, il argumentait de la rature du deuxième paragraphe de
l'art. 3 du devis général d'entretien des routes ; et refusant de reconnaître la clause qu'on y aurait substituée, laquelle clause aurait
été omise sur l'exemplaire du devis à lui donné, il en concluait que
le premier ingénieur avait pu lui remettre, comme il lui avait remis,
des échantillons pour le cassage des pierres ; qu'il s'était d'ailleurs
conformé à ces échantillons ; que, si le nouvel ingénieur lui avait
donné de nouveaux ordres relativement à ce cassage, il s'y serait
également conformé, qu'il n'avait donc pas été nécessaire de mettre
les travaux en régie, ce qui lui avait causé une perte de 3,000 fr.

M. le ministre des travaux publics a répondu qu'il résultait tex-
tuellement du procès-verbal de réception du 25 novembre 1846,
que ce procès-verbal avait été dressé en triple expédition, dont
l'une avait été présentée au sieur Orth, qui avait refusé de la signer ; que cet entrepreneur en avait donc eu une parfaite connaissance, et que ses dénégations à cet égard ne pouvaient prévaloir
contre les énonciations précises de l'acte lui-même. Quant au caractère de l'acte, le ministre soutient que c'est un véritable procès-
verbal de réception et non un acte purement préparatoire.

Sur le second chef de réclamation, le ministre dit qu'il n'est nullement justifié, qu'il est même formellement dénié que le cassage
des pierres ait été effectué par l'ordre et sous la surveillance de
l'ingénieur ordinaire, conformément à des échantillons déposés sur
la route.

Reste le passage biffé de l'art. 3 du devis ; à cet égard le ministre fait observer que ce passage a été remplacé par la disposition ci-dessus rapportée : « Lors même, ajoute-t-il, que ce paragraphe aurait été omis sur l'expédition du devis délivrée au sieur Orth, l'article 21 des clauses et conditions générales, auxquelles l'art. 17 du devis soumet l'entrepreneur, y suppléerait et validerait suffisamment la mesure incriminée. »

Le Conseil d'État a prononcé en ces termes :

« Sans qu'il soit besoin d'examiner si le sieur Orth a encouru la déchéance résultant de ce qu'il n'avait pas, dans le délai de dix jours, présenté ses observations sur le cubage ;

« Considérant qu'il résulte de l'instruction que le sieur Orth, mis en demeure d'assister à la vérification qui serait faite du cubage, s'est borné à déclarer qu'il s'en référait aux observations par lui précédemment présentées, et que, dans ces circonstances, il y a lieu de prendre pour base des quantités de matériaux fournis, les résultats consignés dans le procès-verbal du 14 avril 1847 ;

« Au fond :

« Considérant qu'aux termes de l'art. 3 du cahier des charges, l'administration s'est réservé la faculté, si les pierres et cailloux n'étaient pas réduits à une grosseur telle qu'ils pussent passer en tous sens dans un anneau de six centimètres de diamètre, de les faire recasser par des ouvriers en régie aux frais de l'entrepreneur ;

« Considérant que le requérant ne conteste pas que les cailloux par lui fournis ne satisfaisaient pas aux conditions ci-dessus indiquées, et qu'il est établi qu'il n'a pas été autorisé, ainsi qu'il le prétend, à substituer au mode de vérification ci-dessus rappelé, celui de fournitures sur échantillons, d'où il suit qu'il avait encouru la mise en régie prévue par l'art. 3 du cahier des charges ;

« Décide :

« Art. 1. La requête du sieur Orth est rejetée. »

Parmi les événements qui, survenant en cours d'exécution d'une entreprise, peuvent avoir pour l'entrepreneur de fâcheux résultats, il faut citer en première ligne les changements dans le personnel des ingénieurs. Tous les jours il arrive qu'un ingénieur avec lequel l'entrepreneur a fait certaines conventions, certains arrangements en vertu desquels il a fait, soit en plus, soit en moins, certains travaux, reçoit un changement de service et part souvent précipitamment sans avoir le temps de mettre son remplaçant au courant d'autre chose que du gros, de l'ensemble du service. Il en résulte que l'entrepreneur se trouve, avec ses infractions en trop ou en moins au cahier des charges, en présence d'un nouvel ingénieur fort peu disposé souvent à accepter les idées de son prédécesseur et à reconnaître les arrangements dont excipe l'entrepreneur. Nous avons eu souvent occasion de voir se renouveler des événements de cette nature, et nous avons été à même d'apprécier les préjudices considérables qui en étaient résultés pour les entrepreneurs. Aussi ne pouvons-nous assez rappeler à ces derniers qu'il est pour eux d'une indiscutable nécessité de conserver des témoignages écrits des conventions qui interviennent, entre eux et les ingénieurs, en opposition aux conditions du cahier des charges. Munis de ces attestations, ils n'auront à craindre ni le changement du personnel, ni la mauvaise volonté des nouveaux ingénieurs, et devant le témoignage écrit des intentions et des engagements de ses agents, l'administration n'hésitera pas à reconnaître et à accueillir leurs réclamations.

Séance du 4 janvier 1851.

Pourvoi du sieur Escarraguel, ingénieur civil, contre un arrêté du Conseil de Préfecture de la Charente, du 17 décembre 1847. — Déchéance par l'expiration du délai de trois mois depuis la notification faite à l'entrepreneur de l'arrêté attaqué.

M. Escarraguel (Isnel), ingénieur civil, à Bordeaux, avait construit, en vertu de la concession qui lui avait été consentie, un pont sur la Charente, au lieu dit La Trache.

Indépendamment de ce pont où s'opère la perception du péage concédé, le sieur Escarraguel avait dû en élever un second, où aucun droit ne se perçoit, sur un bras de la Charente, qui contourne l'île des Chevreux.

Depuis la construction de ce dernier pont, l'administration, sur les réclamations des habitants du hameau de La Trache, avait prétendu qu'à l'endroit même où le pont a été élevé, il existait un gué facilitant l'exploitation de l'île, et que M. Escarraguel devait être tenu de rétablir le gué supprimé.

M. Escarraguel a résisté à cette prétention, soutenant, au fond, que les communications dont le rétablissement était demandé, en supposant qu'elles existassent réellement avant les travaux, n'avaient pas d'existence légale; il opposait, en outre, l'exception d'incompétence du conseil de préfecture, exception tirée de ce que, étant propriétaire du terrain sur lequel passaient les prétendus chemins conduisant au gué, la question de savoir si l'usage de ce gué était légalement dû aux propriétaires des Chevreux était une question de propriété de la compétence exclusive des tribunaux civils.

Le 17 décembre 1847, arrêté du conseil de préfecture de la Charente, qui rejetait les prétentions de l'entrepreneur.

Cet arrêté, notifié, le 23 décembre 1847, au sieur Laurent Desse, représentant le sieur Escarraguel, fut l'objet d'un pourvoi formé par ce dernier au conseil d'État le 31 mai 1848.

Deux moyens étaient présentés à l'appui du pourvoi : 1° une exception d'incompétence, 2° un moyen sur le fond.

Nous ne faisons que les indiquer, puisque le pourvoi n'a pas été examiné au fond.

Le ministre de l'intérieur, auquel le pourvoi a été communiqué, avant d'entrer dans l'examen du fond de l'affaire, a fait observer que le pourvoi du requérant pouvait être repoussé par une fin de non-recevoir; qu'en effet, la décision du conseil de préfecture avait été notifiée au sieur Escarraguel le 25 décembre 1847, ainsi que cela résultait d'un récépissé donné à cette date par le sieur Laurent Desse, son fondé de pouvoirs; que le pourvoi n'ayant été enregistré au secrétariat général que le 31 mai 1848, il avait été formé hors des délais du règlement.

Le ministre a présenté ensuite des observations au fond.

Le conseil d'État, accueillant la fin de non-recevoir du ministre, a statué ainsi qu'il suit :

« Considérant qu'il résulte de l'instruction que le sieur Desse était mandataire du sieur Escarraguel, et avait qualité pour recevoir les notifications administratives qui lui étaient adressées;

« Considérant que l'arrêté, ci-dessus visé, du conseil de préfecture de la Charente a été notifié audit sieur Desse, le 23 décembre 1847, et que le pourvoi n'a été enregistré que le 31 mai suivant, après l'expiration du délai de trois mois fixé par l'art. 11 du décret du 22 juin 1806 ;

« Décide :

« Art. 1er. La requête du sieur Isnel Escarraguel est rejetée. »

Cette décision contient une nouvelle manifestation de la jurisprudence invariablement suivie par le conseil d'État, dans l'application de l'art. 11 du décret du 22 juin 1806. Les justiciables, frappés par une décision préfectorale contre laquelle ils veulent se pourvoir, doivent donc se mettre immédiatement en règle afin de prémunir leur pourvoi contre une déchéance qui lui serait immanquablement opposée. Ils doivent se rappeler aussi que le délai de trois mois court contre eux, non pas seulement à partir du jour où l'arrêté préfectoral leur aurait été notifié, mais à partir du moment où on pourra prouver qu'ils en ont eu connaissance. (Voir arrêt Mourier et Marcellin, rendu par le Conseil d'État le 23 novembre 1850). Le plus sûr est donc toujours de se pourvoir dans les trois mois du jour où l'arrêté aura été rendu.

Séance du 18 janvier 1851.

Construction. — Responsabilité de l'architecte et de l'entrepreneur. — Arrêté par défaut. — Fin de non-recevoir.

Le sieur Épailly, ingénieur civil, architecte, avait fait, sur la demande du maire de Clérieux (Drôme), des plans et un devis pour la construction d'une maison d'école et d'une mairie dans cette commune. Le 21 mai 1842, le sieur Reynaud, entrepreneur de bâtiments, s'était rendu adjudicataire des travaux à exécuter pour cette construction.

Les travaux terminés, de graves et nombreuses défectuosités y furent reconnues et en empêchèrent la réception. Du fait de qui provenaient ces défectuosités? Fallait-il les imputer à l'architecte, à l'entrepreneur, ou même au maire lui-même, lequel, pendant que les travaux étaient en cours d'exécution, avait fait construire, par des ouvriers autres que ceux de l'adjudicataire, une cave non indiquée aux plans et devis et tenant toute la largeur de l'édifice ?

L'affaire, portée devant le Conseil de Préfecture du département de la Drôme, fut l'objet, le 6 février 1837, d'un premier arrêté préparatoire par lequel le sieur Bernard, agent-voyer en chef du département de la Drôme, était nommé pour faire les vérifications nécessaires et que l'arrêté indique d'une manière trop détaillée pour être rapportées. Nous devons seulement faire observer, pour l'intelligence de la décision rendue par le Conseil d'État, qu'il est ordonné, dans cet arrêté préparatoire, au sieur Bernard, de se livrer à un examen attentif et général de la construction, « après avoir recueilli auprès de l'entrepreneur et de M. le maire de Clérieux tous les renseignements qui pourraient lui servir à fixer son opinion. » Il n'est pas dit qu'il doive prendre aussi des renseignements auprès de l'architecte.

L'expert commis procéda aux vérifications ordonnées après avoir conféré avec le maire et l'entrepreneur, mais sans prendre aucune information auprès de l'architecte Épailly, qui ne fut pas même informé de l'expertise.

Le 24 juillet 1847, le Conseil de Préfecture, sur le rapport de l'expert, rendit un arrêté définitif que nous reproduisons dans son entier, parce qu'il contient des détails pratiques de nature à intéresser nos lecteurs :

« Considérant qu'il résulte de l'inspection des plans de l'édifice, des éclaircissements qu'a fournis l'instruction et de toutes les pièces existant au dossier, que le bâtiment est établi suivant une forme rectangulaire de 21 mètres 32 centimètres, sur 7 mètres 95 centimètres de largeur, le tout mesuré hors-œuvre ; que la hauteur moyenne du bâtiment, depuis le sol jusque sous le toit, est de 12 mètres 70 centimètres ; qu'il comprend une cave à peu près au niveau du sol intérieur du côté de l'est, un rez-de-chaussée au niveau du sol du côté de l'ouest, un premier et un second étage ; qu'il est entièrement construit en maçonnerie de moellons avec mortier de chaux grasse et de sable, depuis les fondations jusqu'aux sommets des murs, sauf les jambages, seuils et couvertes des portes et des fenêtres qui sont en pierres de taille ; que, sur les deux façades ou murs principaux qui constituent les deux grands côtés du parallélogramme que forme le bâtiment, il s'est opéré un mouvement considérable lorsque la construction desdits murs est parvenue à la hauteur du premier étage ; que la façade de l'est présente à l'extérieur une courbe convexe ; que le mur de l'ouest a suivi un mouvement analogue, et forme, à l'extérieur, une courbe concave ; que ce double mouvement a occasionné un léger déversement du mur du sud et un peu de gauchi au mur du nord ; qu'à part les fondations, les maçonneries sont bonnes en ce qui compose leurs éléments ; que les planchers et le comble sont disposés de manière à n'amener aucune poussée capable de produire le déversement qu'ont subi les murs ; mais, qu'eu égard à la longueur des murs des deux grandes façades, à l'isolement des pans de mur que constituent les ouvertures, à l'épaisseur limitée, au minimum, de ces mêmes murs, ils ont besoin, pour se maintenir dans leur état normal, d'être reliés par des murs de refend et des chaînes verticales et horizontales en pierres de taille; que différentes fouilles, faites le long des murs du bâtiment, dans tout son pourtour, ont démontré que le sol est de même composition sous les quatre murs de l'édifice, que c'est un terrain d'alluvion vaseux et terreux, qu'il ne peut être résistant sous l'influence de l'humidité, qu'il est de la nature de ceux sur lesquels on ne peut fonder avec sécurité qu'en prenant les précautions nécessaires de consolidation que l'art prescrit, et dont aucune n'a été employée, soit parce que le sol, à l'état de siccité, paraît solide, soit parce que, trompé par cette apparence, et pour économiser les ressources de la commune, l'architecte n'a pas voulu porter au devis cette dépense, qu'il ne jugeait pas indispensable ; que les mouvements des murs qui sont l'objet principal de la contestation doivent être attribués à ce manque de résistance du sol des fondations, ainsi qu'au défaut de mesures propres à en garantir la solidité ; que la cave, creusée sans l'autorisation de l'architecte, sous une partie du bâtiment, n'a pu que contribuer à l'affaiblissement de résistance ; que l'établissement de la cave a, de plus, donné lieu à une plus grande élévation des murs, leur épaisseur restant la même ; que, d'après le calcul mathématique de la poussée d'un remblai que le maire a fait faire contre le mur de la principale façade (celle de l'ouest), ce remblai a été sans effet en ce qui a rapport au mouvement dudit mur ; que, dans les travaux de charpenterie, menuiserie, serrurerie, plâtrerie, peinture et enduisage des murs, on remarque quelques malfaçons, sans toutefois que ces vices de construction soient compromettants pour la solidité du bâtiment, et que seulement ces défectuosités rendent lesdits travaux susceptibles, pour moins value, des diminutions de prix qui seront fixées par le présent arrêté ; que la courbure de la façade ouest formant une concavité à l'extérieur et que l'inclinaison de ce mur à l'intérieur sont sans influence sur la solidité dudit mur, parce qu'il trouve un fort appui contre les poutres des planchers ; mais que la façade de l'est est, au contraire, dans une position entièrement différente, sa courbure, dont la concavité est à l'extérieur, étant tournée vers le vide où elle ne rencontre aucune défense contre l'effort qui pèse sur elle du côté de l'ouest, et que, dans cet état de choses, étant dépourvue de stabilité, il est nécessaire qu'elle soit démolie et refaite dans toute sa longueur, jusques et compris les fondations, en employant d'ailleurs, pour cette opération, les précautions et mesures ci-après détaillées, consis-

tant, d'abord, à étayer les planchers et les combles, à opérer ensuite la démolition du mur jusque dans ses fondations, puis sa
réédification, après avoir battu avec un mouton le sol des fondations et établi sur cette assiette un massif de béton de 1 mètre de
profondeur sur 1 mètre 20 de largeur, le mur devant, après cela,
être monté avec un fruit de 30 centimètres sur parement extérieur;
avoir, sur le massif de béton qui formera retraite de 25 centimètres
de chaque côté, 85 centimètres ; être terminé, au couronnement,
par une épaisseur de 50 centimètres ; que tous ces travaux doivent,
au surplus, être surveillés par un homme de l'art. ;

« Que des eaux torrentielles se sont répandues avec abondance
dans les fondations où elles ont encore ramolli le terrain déjà trop
peu consistant ; qu'il a été établi par l'entrepreneur, le long de la
façade de l'ouest un échafaud de passage qui a servi pour élever,
transporter et mettre en œuvre les divers matériaux employés à
la construction des parties supérieures du bâtiment, mais que cet
échafaud a été placé de telle sorte que, ni la présence des matériaux qu'on y a apportés, ni les manœuvres exécutées pour les y
monter n'ont point produit d'ébranlement dans ce mur, et, par
conséquent, ne sont pas des causes du mouvement des façades,
mouvement qui ne saurait être attribué qu'au tassement du sol des
fondations ; que le métré complet et détaillé qui fait partie du rapport sus-visé du sieur Bernard énonce pour chaque nature d'ouvrages exécutés, les quantités de ces ouvrages, et présente, comme
il suit, les sommes auxquelles ils se montent, leur valeur étant
calculée aux prix portés au devis, mais déduction faite du rabais
de l'adjudication (Suit l'état des ouvrages dont le total est de
10,849 f. 89 c.) ;

« Que le susdit état général comprend pour une somme de
1,073 fr. 20 c., déduction faite du rabais de 1 pour 100, la façade
de l'est, qu'il est impossible de conserver; et, de plus, d'autres
articles mal confectionnés, lesquels seront susceptibles, pour cause
de malfaçon, de subir les moins value suivantes, savoir (suivent
les détails) ;

« Total des réductions de prix à opérer, pour moins value,
ci, 530 fr. 30 c.

« En ce qui concerne, en thèse générale, la responsabilité de
l'entrepreneur et celle de l'architecte : considérant, quant à l'en-

trepreneur, qu'il est devenu volontairement adjudicataire de l'entreprise ; que, par ce marché, il s'est engagé, à ses périls et risques, à construire et livrer bien conditionnés en état de réception, moyennant les prix résultant de l'adjudication, tant les ouvrages portés au devis que ceux ordonnés ou notifiés par l'architecte ; — et, quant à l'architecte, qu'ayant rédigé le projet de la construction, s'étant chargé d'en diriger et d'en surveiller l'exécution, il a, de son côté, pris aussi, par là, à ses périls et risques, un engagement volontaire dont l'effet, à son égard, est que la construction conçue par lui, confectionnée sous ses ordres et sa surveillance, devait pouvoir être livrée complétement recevable ; enfin qu'il est de principe que l'entrepreneur et l'architecte sont responsables de l'édifice qu'ils construisent lorsqu'il vient à périr par le vice de sa construction, même par le vice du sol, responsabilité commune qui les atteint d'autant plus, eu égard au bâtiment dont il s'agit, que déjà il périclitait par l'insuffisance des fondations, avant même qu'il fût achevé.

« En ce qui, dans l'espèce, touche particulièrement la responsabilité de l'entrepreneur ; — considérant qu'il a été mis en demeure et pressé à différentes reprises de réparer les défectuosités des ouvrages par lui exécutés, et qu'il n'a point satisfait à cette obligation ; que ledit entrepreneur, en faisant des travaux non portés au devis et non autorisés par l'architecte, notamment le creusement de la cave et la surélévation des murs qui s'en est suivie, a engagé sa responsabilité ;

« En ce qui, particulièrement aussi dans l'espèce, touche la responsabilité de l'architecte, considérant que l'irruption des eaux qui ont inondé les fondations, pénétré d'humidité le terrain, et ont pu contribuer à le rendre impropre à supporter le poids d'une grande construction, n'auraient point produit, au préjudice de l'entrepreneur et de l'architecte, ces effets fâcheux pour les fondations, si on les eût assises sur une forte base, ainsi que le commandaient les règles de l'art ; — que l'architecte devait s'opposer énergiquement à l'exécution de toute augmentation ou changement fait au devis, sans son ordre, ou, du moins, qu'il devait, au moyen d'une surveillance plus active, être promptement instruit de ces modifications et en informer aussitôt l'administration supérieure, avant qu'elles fussent continuées ; — que les moyens de

consolidation par lesquels l'architecte a cherché à soutenir l'édifice
ou qu'il a autorisé à cette fin, lorsqu'on a reconnu la gravité du
mouvement et des lézardes qui se manifestaient dans ces murs,
ont été inefficaces, tels que les contre-murs dans la cave se ratta-
chant aux maçonneries des fondations, des poutres posées au niveau du rez-de-chaussée pour relier les murs des deux façades de
l'est et de l'ouest, des plateaux placés dans l'intérieur des murs à
3 mètres 50 cent. environ du sol pour relier entre elles les parties
de l'édifice ; — que si l'architecte a gardé note des dix-neuf visites
faites par lui ou par ses employés sur les travaux, tandis que les
renseignements recueillis par le maire actuel ne lui ont donné connaissance que de dix ou onze, cette différence porte à croire que
l'architecte a procédé à ces visites avec une rapidité qui, plus
d'une fois, a dû en rendre l'effet nul et le priver d'informations
utiles, qu'il aurait pu demander à l'administration municipale ou
qu'elle aurait pu l'inviter à recevoir ; qu'un architecte, dès qu'il a,
comme dans l'espèce, accepté la direction et la surveillance d'une
entreprise, ne doit pas attendre qu'on lui demande de se rendre
sur les travaux, mais qu'il doit, pour prévenir la mauvaise construction, faire ses visites spontanément et aussi fréquemment que
peut l'exiger le plus ou moins d'expérience de l'entrepreneur,
s'étant, par le seul fait de son acceptation, obligé à proportionner
ses soins et sa surveillance aux qualités que possède ou que laisse
à désirer, comme entrepreneur, l'individu resté adjudicataire, et
non à l'aptitude plus prononcée qu'a pu rencontrer ce même architecte dans d'autres entrepreneurs ;

« Considérant qu'en suite d'une attentive appréciation des diverses circonstances de l'affaire qui viennent d'être développées,
l'entrepreneur et l'architecte apparaissent comme responsables, à
un égal degré, relativement à la mauvaise construction du bâtiment, excepté, toutefois, les malfaçons déjà mentionnées, montant à 530 fr. 30 c., lesquelles sont de nature à ce que l'entrepreneur en reste seul responsable ;

(Suivent les évaluations pour les honoraires de l'architecte.)

« Considérant quant à la demande de dommages-intérêts faite
par la commune, que cette réclamation n'est point fondée, y ayant
compensation entre les dépenses que la commune peut avoir
faites, pour le loyer d'une maison d'école, et les avantages qu'elle

a pu retirer des fonds dont elle a joui, en attendant leur emploi au solde de l'entrepreneur et au paiement des honoraires de l'architecte ;

« Par tous ces motifs, et jugeant contradictoirement,

« Arrête :

« Art. 1er. Le montant de tous les travaux exécutés par l'entrepreneur, tant ceux qui sont recevables que ceux qui ne le sont pas, les uns et les autres calculés au prix du devis, diminué de 1 pour 100, rabais de l'adjudication, est réglé à la somme de 10,849 fr. 89 c., mais de laquelle doivent être déduits les deux articles ci-dessous, savoir : 1° la valeur du mur formant la façade du bâtiment du côté de l'est, attendu qu'elle menace ruine et doit être reconstruite dans son entier, etc., etc. . . . .

. . . .

« Art. 3. L'entrepreneur et l'architecte sont tenus de démolir la façade est du bâtiment dans toute sa longueur et hauteur, depuis le toit jusqu'aux fondations exclusivement, et de la reconstruire dans le système primitif, mais dans des conditions de solidité et en général de bonne construction, telles que ces nouveaux travaux puissent être reçus sans difficulté. La dépense de ces ouvrages ainsi refaits sera supportée par moitié conjointement et solidairement par ledit entrepreneur et ledit architecte, sans toutefois qu'il puisse leur être payé, pour ces travaux, une somme supérieure à celle qui, portée au devis par la construction de ladite façade et diminuée du rabais de l'adjudication, devait suffire, d'après cette même adjudication, à la construction de ladite façade.

« Art. 4. La démolition de la façade actuellement existante et la construction de la nouvelle devront être terminées dans le délai de deux mois, à partir de la signification qui sera faite du présent arrêté auxdits entrepreneur et architecte. . . . .

. . . .

« Art. 7. Dans le susdit règlement de compte définitif devra être mise à la charge de l'architecte, moitié de la somme de 1,073 fr. 20 c., soit 536 fr. 60 c., montant, suivant le rapport du sieur Bernard, de la dépense faite pour la construction de la façade à démolir, et attendu que l'entrepreneur a fait en entier cette dépense de 1,073 fr. 20 c.; qu'elle n'est point comprise dans les 9,246 fr. 39 c. reconnus, acquis en l'état à l'entrepreneur, et que l'architecte est, par le présent arrêté, déclaré responsable, conjointement avec ledit entrepreneur, et par moitié chacun, des vices de construction de cette façade. »

L'art. 8 porte que les 530 fr. 30 c. de malfaçons seront alloués à l'entrepreneur dans le règlement de compte définitif, si, alors, il a mis les articles, objets de ces malfaçons, en état de récption.

« Art. 9. Les vacations des experts sont réglées ainsi qu'il suit :

« Celles du sieur Chauffour, expert de la commune,
montant à. . . . . 90 f. »
« Celles du sieur Thévenot , expert de l'entrepreneur, à. . . . . 120 »
« Et celle du sieur Chaulin aîné, troisième expert appelé par les deux premiers, à. . . . . 60 »

« Formant ensemble un total de. . . . . . . 270 »
« Sont mises, par moitié, à la charge de l'entrepreneur et de l'architecte.

« Art. 10. Les honoraires du sieur Bernard sont fixés à 260 f. 60 et seront de même acquittés moitié par l'entrepreneur et moitié par l'architecte, lesquels supporteront aussi, par moitié, tous les frais de timbre, d'enregistrement, de signification et de mise à exécution du présent arrêté.

« Art. 11. La demande en dommages-intérêts formée par la commune est rejetée. »

A la date du 9 octobre 1847, M. Épailly, architecte, s'est pourvu au Conseil d'État contre cet arrêté.

Il a présenté un moyen de forme et plusieurs moyens au fond.

Il a fait résulter le moyen de forme de la violation du droit de la défense, d'une double manière :

1° En ce que les vérifications ordonnées par l'arrêté préparatoire du 6 février 1847 ont été faites par l'expert désigné, sans que le sieur Épailly ait été seulement informé qu'une pareille expertise devait avoir lieu, et par conséquent sans avoir été mis à même de fournir aucune explication ; de telle sorte que le rapport a été exclusivement rédigé sur les allégations du maire et de l'entrepreneur ;

2° En ce que l'arrêté définitif, basé sur ce rapport, a été pareillement rendu par le Conseil de Préfecture, sans que le demandeur ait été à même de faire ses observations sur ledit rapport.

Au fond, — le sieur Épailly reprochait à l'arrêté attaqué : 1° une appréciation erronée des faits, en ce que cet arrêté avait attribué au défaut de surveillance de l'architecte un manque de solidité qui tenait à des causes toutes différentes, à savoir : d'une part, à la mauvaise exécution par l'entrepreneur ; et, d'autre part, et surtout, à ce que, contrairement aux plans dressés par l'architecte et approuvés par le préfet, le maire s'était ingéré, à l'insu de l'architecte et avec des ouvriers autres que ceux de l'entrepreneur, de faire creuser, dans la maison construite, une cave et d'appuyer sur l'une des façades un remblai, lesquels, par leurs actions combinées, devaient fatalement amener le mouvement qui s'est manifesté dans les deux façades ;

2° La violation de l'art. 1382 du Code civil, en ce que l'architecte a été rendu responsable de faits qui n'étaient imputables qu'à l'entrepreneur ou à l'autorité municipale ;

3° Une fausse application de l'art. 1792 du même Code, en ce que cet article n'est applicable aux architectes qu'autant qu'ils exécutent les travaux à prix fait, ce qui n'était nullement la position du sieur Épailly.

M. le ministre de l'intérieur, auquel le pourvoi a été communiqué, a répondu que, sur le moyen de forme, c'est-à-dire sur la violation des règles de la défense, le système du pourvoi lui paraît plausible. La mission qui a été donnée d'office à l'agent-voyer Bernard de procéder à une vérification, sans que l'architecte Épailly eût été appelé à y concourir, a eu lieu, dit le ministre, contrairement aux règles tracées en pareil cas, et le procès-verbal qui en a été la conséquence a, presque exclusivement, motivé la décision attaquée. Or, poursuit-il, d'après la jurisprudence du Conseil d'État, une telle irrégularité entraînerait l'annulation de cette décision. C'est ce qui résulte, du moins, de plusieurs arrêts du Conseil d'État.

Au fond, le ministre pense que l'argumentation du demandeur

n'est pas admissible. L'instruction fait connaître que les accidents survenus doivent être attribués tant à la mauvaise qualité du sol des fondations de l'édifice qu'à des vices de construction, qu'une surveillance plus assidue de l'architecte aurait pu prévenir. Or, ces deux circonstances engagent spécialement la responsabilité du requérant.

Vainement, selon le ministre, M. Épailly s'efforce de rejeter, en partie, la cause des dommages sur le maire ; outre que ses assertions, sous ce rapport, ne sont pas justifiées, le cahier des charges l'avait constitué directeur des travaux, et, dès lors, aucun de ces travaux ne devait être exécuté que par son ordre. S'il en a été autrement, le sieur Épailly aurait dû protester en temps opportun, tandis qu'en continuant à diriger les travaux sans faire de réclamation, il semble avoir accepté la responsabilité de faits qui lui seraient étrangers.

Le ministre conclut à l'adoption du moyen de forme, et, dans le cas où le Conseil ne jugerait pas devoir accueillir ce moyen, au rejet du pourvoi.

Le Conseil d'État s'est décidé par un moyen qui paraît n'avoir été prévu ni par la partie, ni par le ministre. Sa décision est ainsi conçue :

« Considérant que les arrêtés par défaut rendus par les Conseils de Préfecture sont susceptibles d'opposition et ne peuvent être déférés directement au Conseil d'État ;

« Considérant que, par son arrêté du 6 février 1847, le Conseil de Préfecture avait nommé le sieur Bernard agent-voyer en chef du département de la Drôme, à l'effet de procéder à un examen général de la construction exécutée par le sieur Raynaud, après avoir recueilli auprès dudit entrepreneur et du maire de Clérieux les renseignements qui pourraient lui servir à fixer son opinion ;

« Considérant que, conformément à cette disposition dudit arrêté, le sieur Bernard a procédé à la vérification dont il était chargé en présence seulement du maire et de l'entrepreneur, et après avoir entendu leurs observations ;

« Considérant que le sieur Épailly n'a pas été appelé à cette opération, et que l'arrêté du Conseil de Préfecture du 24 juillet 1847, qui a statué sur le vu du rapport dudit sieur Bernard, a été rendu, sans que ledit sieur Épailly eût eu connaissance dudit rapport ;

« Que, dès lors, ce dernier arrêté constitue une décision par défaut, contre laquelle la voie de l'opposition était ouverte au sieur Épailly, et que le pourvoi dudit requérant n'est pas recevable en l'état ;

« Décide :

« Art. 1er. La requête du sieur Épailly est rejetée. »

Comme les décisions des tribunaux ordinaires, les arrêtés des Conseils de Préfecture peuvent être contradictoires ou par défaut. Dans ce dernier cas, ce n'est pas par voie de recours au Conseil d'État qu'ils doivent être attaqués, mais bien par voie d'opposition devant le Conseil de Préfecture qui a rendu la décision non-contradictoire. — C'est par ignorance de cette règle que le demandeur s'est engagé dans une procédure inutile. Il ne s'est pas rendu compte qu'en venant soutenir devant le Conseil d'État que l'arrêté du Conseil de Préfecture avait été rendu par défaut contre lui, il cherchait à établir lui-même la non-recevabilité de son pourvoi.

Dans une série d'articles rapides et courts, dont plusieurs ont déjà paru dans le *Journal des Entrepreneurs,* nous avons exposé les règles de la procédure administrative, règles dont la connaissance préservera les intéressés de semblables déconvenues.

Séance du 18 janvier 1851.

Pourvoi du sieur Foriel contre un arrêté du Conseil de Préfecture du Gard, du 28 janvier 1848. — Transaction verbale.

Le sieur Foriel, entrepreneur de travaux publics, a déféré au Conseil d'État un arrêté du Conseil de Préfecture du Gard du 28 janvier 1848, qui a rejeté sa demande en paiement d'une somme de 2,070 fr., formant le prix de 360 traverses, employées au chemin de fer de Montpellier à Nîmes.

Voici les faits : le sieur Foriel s'était rendu adjudicataire de la fourniture de 46,000 traverses en bois pour l'établissement dudit chemin de fer dans le département du Gard ; une autre fourniture, également de 46,000 traverses, avait été adjugée à un autre entrepreneur, et s'exécutait, en même temps, dans le département de l'Hérault ; mais, dans cette dernière entreprise, les traverses étant venues à manquer, l'ingénieur en chef, directeur des travaux, invita le sieur Foriel à y suppléer en en fournissant lui-même le plus grand nombre possible. Foriel déféra à cette invitation, et mit environ 2,500 traverses à la disposition de l'administration ; 360, notamment, furent déposées sur le chemin de fer, au lieu dit le chemin de Saint-Jean-de-Noix, et il n'est pas contesté qu'elles furent employées en totalité. Lorsque ensuite, le décompte de la fourniture des 46,000 traverses, pour l'entreprise du Gard, fut présenté à l'entrepreneur, celui-ci refusa d'abord de le signer parce qu'il ne disait rien des 360 traverses ultérieurement fournies, mais l'ingénieur du Gard, ayant fait observer que cette fourniture devait faire l'objet d'un décompte distinct, et n'était pas comprise dans le décompte présenté, l'entrepreneur crut pouvoir accepter le règlement qui lui était proposé, en ayant soin, toutefois, de se faire délivrer, par l'ingénieur, une déclaration portant que 360 traverses n'étaient pas comprises dans les 46,000 traverses mentionnées dans le décompte, que ces 360 traverses avaient été employées à la station de Lunel, et que la valeur en était due à l'entrepreneur en sus du décompte qui venait d'être arrêté.

En conséquence, et le 25 janvier 1847, M. Foriel adressa à l'administration une demande en paiement des 360 traverses ainsi réservées. L'ingénieur en chef prétendit alors que des discussions, pour le règlement du décompte, s'étaient élevées entre lui et l'entrepreneur, sur le motif que quelques-unes des traverses n'avaient pas les dimensions prescrites ; que ce différend s'était terminé par la convention faite verbalement, par forme de transaction, que le décompte ne subirait aucune réduction, mais que, de son côté, l'entrepreneur ne demanderait rien pour les 360 traverses fournies à l'entreprise de l'Hérault ; l'entrepreneur déniait ces assertions, qui furent, néanmoins, admises par le ministre des travaux publics. Le Conseil de Préfecture du Gard fut saisi. Il faut rappeler ici qu'en outre des arguments que nous avons rapportés plus haut, l'administration opposait à M. Foriel une fin de non-recevoir tirée de ce que cet entrepreneur, après avoir signé le décompte qui lui avait été présenté et dont nous avons parlé, avait laissé passer plus de dix jours sans présenter ses réclamations.

Le Conseil de Préfecture du Gard, par arrêté en date du 28 janvier 1848, a statué en ces termes :

« Considérant qu'aucune fin de non-recevoir n'est opposable au sieur Foriel ; — qu'en effet, il faut distinguer la fourniture des 360 traverses qu'il a faites sur l'ordre verbal de M. Didion, alors ingénieur en chef du chemin de fer de Nîmes à Montpellier, d'avec la fourniture de 46,000 traverses qui lui fut adjugée suivant procès-verbal du 6 janvier 1843 ;

« Que le projet de décompte, accepté par le sieur Foriel, et signé par lui, le 23 août 1845, n'était relatif qu'à la fourniture de 46,000 traverses ; — qu'en signant ce projet, Foriel eut la précaution de se faire souscrire, par l'ingénieur Gonnaud, une déclaration d'après laquelle les 360 traverses, dont s'agit aujourd'hui, restaient en dehors du décompte et devaient être l'objet d'un règlement particulier ; — qu'on ne saurait donc opposer raisonnablement à Foriel ni la signature qu'il a apposée au bas du projet, ni le temps qu'il aurait laissé écouler, sans revenir sur ce même décompte devenu définitif.

« Au fond, considérant qu'il s'agit de savoir : d'une part, si les 360 traverses, dont Foriel réclame le prix, ont été réellement fournies par lui, reçues et employées par les ingénieurs, comme il le prétend ; d'autre part, si le prix de ces traverses lui est encore dû, ou s'il en a été payé par compensation ou autrement ;

« Considérant, sur le premier point, qu'il est reconnu par l'ingénieur Aurès que les 360 traverses ont été, en effet, fournies, reçues et employées, indépendamment des 46,000 qui furent l'objet de l'adjudication du 6 janvier 1843 ; mais, qu'en reconnaissant ce fait, l'ingénieur affirme que le prix de ces 360 traverses a été compensé avec le rabais, beaucoup plus considérable, qu'il se proposait de faire sur le prix de la susdite adjudication ;

« Considérant qu'il est objecté, par Foriel, que les faits attestés par l'ingénieur n'ont d'autre garantie que son témoignage, et qu'une telle preuve ne saurait suffire pour dispenser l'État de payer le prix d'une fourniture dont il est certain qu'il a profité ; — qu'il faut donc examiner s'il est exact de dire que le témoignage de l'ingénieur est isolé ;

« Considérant, à cet égard, que le décompte du 23 août 1845 fut dressé par l'ingénieur ordinaire Gonnaud, et devait être soumis à l'approbation de l'ingénieur en chef ; que tant qu'il n'aurait pas reçu cette approbation, il ne pouvait être considéré que comme un simple projet ; — qu'il résulte du mémoire même de Foriel, que l'ingénieur en chef tarda longtemps à approuver ce projet, et que le solde n'en fut payé que vers la fin de 1846 ; — que, dans l'intervalle, survinrent des incidents qui devaient nécessairement engager l'ingénieur en chef à refuser son approbation ; — qu'en effet, ce décompte comprenait le prix de 2,774 traverses non employées sur la ligne et dont l'État devait céder une partie aux concessionnaires de la ferme du chemin de fer ; — que ceux-ci, ayant voulu prendre livraison de ces traverses, fin 1845, n'en trouvèrent que 1,117 qui fussent recevables, et rebutèrent tout le reste ;

« Que cet incident ayant éveillé l'attention de M. l'ingénieur en chef, il se transporta lui-même sur les lieux et reconnut que 1,421 traverses étaient effectivement impropres à toute espèce de service ;

« Qu'il était, dès lors, naturel qu'il refusât d'approuver le décompte soumis en ce moment à son approbation ;

« Considérant que, postérieurement, ces 1,421 traverses de rebut ayant été vendues à la diligence de l'administration des domaines n'ont produit qu'une somme de 536 fr. 55, bien qu'elles figurassent dans le décompte de 1845 pour 7,105 fr. ;

« Que ce rapprochement n'a point échappé au ministre, qui dit avec raison, dans sa lettre : *Je dois regretter vivement que les ingénieurs aient fait payer à Foriel une somme de 7,000 fr. pour des traverses qui, en définitive, ne peuvent se vendre aujourd'hui plus de 500 fr. ;*

« Qu'il résulte donc de ces divers documents qu'il était du devoir de l'ingénieur en chef de ne pas approuver le décompte sus-mentionné, sans imposer au sieur Foriel un rabais considérable ;

« Considérant, d'autre part, qu'il n'est pas dénié par le sieur Foriel qu'il n'ait eu, avec l'ingénieur en chef, plusieurs conférences au sujet de ce décompte, et qu'il ne fût, en même temps, en instance auprès de lui pour avoir le paiement des 360 traverses non comprises dans ledit décompte ;

« Que toutes ces circonstances rendent infiniment probables les faits attestés par l'ingénieur en chef, à savoir qu'à la suite de ces conférences, il consentit, grâce faisant, à compenser le prix des 360 traverses avec le rabais que devait subir Foriel ; que la chose fut ainsi formellement convenue entre lui et cet entrepreneur, et que ce fut uniquement en considération de cette convention qu'il se détermina enfin à approuver le décompte proposé par M. Gonnaud ;

« Considérant que, s'il ne reste pas de traces de ladite convention, c'est que la commande de 360 traverses avait été faite verbalement à Foriel, que le règlement de cette fourniture devait rester en dehors du compte relatif à l'adjudication de 46,000 traverses, et que l'ingénieur en chef ignorait la déclaration écrite que Foriel avait obtenue de M. Gonnaud, ce qui répond, en même temps, à l'objection faite par le sieur Foriel et prise de ce qu'il est encore nanti de cette déclaration ;

« Considérant que l'affirmation positive de M. l'ingénieur en chef venant se joindre à toutes ces circonstances, ne peut laisser aucun doute dans l'esprit du Conseil, et qu'il y a, pour lui, certitude complète que le sieur Foriel réclame le prix d'une fournitur depuis longtemps réglée ;

« Arrête :

« La demande du sieur Foriel est rejetée. »

L'entrepreneur s'est pourvu au Conseil d'État contre cet arrêté.

Dans sa requête, il s'est exprimé ainsi : « En fait, si les concessionnaires de l'exploitation du chemin de fer auxquels 2,538 traverses, sur 2,774, devaient être cédées, n'en trouvèrent, au moment de la livraison, que 1,117 qui fussent recevables, et rebutèrent les autres au nombre de 1,421, c'est que ces traverses avaient été exposées sur les chantiers, à toutes les intempéries des saisons, et avaient été, ou brûlées en partie, ou employées à des usages étrangers à leur destination. Aussi les 1,421 traverses, ainsi rebutées, n'ont été vendues que 536 fr. 55. C'est pour atténuer cette perte que les ingénieurs ont imaginé la compensation qui, selon l'entrepreneur, n'a jamais été convenue. Diverses circonstances tendent, assure-t-il, à l'établir. Ainsi, sur les 2,700 traverses fournies pour l'entreprise de l'Hérault, en sus de son marché, il lui en a été rendu 1,016, dont 983, au dire de l'ingénieur en chef lui-même, étaient en bon état. Or, s'il y avait eu une compensation à faire en raison des pièces défectueuses dans la fourniture principale, il est évident que l'ingénieur eût retenu ces 983 traverses en bon état au lieu de les rendre à l'entrepreneur ; d'ailleurs, si ce dernier eût réellement renoncé à sa créance, l'ingénieur en chef en eût conservé une preuve quelconque, soit en retirant la déclaration souscrite le 23 août 1845 par l'ingénieur ordinaire Gonnaud, soit de toute autre manière. On sait fort bien que les affaires se traitent par écrit entre les ingénieurs et les entrepreneurs, et, dans le cas particulier, l'ingénieur en chef, qui avait employé, comme ingénieur ordinaire, les 360 traverses, devait s'attendre à ce que l'entrepreneur en réclamât le prix. Enfin, il ne pouvait y avoir aucune compensation à établir entre un article du décompte de l'entreprise du Gard et le montant d'une fourniture afférente à une autre entreprise. Par ces motifs, Foriel concluait à ce qu'il plût au Conseil d'État annuler l'arrêté attaqué, dire que le requérant serait remboursé de la somme principale de

1,070 fr., prix des 360 traverses, avec les intérêts à partir du jour de la demande. »

Sur la communication qui lui a été donnée du pourvoi, le ministre des travaux publics a répondu que, comme il n'existe pas de preuve écrite à l'appui de la convention dont l'existence est affirmée par l'ingénieur en chef et niée par l'entrepreneur, le Conseil d'État aura à prendre un parti entre ces assertions contradictoires. Il s'attache néanmoins à faire ressortir l'intérêt qu'avait le sieur Foriel à accepter la proposition de l'ingénieur en chef. Cet intérêt permettra d'apprécier la probabilité de la transaction alléguée. — « Or, continue le ministre, il a été établi que l'administration a souffert, sur les 1,421 traverses rebutées par les concessionnaires du chemin de fer, une perte de 6,568 fr. 45. Si ces traverses eussent été laissées au compte de Foriel, il n'aurait pu en tirer parti qu'en subissant une dépréciation de moitié au moins de cette somme, c'est-à-dire de 3,284 fr. 22, et en déduisant de ce chiffre celui de 1,070 fr. qui fait l'objet de sa réclamation, on arrive à celui de 1,214 fr. 22 qui représente l'intérêt qu'il avait à accepter la compensation proposée. Aussi eût-il renoncé, tacitement du moins, à la vérification contradictoire qui lui a été offerte ; aussi n'a-t-il élevé sa réclamation que tardivement, lorsque les traverses, en mauvais état, avaient été vendues et enlevées, et lorsqu'il avait reçu le montant de son décompte, c'est-à-dire lorsqu'il n'avait plus à craindre le rabais dont il avait été menacé. Quant à la déclaration de l'ingénieur ordinaire, du 23 août 1845, l'ingénieur en chef affirme qu'il en ignorait l'existence, et c'est ce qui explique comment il ne l'a pas retirée des mains de l'entrepreneur au moment de la transaction. L'argument tiré de la restitution de 983 traverses en bon état, n'est pas mieux fondé, car ces traverses ont été rendues, par l'ingénieur ordinaire, avant la vérification de l'ingénieur en chef, et elles ont été enlevées des chantiers du chemin de fer au mois d'août 1845, tandis que ce n'est qu'en février 1846 que se sont engagés, entre l'ingénieur en chef et l'entrepreneur, les pourparlers à la suite desquels la transaction aurait été conclue. Rien ne s'opposait, enfin, à ce que les 360 traverses, bien qu'elles eussent été fournies dans l'Hérault, fussent comprises dans le décompte de l'entreprise du Gard, dont elles n'étaient qu'une extension. L'entrepreneur lui-même y a parfaitement consenti pour les autres traverses, à l'égard desquelles il ne s'est pas élevé de difficultés... Il y a donc lieu, selon le ministre, de rejeter le pourvoi. »

Dans sa réplique, M. Foriel a dit : « L'administration argumente de l'intérêt qu'il aurait eu à accepter la transaction, et elle se fonde sur cette supposition que les 1,421 traverses rebutées auraient pu être laissées par elle au compte de l'entrepreneur. Mais cet argument péche par sa base, car les traverses dont il s'agit avaient été reçues par l'ingénieur ordinaire, donc elles étaient bonnes au moment de la livraison ; donc, si elles ont été détériorées depuis par une cause quelconque, la responsabilité n'aurait pu, dans aucun cas, en être imposée à l'entrepreneur. Quant à cette présomption qui a été tirée de ce que le requérant n'a pas réclamé le payement des 360 traverses, lors du règlement de son entreprise, il est facile de répondre qu'il n'avait rien à réclamer en ce moment, puisque la fourniture de ces traverses avait été mise en dehors du marché principal, et que l'entrepreneur avait, par devers lui, un titre spécial et formel à cet égard émané de l'ingénieur ordinaire. Enfin, il est inexact de dire, comme le fait M. le ministre, que les 983 traverses en bon état, qui ont été rendues au requérant, ont été enlevées des chantiers au mois d'août 1845, et qu'ainsi elles ne pouvaient plus servir à établir une compensation lors des débats élevés au mois de février suivant, le requérant produit, en effet, une déclaration du garde-magasin de la compagnie du chemin de fer qui atteste que ces traverses n'ont été enlevées qu'au mois de janvier 1848. Les probabilités invoquées par l'administration ne sont donc pas justifiées, et il est au contraire permis de dire que lorsqu'on connaît la nature des rapports des ingénieurs avec les entrepreneurs, on peut assurer que la transaction alléguée n'aurait pas eu lieu sans que l'ingénieur ait songé à conserver, pour l'administration, une preuve quelconque de sa libération.

Le Conseil d'État, sur le rapport de M. Reverchon et sur les conclusions de M. Dumartroy, maîtres des requêtes, a statué en ces termes :

« Considérant qu'il est établi que les 360 traverses qui font l'objet de la réclamation du sieur Foriel, n'étaient pas comprises dans les 46,000 traverses dont la fourniture avait été adjugée audit

sieur Foriel, et qu'elles ont été formellement exceptées du décompte de cette entreprise pour donner lieu à un règlement ulté-
rieur et spécial;

« Qu'il n'est pas contesté, non plus, que les 360 traverses dont
il s'agit, ont été reçues par les ingénieurs et employées pour les
travaux du chemin de fer;

« Qu'enfin il n'est pas justifié par l'administration que le sieur
Foriel eût renoncé à en réclamer le prix;

« Décide :

« Art. 1ᵉʳ. L'arrêté du Conseil de Préfecture du Gard, en date
du 28 juin 1848, est rejeté.

« Art. 2. Le sieur Foriel est renvoyé devant l'administration,
et, en cas de contestation, devant le Conseil de Préfecture du Gard,
pour y être procédé au règlement, tant du prix des traverses par
lui fournies pour le chemin de fer de Montpellier à Nîmes, en dehors de celles dont la valeur a été portée au décompte de son entre-
treprise, que des intérêts dudit prix à partir de la demande par lui
faite desdits intérêts. »

En ne considérant pas, dans cette affaire, comme suffisantes, les
affirmations des ingénieurs, le Conseil d'État s'est donné le droit de
se montrer aussi incrédule pour les assertions des entrepreneurs
qui ne seraient pas appuyées de preuves écrites. Nous ne saurions
donc trop engager les entrepreneurs à se persuader qu'il leur sera
peu utile, lors du règlement du décompte de leurs entreprises devant les juridictions contentieuses, de produire des énoncés de faits,
dont ils voudraient faire tirer des conséquences en leur faveur, s'ils
ne justifient pas de documents écrits qui corroborent leurs déclarations. Nous ne saurions dire si, dans l'espèce, la transaction invoquée par l'ingénieur en chef et déniée par l'entrepreneur, a ou
non existé; mais au moins devons-nous rendre justice à l'esprit
d'équité et d'impartialité qui a dicté la décision rendue par le Conseil, et dont nous nous estimons heureux de pouvoir enregistrer la
rassurante manifestation.

Séance du 18 *janvier* 1851.

Pourvoi du sieur Benoît, entrepreneur, contre un arrêté du Conseil de Préfecture de la Nièvre, du 21 novembre 1849. — Demande en augmentation des prix du devis. — Application de l'article 11 des clauses et conditions générales.

Le 26 juillet 1849, le sieur Benoît, entrepreneur des travaux d'entretien du canal du Nivernais, sur la partie de Sardy, soumettait au Conseil de Préfecture de la Nièvre deux réclamations : l'une relative à des pertes éprouvées sur la fourniture de pierres de taille, et dont nous n'aurons pas à nous occuper puisqu'elle n'a pas fait l'objet de la décision du Conseil d'État ; l'autre relative à des pertes que l'entrepreneur aurait subies sur la fourniture de clous employés à la réparation des portes des écluses pendant la campagne de 1848. Les réclamations s'élevaient, de ce dernier chef, à 860 fr. 41 c. Le rapport de l'ingénieur ordinaire, sur cette réclamation, constatait que l'entrepreneur ayant payé réellement 1,374 fr. 02 c. des clous pour lesquels il n'avait reçu que 594 fr. 08 c., prix du devis, avait éprouvé en 1848 une perte réelle de 779 fr. 08 c., et il concluait à ce qu'il lui fût accordé une indemnité de ladite somme de 779 fr. 08 c., prenant principalement en considération ce fait que l'ingénieur en chef Charié, qui avait dressé, en 1844, le devis et le bordereau pour l'entretien du canal de Nivernais, avait fait fournir à part, pendant 1845 et 1846, les clous destinés aux réparations des portes en bois des écluses.

L'ingénieur en chef, de son côté, expliquait dans son rapport comment des avaries considérables avaient nécessité, en 1848, une fourniture anormale de clous, sur laquelle, en effet, des pertes pouvaient avoir été subies par l'entrepreneur ; mais, se fondant sur l'article 11 des clauses et conditions générales, il concluait à ce que l'entrepreneur fût déclaré non recevable en sa demande. Le Conseil de Préfecture de la Nièvre a, le 21 novembre 1849, statué en ces termes :

« Considérant que l'ingénieur ordinaire, dans son rapport du 24 août 1849, déclare qu'il est certain que le sieur Benoît a éprouvé une perte réelle et matérielle de 779 fr. 08 c., sur la fourniture de clous pour 1848, et qu'il est d'avis que le décompte de 1848, qui s'élève à 10,718 fr. 68 c., soit porté à 11,497 fr., 76 c., appuyant cet avis sur ce que l'ingénieur rédacteur, en 1844, du devis et du bordereau des prix pour l'entretien du canal de Nivernais, a, pendant les deux premières années du bail, fait fournir, à part, les clous destinés aux réparations des portes en bois des écluses ; que l'ingénieur en chef, au contraire, est d'avis que la réclamation de Benoît soit rejetée, fondant son avis sur les prescriptions des articles 118 et 138 du devis, ainsi que sur l'article 107 du bordereau général des prix qui y fait suite.

« Et pour résumer l'opinion du Conseil sur cette question des clous, considérant que la perte éprouvée par Benoît, sur sa fourniture, est suffisamment justifiée par le rapport de l'ingénieur ordinaire qui en établit le décompte avec beaucoup de clarté ; que, d'un autre côté, Benoît a dû croire que la fourniture de 1848 lui serait réglée comme celle des années précédentes ;

« Qu'il n'est d'ailleurs pas supposable que l'ingénieur en chef Charié ait voulu favoriser l'entrepreneur en lui allouant des prix auxquels il n'aurait pas eu droit ; qu'enfin Benoît n'a accepté le décompte de ses fournitures que sous la réserve d'adresser sa réclamation à l'autorité compétente, ce qu'il a fait en temps opportun ;

« Arrête :

« Le décompte de 1848, pour les fournitures faites par le sieur Benoît, et qui s'élevait à 10,718 fr. 08., sera augmenté de 779 fr. 08 c., ce qui le portera à la somme de 11,497 fr. 78 c., laquelle somme lui sera payée par qui de droit, déduction faite des à-comptes qu'il a pu recevoir. »

Le ministre des travaux publics s'est pourvu, le 23 février 1850, contre cet arrêté, et rappelant l'argumentation de l'ingénieur en chef, il a cherché à établir que le fer fourni par M. Benoît ayant été payé 1 fr. 30 c., prix du bordereau, il n'y avait lieu à augmenter ce prix sans enfreindre les dispositions de l'article 11 des clauses et conditions générales.

Si les ingénieurs, ajoutait le ministre, ont cru devoir dispenser, en 1846 et 1847, l'entrepreneur de satisfaire à ses obligations, il n'en résulte pas que ces obligations ne puissent lui être ultérieurement imposées, puisqu'elles résultent formellement du cahier des charges.

Le sieur Benoît ne s'est pas défendu.

Le Conseil d'État a statué en ces termes sur le rapport de M. Lucas et les conclusions de M. Dumartroy, maîtres des requêtes :

« Considérant qu'aux termes des clauses et conditions générales un entrepreneur ne peut, sous aucun prétexte d'erreur ou d'omission dans la composition des prix du sous-détail, revenir sur les prix par lui consentis ;

« Que, suivant l'article 107 du bordereau général des prix du marché du sieur Benoît, le kilogramme de fer forgé pour clous de toute dimension, boulons, écrous des portes d'écluses, etc., compris pose et fourniture, doit être payé à l'entrepreneur à raison de 1 fr. 30 c.;

« Que, dès lors, c'est avec raison que, dans le décompte du sieur Benoît, ces fournitures de fer forgé ont été calculées à raison de 1 fr. 30 le kilogramme, et qu'il n'est dû à cet entrepreneur aucune allocation supplémentaire en dehors de cette base d'évaluation ;

« Décide :

« Art. 1er. L'arrêté du Conseil de Préfecture de la Nièvre, en date du 21 novembre 1849, est annulé dans celle de ces dispositions qui, contrairement aux articles ci-dessus rappelés, a accordé au sieur Benoît une allocation de 779 fr. 08 c. »

La jurisprudence du Conseil d'État n'a jamais varié sur ce point, et les dispositions de l'art. 11 des clauses et conditions générales ont toujours été rigoureusement appliquées aux entrepreneurs dans des circonstances infiniment plus favorables que celles qui se rencontraient dans le procès dont nous venons de rendre compte. On peut, en pareil cas, quand il n'y a eu dans la rédaction du bordereau des prix, ni erreur ni omission, mais seulement, comme dans l'espèce, insuffisance du prix fixé, on peut, disons-nous, rappeler à l'entrepreneur que si les prix portés au bordereau, au lieu d'être insuffisants avaient, au contraire, dépassé la valeur du travail exécuté, ce même art. 11 se serait opposé aux réclamations de l'administration et aurait permis la réalisation des bénéfices résultant de l'élévation du prix. Il paraît donc juste que dans le cas contraire l'administration jouisse d'un égal privilége. Cette observation, fondée en soi, pour l'espèce intéressant le sieur Benoît, et pour toutes les fois que le bordereau des prix n'est considéré que comme insuffisant, perd de sa valeur au cas où il y aurait en réalité, non plus insuffisance, mais *erreur* ou *omission*, et où, en conséquence, l'entrepreneur ne prétexterait pas, mais indiquerait une erreur ou une omission manifeste. Dans ce cas cependant, le Conseil d'État a encore, dans plusieurs cas, opposé à l'entrepreneur les dispositions de l'art. 11.

Nous n'avons pas à examiner cette jurisprudence aujourd'hui, puisque le procès dont nous avons rendu compte ne révèle pas une espèce où elle ait pu recevoir son application. Nous y reviendrons lorsque l'occasion s'en présentera.

———

Séance du 25 janvier 1851.

Dégradation de la voie publique. — Responsabilité de l'architecte et de l'entrepreneur.

M. Deschamps, architecte à Paris, avait été chargé par le propriétaire d'un terrain, sis à Paris, 90, rue Neuve-des-Mathurins, d'élever sur ce terrain des bâtiments importants. Par suite de ces travaux, le trottoir établi le long de la propriété fut gravement dégradé.

En suite de cette dégradation, un procès-verbal fut dressé le 10 décembre 1847 par les agents de l'administration, lequel procès-verbal indiquait, comme contrevenants, le sieur Deschamps et le sieur Berrier, entrepreneur de maçonnerie, agissant sous ses ordres. Le jugement de la contravention fut déféré au Conseil de Préfecture de la Seine qui statua en ces termes :

« Considérant qu'il est constaté par le procès-verbal sus-visé que le trottoir, établi au-devant de la maison, n° 90, rue Neuve-des-Mathurins, a été dégradé par suite des constructions ordonnées par le sieur Deschamps, architecte, et exécutées par les soins du sieur Berrier, entrepreneur, et que la réfection de ce trottoir entraîne une dépense évaluée à 330 fr.;

« Considérant que ce fait constitue une contravention aux lois et règlements sur la grande voirie, et notamment aux dispositions de la loi du 6 octobre 1791;

« Considérant que le sieur Deschamps n'est pas admissible à s'excuser sur ce qu'il n'est pas le propriétaire de la maison dont il s'agit, puisqu'il reconnaît être le fondé de pouvoirs de ce propriétaire, le sieur Bizart, et qu'il a agi en cette qualité et comme son architecte;

« Considérant, en ce qui concerne le sieur Berrier, que *ses moyens de défense n'ont aucune valeur;*

« Arrête :

« Dans le délai de huit jours, après la notification du présent arrêté, le sieur Deschamps, en sa qualité de représentant du sieur Bizart, devra verser, dans la caisse municipale de la ville de Paris, la somme de 330 fr. pour les frais de reconstruction du trottoir établi au-devant de la maison, rue Neuve-des-Mathurins, n° 90. — Et, pour leur contravention, les sieurs Deschamps et Berrier paieront, chacun, l'amende de 24 fr.

« Ils seront tenus, en outre, au payement des frais de timbre et d'enregistrement du procès-verbal et des frais de mise à exécution du présent arrêté. »

Les sieurs Deschamps et Berrier se sont pourvus contre cet arrêté.

Ils se sont appuyés sur ce que :

1° La condamnation aux frais de réfection était sans objet puisque le trottoir avait été réparé aussitôt qu'on avait eu connaissance du procès-verbal;

2° M. Deschamps ne saurait être responsable des faits des terrassiers ou voituriers qui ont dégradé le trottoir; c'était à ceux-ci, personnellement, qu'il convenait de s'adresser;

3° M. Berrier n'était pas l'entrepreneur des travaux, mais un

simple ouvrier, employé à quelques menus ouvrages bien longtemps après que le trottoir ait été dégradé.

Le préfet de la Seine, auquel le pourvoi a été communiqué, a
conclu à ce que les appelants soient affranchis du payement de la
reconstruction du trottoir, réparé, en effet, dans le cours de l'instance.

Quant à l'amende, il y a lieu de la maintenir contre Deschamps,
puisqu'il représente le propriétaire, et contre Berrier, qui n'ap-
porte aucune preuve à l'encontre des énonciations du procès-verbal, et dont les allégations ne peuvent suffire pour le faire considérer comme étranger à la contravention.

Le Conseil d'État, sur le rapport de M. Lucas et les conclusions
de M. Dumartroy, maîtres des requêtes, a statué en ces termes :

« Considérant qu'il résulte de l'instruction qu'en effectuant des
travaux à la maison du sieur Bizart, rue Neuve-des-Mathurins, 90,
le sieur Deschamps et le sieur Berrier ont endommagé, au-devant
de ladite maison, le trottoir qui fait partie de la voie publique ;
que, dès lors, aux termes de l'ordonnance du bureau des finances
du 2 août 1774, ils étaient passibles des amendes prononcées contre eux ;

« En ce qui touche la réparation du trottoir :

« Considérant qu'il est déclaré par le préfet de la Seine qu'avant
que l'arrêté attaqué ne fût rendu, le trottoir avait été complètement réparé ; que, dans ces circonstances, il n'y a pas lieu de
maintenir la disposition dudit arrêté, qui condamne le sieur Deschamps à verser une somme de 330 fr. dans la caisse municipale
pour les frais de reconstruction dudit trottoir.

« Décide :

« Art. 1er. L'arrêté du Conseil de Préfecture de la Seine, en
date du 29 novembre 1848, est annulé dans celle de ses dispositions qui condamne Deschamps à payer une somme de 330 fr. pour
frais de construction d'un trottoir.

« Art. 2. Le surplus des conclusions des requérants est rejeté.»

Séance du 25 janvier 1851.

Fournitures. — Pourvoi formé après l'expiration des délais. — Déchéance.

Les sieurs Passama et Barconda se sont rendus adjudicataires, aux termes d'un marché passé le 23 septembre 1847, de la fourniture des fourrages militaires pour la place de Montauban et ses annexes, pendant le cours de l'année fourragère, commençant le 1er novembre 1847, et finissant le 31 octobre 1848.

L'effectif prévu était de 600 chevaux.

D'après l'article 25 du marché, il devait être accordé aux adjudicataires pour tous les chevaux en sus de l'effectif prévu, une augmentation, soit de 10, soit de 15 p. 100 sur les prix du marché, selon que l'excédant resterait en deçà ou s'élèverait au delà du quart dudit effectif.

Jusqu'au 1er août 1848, l'effectif ne fut point dépassé. Mais, à partir de cette époque, le nombre des chevaux fut porté progressivement jusqu'à 748, effectif qui existait encore au 1er novembre 1848. A cette époque le service passa entre les mains d'un nouvel entrepreneur.

Conformément aux stipulations de leur marché (article 22), les sieurs Passama et Barconda durent laisser en magasin, à l'expiration de leur service, un approvisionnement de soixante jours calculé sur l'effectif des chevaux à nourrir au 1er octobre 1848, c'est-à-dire sur un effectif de 748 chevaux.

Les adjudicataires réclamèrent, pour la portion de cet approvisionnement qui dépassait les besoins de l'effectif primitivement prévu, l'augmentation de 10 p. 100 dont il a été parlé plus haut. Cette augmentation devait produire une somme de 1,344 fr. 03 c.

Par une décision, en date du 5 janvier, 1849, notifiée le 15 du même mois aux sieurs Passama et Barconda, le ministre de la guerre rejeta leur demande, par le motif que la disposition du cahier des charges sur laquelle ils s'appuyaient pour réclamer la prime de 10 p. 100, s'appliquait exclusivement aux rations consommées pendant le cours de l'année fourragère, en sus de celles afférentes à l'effectif primitif, et nullement à l'approvisionnement de réserve que tous les entrepreneurs sont obligés de laisser en magasin en remettant le service.

C'est contre cette décision que les sieurs Passama et Barconda se sont pourvus.

Ils ont allégué que l'interprétation sur laquelle s'appuie le ministre de la guerre est tout à fait erronée. Après avoir reproduit les principales dispositions du cahier des charges, dont un exemplaire est joint au dossier, ils font observer que les denrées laissées par eux en magasin, à l'expiration de leur service, leur coûtaient évidemment aussi cher que celles consommées pendant le cours du service lui-même. Pourquoi, dès lors, ne pas leur accorder pour celles-là, la prime accordée pour celles-ci? Cette prime, prévue par le cahier des charges, est accordée aux entrepreneurs pour les dédommager des pertes que leur fait éprouver la hausse des denrées, hausse qui est la conséquence nécessaire de l'accroissement de l'effectif et de l'accroissement de la consommation. Conséquemment le dédommagement doit s'appliquer aussi bien aux denrées laissées en magasin qu'aux denrées consommées.

M. le ministre de la guerre, auquel le pourvoi a été communiqué, a fait observer que ce pourvoi n'est point recevable, comme ayant encouru la déchéance. En effet, la décision ministérielle a été prise le 5 janvier 1849 ; elle a été notifiée le 15 du même mois, ainsi qu'il résulte d'une déclaration délivrée par les requérants eux-mêmes, et qui est jointe au dossier. Le délai légal de trois mois expirait donc le 15 avril 1849, et c'est le 24 du même mois seulement que le Conseil d'État a reçu le recours formé par les sieurs Passama et Barconda. Cette dernière date ressort non-seulement de l'enregistrement au greffe du Conseil, mais aussi de celui qui a été fait au domaine ; car la pièce elle-même ne portait pas de date, peut-être, ajoute le ministre, dans le but d'éviter le rapprochement d'où résulte la déchéance.

Le ministre fait observer qu'à la vérité, le 22 mars 1849, son prédécesseur avait cru devoir s'occuper une seconde fois des faits qui avaient motivé sa décision du 5 janvier, et confirmer cette dernière par de nouvelles observations : les requérants paraissent vouloir faire rapporter à cette époque les premiers jours du délai, comme si la décision ministérielle avait été prise le 22 mars seulement. Ce système est d'autant plus inadmissible qu'il résulte des termes mêmes de la dépêche du 22 mars et de la notification à laquelle elle a donné lieu, que cette dépêche est purement explicative et confirmative de la décision du 5 janvier, et que son principal but était de tracer à MM. les intendants militaires des règles qu'ils eussent à suivre à l'avenir dans leurs propres décisions.

Le ministre pense, en conséquence, que le pourvoi des sieurs Passama et Barconda est nul de plein droit, et ce n'est qu'afin de prouver au Conseil que la décision de son prédécesseur était parfaitement convenable, qu'il entre dans quelques développements, desquels il résulte que lors même que les requérants eussent formé leur recours en temps utile, il eût été inadmissible :

D'abord, au point de vue de la stricte justice, comme étant contraire aux conventions qui font la loi des parties.

Et ensuite, au point de vue de l'équité, parce qu'il serait résulté de son admission pour les sieurs Passama et Barconda un bénéfice sans cause, pour l'administration, un double emploi.

Le Conseil d'État a statué en ces termes :

« Considérant qu'il a été statué sur la demande des sieurs Passama et Barconda, par la décision du ministre de la guerre, en date du 5 janvier 1849 ; que la dépêche du même ministre, en date du 22 mai suivant, n'est que la confirmation pure et simple de la décision du 5 janvier, et que cette dépêche ne constitue pas une décision nouvelle ;

« Considérant que la décision du 5 janvier 1849 a été notifiée aux sieurs Passama et Barconda, le 15 du même mois ; que le pourvoi des requérants n'a été enregistré au secrétariat du Conseil d'État que le 24 avril 1849 ; d'où il suit qu'il a été formé en dehors du délai de trois mois fixé par le règlement du 22 juillet 1806, et qu'il n'est pas recevable.

« Art. 1er. La requête des sieurs Passama et Barconda est rejetée. »

Séance du 1er février 1851.

Application de l'article 32 des clauses et conditions générales. — Mise en régie.

Le 2 avril 1842, le sieur Moneron se rendit adjudicataire de terrassements à faire sur une section du canal de l'Aisne à la Marne.

L'article 14 de son devis portait que les travaux devaient être complétement achevés le 1er octobre de la même année. Néanmoins, au milieu de l'année suivante, ils n'étaient pas encore terminés. Les ingénieurs crurent alors utile de provoquer la mise en régie des travaux, et cette mise en régie fut prononcée par un arrêté du préfet de la Marne, en date du 24 août 1843.

L'entrepreneur tenta vainement de faire réformer cet arrêté par l'administration supérieure. Il ne fut pas plus heureux dans les réclamations qu'il éleva sur son décompte, dont une, la seule qu'il soit utile de rappeler ici, tendait à obtenir une indemnité pour des recoupes que, par suite du défaut de précision des plans et devis, l'entrepreneur avait été forcé d'effectuer pour le redressement des talus intérieurs du canal.

Le Conseil de Préfecture de la Marne, saisi définitivement des contestations, rendit, le 7 mai 1848, un arrêté ainsi conçu :

« Considérant, qu'aux termes de l'adjudication prononcée à son profit, le citoyen Moneron devait avoir terminé les travaux, dont il s'était rendu adjudicataire, le 1er octobre 1842 ;

« Considérant qu'il est constant, en fait, que ces travaux n'étaient pas terminés le 24 août 1843, et qu'il n'est pas justifié par l'entrepreneur que ce retard, dans l'exécution, ait été nécessité, ainsi qu'il l'allègue, par des modifications apportées aux devis primitifs ;

« Considérant qu'il résulte, au contraire, de l'instruction, que le citoyen Moneron et les tâcherons, employés par lui, n'ont pas apporté, dans l'exécution des travaux qui leur étaient confiés, tout le zèle et l'activité désirables ;

« Considérant, en outre, que l'entrepreneur a quitté son chantier avant la fin de son entreprise, contrairement aux clauses de l'article 5 des clauses et conditions générales, et qu'il ne justifie pas avoir obtenu l'autorisation de s'absenter ;

« Considérant encore, qu'après l'arrêté de mise en régie, l'entrepreneur a continué, pendant quelque temps, l'exécution partielle des travaux, et aurait ainsi accepté la régie prononcée contre lui ;

« En ce qui touche les divers chefs de réclamation du citoyen Moneron contre le décompte, lesdites réclamations indiquées dans un tableau joint au mémoire présenté au conseil :

« Considérant qu'aux termes de l'article 32 des clauses et conditions générales imposées aux entrepreneurs, toutes les réclamations contre les décomptes doivent être fournies, à peine de déchéance, dans un délai de dix jours, à partir de la notification qui leur est faite ;

« Considérant que le citoyen Moneron a été mis en demeure d'accepter les décomptes ou de fournir ses réclamations, les 16 et 17 avril 1843, et qu'un délai gracieux lui avait été accordé jusqu'au 15 mai suivant ;

« Considérant qu'il est constant, en fait, que, malgré son éloignement, le citoyen Moneron a eu connaissance de ces décomptes ; qu'en effet, par lettre du 8 mai, il remerciait l'ingénieur en chef de l'avoir autorisé à en faire prendre des copies, et qu'à la même date, il adressait, par voie gracieuse, un mémoire contre lesdits décomptes ;

« Considérant qu'en cet état, le citoyen Moneron ne peut faire valoir devant le conseil d'autres réclamations que celles contenues au mémoire dudit jour 8 mai 1844 ;

« Considérant que, par son mémoire au contentieux, le réclamant n'avait saisi le conseil que de l'un de ces chefs de réclamations, savoir, celui relatif à l'augmentation du cube des déblais à la brouette, pour l'approfondissement du canal, du n° 1 au n° 13, lesquels, selon lui, devaient être portés à 1615 mètres au lieu de 1163 mètres 4 centimètres ;

« En ce qui touche ce chef de réclamation :

« Considérant que, si d'après l'avant-métré, le cube des déblais, en cette partie, devait être de 1615 mètres, il résulte de l'instruction que, par suite de fausses manœuvres des ouvriers de l'entrepreneur, des recoupes considérables ont dû avoir lieu pour le dressement des talus intérieurs du canal, et que les terres provenant de ces recoupes ont été volontairement régalées au fond du canal pour éviter des frais de transport ;

« Considérant que cette opération a réduit le cube des déblais à 1165 mètres, et que l'État ne doit compte que des déblais réellement opérés ;

« Statuant contradictoirement ;

« Arrête :

« Les demandes du citoyen Moneron, contenues dans son mémoire dudit jour, 17 décembre 1844, sont rejetées. »

Le sieur Moneron s'est pourvu contre cet arrêté le 28 novembre 1848. Il s'est fondé sur ce que les retards dans l'exécution sont uniquement provenus des modifications apportées au devis. L'adjudication, en effet, fixait la dépense totale à 128,000 fr., et, au moment où les ingénieurs ont commencé à se plaindre, l'entrepreneur avait déjà exécuté pour 190,248 fr. 23 c. de travaux. Il est donc certain qu'on n'était pas resté dans les termes du projet et que l'entreprise s'était accrue au delà de toutes les prévisions. Au reste, lors de la mise en régie, il ne restait à effectuer que de simples régalements de talus, et l'entrepreneur s'en occupait activement. Le conseil de préfecture oppose, il est vrai, au requérant, qu'il ne produit pas de preuves à cet égard ; mais n'était-ce pas à l'administration à faire constater l'état des travaux avant de mettre la régie à exécution ? Le procès-verbal, qu'elle a fait tardivement rédiger par les conducteurs, ne présente aucun métré dont les résultats puissent justifier la mesure qu'on a cru devoir prendre. Quant au motif de l'arrêté du Conseil de Préfecture, tiré de ce que les ouvriers de l'entrepreneur auraient manqué d'activité, il mérite à peine une réponse. Comment admettre que l'entrepreneur n'ait pas pressé les ouvriers à sa solde, alors qu'il avait un intérêt si direct au bon emploi de leur temps ? On ne peut, non plus, lui faire un reproche de son absence, puisque les ingénieurs l'avaient autorisée.

Arrivant au décompte et à la fin de non-recevoir opposée par le Conseil de Préfecture, il a soutenu qu'il suffisait que le point de départ de sa réclamation ait été indiqué pour qu'il ait conservé le droit de la développer en son entier et de la préciser plus tard.

En tous cas, ajoutait-il, le chef relatif à l'erreur de calcul de 740 fr., échappe à toute fin de non-recevoir, puisqu'il s'agit d'une erreur matérielle.

Quant au seul chef sur lequel le Conseil de Préfecture a statué, celui qui concerne les recoupes des talus intérieurs du canal, on a, à tort, attribué à de fausses manœuvres d'ouvriers ce qui, en réalité, ne provenait que du défaut de prévision des plans et devis.

Par ces motifs, l'entrepreneur a conclu à l'admission de ses réclamations et à ce que la fin de non-recevoir fût écartée.

Le ministre des travaux publics, consulté sur ce pourvoi, a répondu que, malgré des avertissements réitérés des ingénieurs, l'entrepreneur n'avait pas encore achevé les travaux longtemps après l'époque fixée par le devis, et qu'il avait en outre abandonné ses chantiers pour suivre une entreprise sur le canal latéral à la Garonne, c'est donc avec motifs suffisants et régulièrement que la mise en régie a été provoquée et prononcée.

En ce qui touche les réclamations sur le décompte, le ministre a rappelé que si le sieur Moneron avait, en temps opportun, formulé certaines réclamations, appréciées par l'administration supérieurs, une seule de ces réclamations se retrouvait dans le mémoire adressé au Conseil de Préfecture. Quant au reste, il constitue des réclamations nouvelles contre lesquelles il y avait lieu d'opposer la déchéance de l'art. 32.

Le Conseil de Préfecture a donc, selon le ministre, sainement apprécié la difficulté, et il y a lieu de maintenir sa décision.

Le sieur Moneron a répliqué que les travaux, estimés primitivement 144,728 fr. 77, s'étaient réellement élevés à 158,689 fr. 70. Or, le crédit, pour 1842, n'a été que de 100,000 fr., et encore ce crédit a-t-il été étendu de trois mois au delà du délai fixé pour l'achèvement des travaux ; c'est uniquement le manque de fonds qui s'est opposé aux efforts de l'entrepreneur pour arriver à fin au terme indiqué ; il y avait donc lieu d'accorder une prorogation de délai, et celle impartie par l'arrêté de mise en demeure était illusoire, puisqu'on voulait voir exécuter, en quinze jours, des travaux qu'avec des moyens d'action plus puissants, l'administration a mis sept mois à parachever.

Le Conseil d'État a statué en ces termes :

« Considérant qu'aux termes de l'art. 32 des clauses et conditions générales, l'entrepreneur auquel le décompte définitif de ses travaux est présenté, et qui refuse de l'accepter, doit déduire des motifs par écrit dans les dix jours qui suivent, et que, passé ce délai, il ne peut jamais être admis à présenter des réclamations nouvelles ; qu'il résulte de l'instruction que, dans l'espèce, le délai expire le 15 mai 1844 ; que, dès lors, c'est avec raison que le Conseil de Préfecture de la Marne a déclaré non recevables les réclamations présentées par le sieur Moneron postérieurement à ladite époque ;

« En ce qui touche l'erreur matérielle que le sieur Moneron prétend exister dans son décompte ;

« Considérant que si, même après l'expiration du délai fixé par l'art. 32 sus-visé, on peut admettre des réclamations, motivées sur des erreurs matérielles, le sieur Moneron ne justifie pas qu'il ait été commis, à son préjudice, une erreur de cette nature.

« En ce qui touche la mise en régie ;

« Considérant qu'il résulte de l'instruction qu'un an environ après l'époque fixée par le devis, pour l'achèvement des travaux, l'entrepreneur était loin de les avoir terminés ; que lesdits travaux n'avaient pas subi une augmentation de plus d'un dixième ; que des à-compte ont été régulièrement versés à l'entrepreneur ; qu'il a été dûment averti, avant la mise à exécution de la régie, et qu'enfin il a abandonné ses chantiers sans l'autorisation des ingénieurs ; que dès lors c'est avec raison que le Conseil de Préfecture a validé ladite régie, et en a maintenu les conséquences à la charge de l'entrepreneur.

« En ce qui touche le cube des déblais pour l'approfondissement du canal entre les profils nᵒˢ 1 et 13 ;

« Considérant qu'il résulte de l'instruction que le cube de ces déblais a été régulièrement établi, et que l'évaluation en a été faite conformément au devis ;

« Décide :

« Art. 1ᵉʳ. La requête du sieur Moneron est rejetée. »

Séance du 8 février 1851.

Interprétation de l'article 32 des clauses et conditions générales. — Annulation d'un arrêté du Conseil de Préfecture de l'Ariége.

Le 5 septembre 1843, les sieurs Cassagne et Capdeville, entrepreneurs de travaux publics à Foix (Ariége), furent déclarés adjudicataires de travaux de construction de la route royale n° 117, entre Foix et le col des Bouiches. Des modifications importantes, survenues en cours d'exécution, empêchèrent les entrepreneurs de mener les travaux avec la rapidité que les ingénieurs paraissaient jaloux de leur imprimer. En conséquence, un arrêté de mise en demeure fut obtenu, et, le 4 mai 1846, les travaux furent mis en régie pour partie, tandis qu'une autre partie fut réadjugée sur folle-enchère. Il ne paraît pas que cette régie ait été l'objet d'une surveillance suffisante, car lorsque le décompte des travaux, exécutés antérieurement, fut présenté aux entrepreneurs, ceux-ci formulèrent des plaintes non-seulement sur divers articles de ce décompte, mais encore, et en outre, sur la mauvaise gestion de la régie. Le 7 juillet 1846, un premier rapport des ingénieurs fut suivi d'un acte extrajudiciaire signifié, par les entrepreneurs, au préfet, par lequel, renouvelant leurs réclamations, ils insistaient surtout sur la mauvaise gestion de la régie, prétendant n'en pas supporter les résultats ; les 28 et 30 octobre, nouveaux rapports d'ingénieurs ; 15 novembre 1846, réplique des entrepreneurs ; puis, le 8 juin 1847, troisième rapport d'ingénieurs, suivi, le 11 juin suivant, de l'arrêté du Conseil de Préfecture dont il va être donné le texte.

Mais, pour l'intelligence de la décision qu'il contient, il faut noter que, durant le cours de l'instance, les ingénieurs reconnaissant que leur premier état de situation du 4 mai 1846 était incomplet, en avaient rédigé un second le 22 novembre 1846, en suite duquel ils constituaient les entrepreneurs débiteurs, envers l'État, d'une somme de 10,470 fr. 72 c. A ce second décompte, présenté aux entrepreneurs le 22 janvier 1847, pendant que le procès s'instruisait au Conseil de Préfecture, ceux-ci s'étaient contentés de répondre par une lettre fort courte, déclarant qu'ils ne pouvaient pas plus s'en rapporter à ce décompte qu'aux précédents, sans spécifier davantage en quoi ils avaient à le quereller. Cette lettre servit de base aux ingénieurs pour demander, dans leur rapport du 8 juin 1847, que l'article 32 des clauses et conditions générales fût appliqué aux entrepreneurs pour n'avoir pas, dans le délai de dix jours, motivé leur refus d'accepter le décompte à eux présenté le 22 janvier 1847.

Il s'agissait donc de savoir si, lorsque des réclamations suffisamment motivées ont été formulées sur un premier décompte, et ont engendré un procès administratif, il est nécessaire que de pareilles réclamations soient produites à chaque nouveau décompte qu'en cours d'instance, les ingénieurs peuvent produire.

Ajoutons enfin que, parmi les réclamations produites, il s'en trouvait une relative à des éboulements considérables survenus à une carrière en exploitation, fait pour lequel les entrepreneurs demandaient une indemnité fixée par les ingénieurs eux-mêmes à 1,200 fr.

Le Conseil de Préfecture, le 11 juin 1847, a statué en ces termes :

« Considérant que l'état de situation au 4 mai 1846, des ouvrages exécutés et dépenses faites par les entrepreneurs, antérieurement à la régie, a été remis, à ceux-ci, le 12 du même mois, ainsi qu'il conste de leur lettre, sous la date du 12 mai, qui en accuse réception, en se bornant à en signaler la prétendue inexactitude sur divers points, mais sans spécifier, point par point, ainsi qu'ils auraient dû le faire, les articles objet de leurs réclamations ;

« Considérant que, par une seconde lettre du 25 juin suivant, lesdits entrepreneurs accusent, de nouveau, réception de l'état susvisé, en déclarant qu'ils refusent d'adhérer à la situation présentée, mais sans déduire les motifs précis et développés de leur refus.

« Considérant que, par une lettre en date du 26 juin, l'ingénieur ordinaire fait connaître aux entrepreneurs qu'un second métré vient d'être dressé par lui , à la suite des réclamations qu'ils lui avaient adressées et les invite à venir en prendre connaissance pour en discuter avec lui les divers articles ;

« Considérant qu'il n'a pas été répondu à cette communication toute bienveillante et équitable ;

« Considérant que l'état de situation définitive, arrêté au 22 novembre 1846, et qui embrassait, non-seulement les travaux exécutés par les entrepreneurs, mais encore ceux qui ont été faits par la régie organisée à leur compte, a été communiqué aux entrepreneurs sus-nommés avec une note à l'appui ;

« Considérant que les entrepreneurs ont, par une lettre du 22 janvier 1847, accusé réception de cet état de situation et de la note à l'appui en refusant d'y adhérer, mais en se bornant à signaler d'une manière vague les motifs de leur refus ;

« Considérant que les entrepreneurs ne produisent aucun métré contradictoire, qu'ils ne spécifient, en rien, les objections et les demandes qu'ils ont à opposer aux divers articles du métré général fourni par les ingénieurs ; que, dès lors, il serait impossible au Conseil de Préfecture de statuer au fond sur le règlement définitif de la dépense de l'entreprise, et qu'il appartient à l'autorité administrative d'en déterminer le chiffre d'après les éléments de l'instruction ;

« Considérant qu'aux termes de l'article 32 des clauses et conditions générales, les entrepreneurs auxquels des états de situation définitive sont présentés, doivent, à peine de déchéance, déclarer par écrit, dans les dix jours de cette présentation, les motifs des réclamations qu'ils ont à former contre lesdits états ;

« Considérant, en ce qui concerne la réclamation des entrepreneurs, relative aux pertes éprouvées par eux, par suite des éboulements survenus à la carrière d'Espinet en 1845, qu'il s'agit d'un cas de force majeure, et qu'il semble juste d'accorder une indemnité proportionnelle aux pertes éprouvées ;

« Considérant que ces pertes ont été évaluées à 1,200 fr., et que cette appréciation repose sur des bases justes et équitables ;

« Considérant, en ce qui concerne les outils, agrès, etc., cédés, par suite de la folle-enchère au nouvel entrepreneur, et qui avaient été achetés par la régie au compte des sieurs Cassagne et Capdeville, qu'il a été procédé à une expertise régulière pour l'évaluation de ces divers objets, et qu'il résulte du procès-verbal que leur estimation monte à la somme de 1,036 fr., payables par le sieur Baby, entrepreneur actuel ; que, dès lors, les sieurs Cassagne et Capdeville ont à exercer leur recours légal contre celui-ci ;

« Par ces motifs,

« Et sans s'arrêter au fond sur les réclamations et contestations élevées par les entrepreneurs,

« Arrête :

« Art. 1er. Les réclamations formées par les sieurs Cassagne et Capdeville, entrepreneurs, contre l'état de situation définitive des travaux exécutés, par eux, pour la construction de la portion de route royale n° 117, de Perpignan à Bayonne, dans la partie comprise entre Foix et le Col des Bouiches, sont rejetées par suite de la déchéance encourue par les demandeurs, et ce, tant pour les travaux exécutés par eux jusqu'au 4 mai 1846, qu'en ce qui concerne les ouvrages faits par la régie organisée à leur compte, en vertu de l'arrêté préfectoral du 2 mai 1846, et les dépenses qu'ils ont entraînées.

« Art. 2. Il est accordé auxdits entrepreneurs une indemnité de 1,200 fr., à raison des pertes qu'ils ont éprouvées par l'effet des éboulements et des soulèvements de terrains survenus en 1845 à la carrière de pierre de taille qu'ils exploitaient pour ladite route, au lieu dit Espinet, accidents provenant de force majeure ;

« Art. 3. Les sieurs Cassagne et Capdeville sont renvoyés à se pourvoir par les moyens de droit contre le sieur Baby, entrepreneur actuel, par suite de la réadjudication à leur folle-enchère, afin d'obtenir, de lui, le paiement de la somme arbitrée pour valeur d'outils, agrès et autres objets provenant de leur entreprise et cédés audit sieur Baby. »

Le 28 septembre 1847, les entrepreneurs se sont pourvus au conseil d'Etat contre cet arrêté. Ils ont soutenu que l'article 32 ne saurait leur être appliqué puisqu'ils avaient satisfait à ses prescriptions, en fournissant sur le premier décompte qui leur avait été présenté, des observations suffisamment motivées ; que ces observations étaient contenues dans l'acte extra-judiciaire du 5 septembre 1846, qui avait eu pour effet de les mettre à l'abri de toute déchéance pour l'avenir ; que les ingénieurs, modifiant leurs premiers calculs, avaient bien pu, en cours d'instance, produire un nouveau décompte rectifié, mais que cette nouvelle production ne pouvait engendrer, pour les entrepreneurs, l'obligation de fournir de rechef des observations motivées qui n'eussent été que la reproduction des précédentes ; qu'enfin le Conseil de Préfecture ne s'était pas montré conséquent avec lui-même en appliquant l'article 32 à leurs autres réclamations et ne l'appliquant pas à celle relative à l'événement de force majeure survenu à la carrière d'Espinet. Ils en concluaient en terminant que c'était à tort que le Conseil de Préfecture, trop docile aux inspirations des ingénieurs, avait appliqué une déchéance à laquelle leur réclamation ne devait pas être soumise.

Le ministre des travaux publics, auquel la requête a été communiquée, a répondu le 20 juin 1848.

Discutant le reproche fait au conseil de préfecture d'avoir été inconséquent en appliquant l'article 32 à quelques-unes des réclamations, tandis qu'il ne l'appliquait pas à celle concernant la carrière d'Espinet, il fait remarquer que les droits des entrepreneurs, à cet égard, sont régis par l'article 26 des clauses et conditions générales, et que leurs droits étaient sauvegardés par cela seul qu'ils avaient, dans le délai de dix jours, fait constater le cas de force majeure. Le conseil de préfecture a donc dû s'abstenir de prononcer la déchéance sur cette réclamation. Quant aux autres, sa décision est inattaquable ; en effet, dit le ministre, le premier décompte n'était qu'un travail imparfait, provisoire ; le second, au contraire, était le seul important, définitif, déterminé, c'était sur le second que les entrepreneurs devaient fournir leur réclamations, et, ne le faisant pas, ils ont encouru la déchéance de l'article 32. Il n'y a donc lieu d'annuler l'arrêté du 11 juin 1847.

Le conseil d'Etat, après avoir entendu M. Hély d'Oissel, conseiller d'Etat, en son rapport, Mᵉ Delvincourt, avocat des entrepreneurs, en ses observations, et M. Cornudet, maître des requêtes, dans ses conclusions, a statué en ces termes :

« En ce qui touche les travaux exécutés par les entrepreneurs antérieurement à la régie ;

« Considérant que ces travaux ont fait l'objet d'un décompte qui a été présenté à l'acceptation des entrepreneurs en mai et en juin 1846, et qui a été suivi de réclamations dont les motifs ont été suffisamment déduits, en temps utile, dans leurs lettres des 12 mai et 25 juin 1846 ;

« Qu'ultérieurement, les mêmes travaux ayant été compris au décompte présenté à l'acceptation des entrepreneurs le 20 janvier

1847, ceux-ci ont déclaré, par lettre du 22 janvier, persister dans leur réclamation ;

« Considérant qu'à ladite époque et pour lesdits travaux ils ne pouvaient être tenus à déduire, de nouveau, les motifs contenus dans leurs lettres précitées des 12 mai et 25 juin 1846 ;

« Que, dès lors, c'est à tort que le Conseil de Préfecture a opposé à celles desdites réclamations qui n'auraient point été admises par les ingénieurs, les dispositions de l'article 32 des clauses et conditions générales ;

« En ce qui concerne les conséquences de la régie :

« Considérant que les travaux de régie ont été compris dans le décompte présenté à l'acceptation des entrepreneurs le 20 janvier 1847 ;

« Que, dès avant la présentation dudit décompte, les entrepreneurs avaient protesté contre l'exécution desdits travaux, et déduit les motifs de leur protestation dans un acte du 5 septembre 1846, par eux signifié au Préfet pour être transmis au Conseil de Préfecture ; que, dans ces circonstances, la lettre du 22 janvier 1847, par laquelle, dans les dix jours de la présentation du décompte, les entrepreneurs déclarent en contester toujours le résultat, et par laquelle ils rappellent d'une manière générale les motifs précédemment développés par eux, a suffi pour conserver leurs droits ;

« Décide :

« Art. 1er. Les sieurs Cassagne et Capdeville sont renvoyés devant le conseil de préfecture pour qu'il soit par lui statué ce qu'il appartiendra : 1° sur celles de leurs réclamations contenues dans leurs lettres des 12 mars et 25 juin 1846, qui n'auraient point été admises par les ingénieurs ;

« 2° Sur celles des réclamations relatives aux conséquences de la régie qui sont développées dans l'acte adressé au préfet le 5 septembre 1846, et sur lesquelles il n'aurait point été déjà statué par le Conseil de Préfecture ;

« Art. 2. L'arrêté attaqué est annulé dans celles de ses dispositions qui seraient contraires à la présente décision. »

Cet arrêté consacre un principe qu'il est important de signaler. D'après ses dispositions, lorsque dans le cours ou à la fin d'une entreprise, un état de situation générale ou de fin d'année est présenté à l'entrepreneur, et que celui-ci a, dans le délai du règlement, formulé des réclamations suffisamment développées, ses droits sont désormais sauvegardés, alors même que, plus tard, les ingénieurs présenteraient, sur ses réclamations, un nouveau projet de décompte, non suivi, en temps utile, de réclamation, et ce surtout, lorsque l'autorité administrative aura été déjà saisie du débat.

Il est encore utile de faire remarquer qu'il ressort de la lettre de M. le ministre des travaux publics, que la notification, dans les dix jours, du cas de force majeure (art. 26 des clauses et conditions générales), suffit pour conserver les droits de l'entrepreneur à l'indemnité, qui, pour ce fait, peut lui être due, même dans le cas où, lors de la présentation du décompte général, il n'aurait pas, dans le délai de dix jours, notifié de ce chef ses réclamations motivées.

Séance du 22 février 1851.

Interprétation d'un article du cahier des charges. — Rejet du pourvoi de l'entrepreneur contre un arrêté du conseil de préfecture de la Haute-Garonne, du 6 novembre 1849.

Le 11 juillet 1848, M. Andrieu, entrepreneur de travaux publics, fut déclaré adjudicataire des travaux de restauration de la route nationale n° 113, de Narbonne à Toulouse.

Lors du paiement du premier à-compte, l'administration fit dresser un métrage des travaux exécutés, dans lequel métrage n'était pas compris le démontage de l'ancienne chaussée de la route, opération non prévue au devis, et dont l'entrepreneur avait avancé les frais. Ce métrage fut refusé, et l'entrepreneur formula à cet égard, près de l'administration, une réclamation qui, appuyée par l'ingénieur ordinaire, mais combattue par l'ingénieur en chef, fut repoussée. Il y eut donc lieu de recourir au conseil de préfecture de la Haute-Garonne, lequel, le 6 novembre 1849, a rendu l'arrêté suivant :

« Considérant que le devis s'exprime ainsi à la page 37, chapitre iv, § II, *in fine :* « *Le concassage des galets et des cailloutis aura* « *lieu hors de la route ; néanmoins les matériaux qui seront produits* « *par le démontage de l'empierrement actuel, sur les points où le* « *bombement de la route sera modifié, seront, s'il y a lieu, concassés* « *sur le bord des accotements ; »* qu'en présence de cet article, on ne peut pas dire, comme le soutient l'entrepreneur, que le devis ne fasse aucune mention du démontage de la chaussée ; que cette opération y est indiquée en termes formels ;

« Que, d'un autre côté, le détail estimatif dressé pour le concassage des matériaux porte en toute lettre le titre de : *chaussée pavée à convertir en chaussée de matériaux concassés ;* ce qui veut bien dire certainement que l'entrepreneur sera chargé de démonter la chaussée, puisque, sans cela, il ne pourrait la convertir en matériaux concassés ;

« Qu'au surplus, cette précision n'existerait-elle pas, le détail estimatif aurait compris suffisamment le démontage de la chaussée dans la partie où il fixe les frais de ramassage et d'extraction, car le démontage de la chaussée n'est réellement qu'une extraction de matériaux ;

« Considérant, enfin, que les frais d'extraction ou de démontage sont réglés par le sous-détail A, et que le décompte a été dressé conformément aux prix prévus ;

« Par ces motifs, arrête :

« La réclamation du sieur Andrieu est rejetée. »

L'entrepreneur s'est pourvu contre cet arrêté.

Il a soutenu que les deux seules pièces de l'adjudication sur lesquelles s'était formé le contrat entre l'administration et lui, sont le devis et le bordereau ; que le détail estimatif ne doit figurer que comme renseignement ; il s'ensuit, selon le requérant, que tout ouvrage qui n'est pas spécialement désigné dans le devis et estimé dans le bordereau, doit être considéré comme imprévu. L'entrepreneur a donc dû croire que le démontage n'était pas compris dans les opérations de son devis, ou bien qu'on devait faire face à cette nature de dépense au moyen de la somme à valoir.

Les arguments du conseil de préfecture, ajoute le sieur Andrieu, sont d'une réfutation facile.

1° Il ne suffit pas que le devis parle incidemment, et à propos des lieux où le concassage doit se faire, du démontage de la chaussée, il faudrait, pour avoir une portée sérieuse, que cette opération fût précisée d'une manière spéciale et formelle, et non pas en passant et à propos d'autre chose.

2° En vain prétend-t-on que l'entrepreneur devait bien savoir qu'on ne pouvait faire une nouvelle chaussée sans démonter l'ancienne ; il ne s'agit pas ici de ce que l'entrepreneur a pu penser, mais bien des clauses de son marché où, on le sait, tout est de rigueur. C'est à l'administration à s'imputer de ne s'être pas exprimée d'une manière suffisamment claire.

3° Le détail estimatif parle bien de ramassage et d'extraction, mais il ne parle pas du démontage. Chacun de ses termes a sa valeur : l'extraction de matériaux n'est pas le démontage d'une chaussée, et *vice versa*. Les mêmes arguments peuvent être invoqués que ci-dessus.

4° Le conseil de préfecture s'appuie enfin sur le sous-détail A, qui porte pour titre : *du prix du concassage du mètre cube de matériaux de l'empierrement actuel*, et qui alloue 0 fr. 50 pour extraction, ramassage, dragage et bardage des matériaux. Mais le sous-détail ne fait pas partie du contrat, l'entrepreneur ne pourrait l'invoquer contre lui ; d'ailleurs, ce prix de 0 fr. 50 paraît avoir été porté par erreur dans la colonne qu'il occupe, et devoir l'être dans la colonne suivante, intitulée : *nettoyage et passage à la claie ;* ce qui le prouve, c'est l'insuffisance du prix en présence des travaux qu'il est destiné à rémunérer.

L'entrepreneur concluait donc à ce que le prix du démontage de la chaussée lui fût payé à part.

Sur la communication qui lui a été donnée du pourvoi, le ministre des travaux publics a répondu, qu'en effet, ni le devis, ni le détail estimatif n'avaient stipulé un prix spécial pour le démontage de l'ancienne chaussée, mais il a rappelé que le détail estimatif a mentionné, pour le concassage de l'empierrement actuel, un prix de 3 fr. 22, et s'est référé, pour la composition du prix, au sous-détail A, dont les énonciations comprennent, moins clairement peut-être qu'il aurait pu le faire, mais incontestablement cependant, le démontage de la chaussée. Il est vrai que le sous-détail ne lie pas les parties, mais ici il s'agit du prix de 3 fr. 22 porté dans le détail estimatif, et ce n'est que pour savoir à quel travail ce prix se rapporte qu'on a recours au sous-détail auquel se réfère expressément le détail estimatif.

Le conseil d'Etat, après avoir entendu Mes Reverchon et Dumartroy, maîtres des requêtes, en leurs rapport et conclusions, a statué en ces termes :

« Considérant que le détail estimatif des travaux à exécuter par le sieur Andrieu, a rangé, au nombre de ces travaux, la chaussée pavée à convertir en chaussée de matériaux concassés ;

« Que cet ouvrage exigeait et comprenait nécessairement le démontage préalable de ladite chaussée pavée, et que le prix de 3 fr. 22, porté dans le même détail estimatif et dans le sous-détail auquel celui-ci se référait, s'appliquait à cette opération ;

« Décide :

« Art. 1er. La requête du sieur Andrieu fils est rejetée. »

Séance du 8 *mars* 1851.

Compétence des conseils de préfecture. — Excès de pouvoir. — Annulation d'un arrêté du conseil de préfecture de la Gironde du 1er août 1848.

Le 23 août 1845, M. Boutrand devint adjudicataire, 1° des travaux de terrassements, empierrements et ouvrages d'art à exécuter sur le chemin n° 13 *bis* de Castillon à Sauveterre, dans la commune de Bassijan ; 2° des travaux à exécuter pour la construction d'aqueducs et fournitures de graviers dans la commune d'Aveyres, sur le chemin n° 23 *bis*, d'Aveyres à Braines.

Le 14 mars 1846, pendant que les travaux s'exécutaient, intervinrent deux arrêtés du préfet de la Gironde, le premier déclarant le premier entrepreneur déchu de son entreprise ; le second, lui substituant M. Dufoussat, avocat à Libourne.

Cette mesure paraît avoir eu pour motif une prétendue cession faite par le sieur Boutrand à celui qui le remplaçait ; par la même raison, sans doute, le prix des travaux, déjà faits par Boutrand, avant qu'on eût prononcé sa déchéance, fut remis, non à lui-même, mais bien à son cessionnaire.

L'entrepreneur, qui pensait ne devoir à Dufoussat qu'une somme bien inférieure à celle que ce dernier avait reçue pour lui, et qui, du reste, était demeuré étranger tant à la substitution qu'aux payements qui en avaient été la suite, demanda compte, à l'administration, de la valeur des ouvrages exécutés, par lui, avant sa déchéance.

Le refus de l'administration amena le débat devant le Conseil de préfecture de la Gironde ; M. Dufoussat intervint alors pour soutenir la cession du marché et le mérite des créances qu'il avait produites.

Le 1er août 1848, intervint l'arrêté du Conseil de préfecture, ainsi conçu :

« Considérant que le citoyen Boutrand a volontairement fait cession au citoyen Dufoussat des droits et obligations résultant, pour lui, de l'adjudication qui lui avait été consentie le 25 août 1846 ;

« Que c'est là ce qui résulte des termes suffisamment explicites de la correspondance ci-dessus visée ;

« Qu'il est d'autant moins possible de douter de la réalité de cette cession, que des mandats, applicables aux travaux exécutés antérieurement au 14 mars 1846, ont été délivrés au citoyen Dufoussat, sauf opposition de la part du citoyen Boutrand, et qu'à partir du 14 mars, les travaux ont été continués par les soins et sous la direction dudit citoyen Dufoussat ;

« Considérant que, dans ses deux arrêtés irréguliers dans la forme, M. le préfet, dont le concours était indispensable, n'a eu, en réalité, d'autre but que d'accepter la cession qui substituait le citoyen Dufoussat à l'entreprise du citoyen Boutrand ;

« Considérant que si le citoyen Boutrand, à l'occasion de cette cession et des faits qui ont pu la précéder ou la suivre, a des répétitions à exercer contre le citoyen Dufoussat, le Conseil n'a point à s'en occuper ;

« Le Conseil, statuant contradictoirement, déclare n'y avoir lieu

de prononcer sur la demande en intervention du citoyen Dufoussat
et rejette la demande du citoyen Boutrand. »

L'entrepreneur s'est pourvu, le 13 novembre 1848, contre cet
arrêté ; il a soutenu que le Conseil de préfecture n'était pas compétent pour apprécier le mérite de la prétendue cession, contrat
purement civil dont l'appréciation appartient expressément à l'autorité judiciaire, du moment que la question du fond ne devait être
résolue qu'après, et que d'après celle résultant du contrat civil,
le Conseil de préfecture devait suspendre sa décision jusqu'à ce que
l'autorité judiciaire ait déterminé l'existence et la portée de ce dernier contrat.

Il a cité à l'appui de cette doctrine, au reste incontestable, des
ordonnances des 20 juin 1812, 17 juillet 1816, 13 juillet 1828,
22 août 1834, etc., etc., et l'avis d'un grand nombre d'auteurs.

Le ministre, auquel le pourvoi a été communiqué, a d'abord défendu les arrêtés préfectoraux. Ils auraient été effectivement irréguliers, si ces arrêtés, qui ont prononcé la déchéance de Boutrand et son remplacement par Dufoussat, avaient eu pour unique motif la cession intervenue entre ces deux intéressés, mais il
n'en pas été ainsi. Il résulte, en effet, des arrêtés mêmes que cette
déchéance a eu pour motifs l'inexécution, par l'entrepreneur, des
conditions de son marché, notamment en ce qui concernait le
cautionnement immobilier qu'il devait fournir, obligation qu'il n'a
pu remplir. Le préfet a donc pu, dans les limites de ses pouvoirs,
prendre les deux arrêtés dont on conteste la légalité.

Mais, de son côté, le Conseil de préfecture n'avait pas, selon le
ministre, à se préoccuper de l'existence d'une cession intervenue
entre MM. Boutrand et Dufoussat, et à s'appuyer sur l'existence de
cette cession pour refuser d'examiner la requête de Boutrand.
Evidemment, si l'administration avait le droit de substituer un entrepreneur à un autre, elle ne pouvait avoir celui d'imposer à un
créancier, sans son consentement, un nouveau débiteur. Il aurait fallu, pour opérer régulièrement, dresser le décompte des travaux faits par Boutrand et attendre qu'il ait été statué sur les op-
positions que Dufoussat aurait pu faire sur les sommes restant
dues à l'entrepreneur pour la conservation de ses propres créances. En conséquence, le Conseil de préfecture, en excipant de la

prétendue cession pour repousser la demande de Boutrand, paraît au ministre avoir rendu une décision mal fondée, et à l'annulation de laquelle il a conclu.

Le conseil d'État, sur le rapport de M. Louyer-Villermay et les conclusions de M. Du Martroy, maître des requêtes, a statué en ces termes :

« Considérant que, par arrêté du préfet de la Gironde, du 14 mars 1846, le sieur Boutrand a été déclaré déchu de l'adjudication qui lui avait été consentie, le 4 août précédent, des travaux à exécuter sur des chemins vicinaux de grande communication dudit département ;

« Considérant que si, par le même arrêté, le sieur Dufoussat a été substitué aux droits et obligations résultant de ladite adjudication, cette substitution ne pouvait avoir d'effet que pour l'avenir ;

« Que, dès lors, le sieur Boutrand était fondé à demander que l'administration fût condamnée à lui payer, d'après le décompte qui en serait dressé, tant en capital qu'intérêts légitimement dus, le montant des travaux qu'il avait exécutés, antérieurement à l'arrêté précité du 14 mars 1846, qui avait prononcé sa déchéance ;

« Considérant, dès lors, que c'est à tort que, par sa lettre du 21 juin 1847, le préfet de la Gironde, répondant au sieur Boutrand qui réclamait le payement desdits travaux, a déclaré au pétitionnaire que c'était au sieur Dufoussat que le payement devait être réclamé ;

« Considérant qu'en cas de refus du préfet, c'était au Conseil de préfecture à statuer sur la contestation, et qu'ainsi c'est à tort que le Conseil de préfecture de la Gironde a refusé de faire droit à la demande du sieur Boutrand, tendant aux fins sus énoncées ;

« Décide :

« Art. 1er. Le sieur Boutrand est renvoyé devant le Conseil de préfecture pour y faire dresser contradictoirement le décompte des travaux par lui exécutés antérieurement à l'arrêté préfectoral du 14 mars 1846 et être ensuite statué ce qu'il appartiendra.

« Art. 2. L'arrêté ci-dessus visé du Conseil de préfecture de la Gironde, en date du 1er août 1848, est annulé. »

Séance du 15 mars 1851.

Interprétation d'un article du cahier des charges. — Annulation d'un arrêté du conseil de direction de la province d'Alger.

Dans le courant de 1847, le sieur Matruchot, entrepreneur de travaux publics, soumissionna des travaux à faire à la cathédrale d'Alger. Il ne put mener à fin cette entreprise, qui a été résiliée le 29 février 1848. Plus tard, sur la demande de l'entrepreneur, le conseil de direction de la province d'Alger (remplissant les mêmes fonctions que les conseils de préfecture en France) décida, le 28 décembre 1848, que l'administration serait tenue de reprendre, outre les outils et équipages composant le matériel de l'entreprise, les matériaux reconnus de bonne qualité et conformes aux conditions des devis et cahier des charges, approvisionnés et déposés sur les chantiers au 27 février 1848, suivant l'estimation à faire, soit de gré à gré. soit par experts.

Quant aux outils et équipages, la question est sans importance ; il était inutile d'en parler, puisqu'il paraît que l'administration avait repris, lors de la résolution du marché, tous ceux que Matruchot avait voulu lui céder. Restait la question des matériaux relativement à laquelle le ministre de la guerre s'est pourvu, le 17 avril 1849, non plus contre Matruchot (il avait été déclaré en faillite), mais contre le syndic de sa faillite.

Le ministre a justifié ainsi son pourvoi:

« Les art. 8 et 40 du cahier des charges portent que les matériaux approvisionnés par l'entrepreneur seront repris par l'administration, mais sous la condition que l'approvisionnement en aura été fait *par ordre.* »

Or, il n'y a pas eu d'ordre exprès ; l'arrêté du conseil de direction le reconnaît ; mais, selon lui, il y aurait eu, ce qui, pour lui, équivaudrait, un ordre tacite. Voici à cet égard comment l'arrêté s'exprime :

« Attendu que l'obligation d'approvisionner résultait, pour l'entrepreneur, de l'objet même de l'entreprise; que les matériaux, dont le cahier des charges prescrivait l'emploi, devant être puisés à des distances assez grandes, il y avait nécessité absolue de les faire venir par masses considérables.

« Attendu qu'il y a eu, d'ailleurs, acceptation implicite, par l'administration, des matériaux approvisionnés, puisque, d'une part, il n'a jamais été fait d'observations sur la quantité des matériaux déposés, que la plus grande partie de ces matériaux a été employée aux travaux, depuis les derniers approvisionnements, jusqu'au jour de la résiliation volontaire opérée entre les parties, et que, d'une autre part, à la date du 16 septembre 1847, l'administration supérieure avait, sur la demande de Matruchot, autorisé le payement des cinq sixièmes des matériaux approvisionnés et déposés. »

Sur ces considérants, le ministre fait observer :

1° Que le cahier des charges avait prévu la distance où se trouvaient les matériaux, et la nécessité de les approvisionner en quantités plus considérables ; il n'y a donc aucun argument à tirer de l'existence de ces faits, connus et appréciés d'avance ;

2° Que si l'administration n'a pas fait d'observations sur les matériaux approvisionnés, c'est que, n'ayant pas donné d'ordre, et se croyant à l'abri, à cet égard, de toute réclamation, elle n'avait en réalité pas d'observations à faire ;

3° Que l'emploi fait, par elle, d'une partie des matériaux approvisionnés ne saurait impliquer, de sa part, l'obligation de prendre le reste, cette obligation devant naître, pour elle, d'une manifestation expresse ;

4° Qu'enfin l'autorisation donnée le 16 septembre 1847, par l'administration, de payer les cinq sixièmes des approvisionnements, ne s'appliquait certainement qu'à la partie des matériaux approvisionnés par ordre; si l'administration avait entendu déroger aux conditions formelles du devis, elle l'aurait certainement énoncé.

Le ministre ajoute que le conseil de direction a pu être entraîné par des considérations d'équité et même de générosité qui ne peuvent être écoutées quand la contestation est devenue contentieuse.

Il termine en faisant observer que ce mode d'appréciation aurait pour effet d'encourager des fraudes auxquelles l'administration locale affirme 'que Matruchot ne serait pas resté étranger, et dont l'effet serait désastreux. En effet, un entrepreneur pourrait, à l'abri d'une pareille jurisprudence, se couvrir du manteau de l'administration pour couvrir ses spéculations particulières. Il n'aurait pour cela qu'à faire des approvisionnements exagérés : il en vendrait au public tant qu'il pourrait ; ce qui lui resterait, il forcerait l'administration à les lui prendre sous prétexte d'approvisionnement. Celle-ci lui servirait de pis aller, et les ressources du budget se trouveraient indéfiniment engagées.

Le syndicat de la faillite Matruchot ne s'est pas défendu.

Le conseil d'Etat, après avoir entendu M. de Saint-Aignan, conseiller d'État, en son rapport, et M. Vuitry, maître des requêtes faisant fonctions du ministère public, en ses conclusions, a statué en ces termes :

« En ce qui touche la reprise des matériaux ;

« Considérant qu'aux termes de l'art. 40 du cahier des clauses et conditions générales imposées aux entrepreneurs des bâtiments civils en Algérie, et ci-dessus visé, l'administration ne peut être tenue, en cas de résiliation d'un marché, d'acquérir les matériaux approvisionnés et déposés sur les travaux qu'autant qu'ils ont été approvisionnés et déposés sur les travaux par ordre, et sont de bonne qualité ;

« Qu'il résulte de l'instruction que les matériaux dont la reprise en charge par l'administration, a été ordonnée par l'arrêté attaqué, n'avaient point été approvisionnés et déposés sur les travaux en vertu d'ordres de l'architecte du service ;

« Et que dès lors l'administration n'était pas tenue de les reprendre ;

« En ce qui concerne la reprise des outils et équipages ;

« Considérant qu'aux termes de l'art. 8 dudit cahier des clauses et conditions générales, en cas d'adjudication en continuation d'ouvrages, les outils et équipages doivent être payés de gré à gré, à dire d'experts, à l'entrepreneur sortant par l'entrepreneur entrant ;

« Qu'il résulte de l'instruction que, lors de la cessation de ses travaux, le sieur Matruchot n'a laissé ni outils ni équipages sur les chantiers, et que ceux dont il a voulu faire la cession à l'administration, au moment de la cessation desdits travaux, ont été repris et payés par elle ;

« Décide :

« Art. 1er. L'arrêté du conseil de direction de la province d'Alger, en date du 28 décembre 1848, est annulé. »

Séance du 5 avril 1851.

Architecte. — Vice de plan. — Responsabilité. — Rejet.

Au mois d'avril 1845, le sieur Massin a été déclaré adjudicataire moyennant la somme de 15,698 fr., des travaux à exécuter pour la reconstruction de l'église de Noyers (Meuse), d'après un plan qui avait été dressé par le sieur Oudet, architecte du département, et approuvé, sauf quelques modifications, par la commission départementale des bâtiments civils.

Ces travaux étaient à peine terminés et n'étaient pas encore reçus, que le maire de la commune écrivait au préfet de la Meuse, en juillet 1846, pour se plaindre de ce que l'église nouvelle était déjà en voie de détérioration et menaçait ruine.

A la suite de vérifications qui furent faites par l'inspecteur des travaux communaux et des avis qui furent émis par la commission des bâtiments civils, le conseil de préfecture de la Meuse, sur le refus que fit la commune d'adhérer aux propositions sorties de ces premières opérations, fut saisi de la contestation, et chargea, le 5 décembre 1846, le sieur Grillot, architecte à Nancy, de procéder à la visite de l'église et d'indiquer les mesures à prendre pour remédier aux dégradations qu'il constaterait.

Conformément aux conclusions du rapport de cet architecte et sans s'arrêter aux observations et propositions nouvelles du sieur Oudet, le conseil de préfecture prit, le 9 février 1847, un arrêté portant que la dépense à faire pour mettre l'église en état de réception, d'après les bases fixées par le sieur Grillot, serait supportée pour les trois quarts par l'architecte Oudet et pour le quart par l'entrepreneur Massin.

Le sieur Oudet s'est pourvu contre cet arrêté, et un décret rendu en conseil d'Etat, le 18 décembre 1848, en a prononcé l'annulation, par le motif que le travail dont le sieur Grillot avait été chargé était une véritable expertise, et que dès lors cette expertise aurait dû être faite dans les formes légales. Le même décret a en conséquence renvoyé les parties devant le conseil de préfecture pour y être statué ce qu'il appartiendrait, après qu'il aurait été procédé à une expertise régulière et contradictoire.

Cette expertise a été faite les 2, 20 et 21 mai 1849. Les experts ont déclaré que les accidents survenus à l'église avaient été d'abord causés par l'insuffisance de l'épaisseur des murs, c'est-à-dire par un vice essentiel dans la conception du plan de l'architecte ; mais qu'ils avaient été aussi déterminés par certaines malfaçons imputables à l'entrepreneur, et ils ont émis l'avis que les travaux à effectuer ou à refaire devaient être mis par moitié à la charge de l'architecte et de l'entrepreneur. Ils ont toutefois ajouté qu'aujourd'hui ces dépenses seraient bien plus onéreuses qu'à l'époque où l'architecte et l'entrepreneur avaient fait des offres d'arrangement, qui, si elles eussent été communiquées à la commune et acceptées par elle, auraient permis de rapprocher les murs sans les démolir ; ils ont donc proposé de faire concourir la commune à ces dépenses dans une proportion qui serait fixée par le conseil de préfecture, indépendamment des ouvrages destinés à racheter le défaut d'épaisseur des murs et qui, dans tous les cas, devaient être supportés par la commune.

Un arrêté du conseil de préfecture de la Meuse, du 3 septembre 1849, a homologué ces conclusions des experts, à l'exception toutefois de la proposition de faire supporter par la commune de Noyers une partie des frais mis à la charge de l'architecte et de l'entrepreneur.

Voici le texte de cet arrêté :

« Considérant que les travaux de construction de l'église de Noyers sont des travaux publics, et que par conséquent le conseil de préfecture est compétent pour statuer sur la contestation dont ils sont l'objet;

« Jugeant au fond :

« Considérant qu'il résulte du procès-verbal d'expertise des 6, 20 et 21 mai derniers, que le mur de la nef de ladite église, côté nord, présente divers surplombs qui varient de 2 à 14 centimètres et demi ; que les surplombs du mur de la nef au sud sont de 2 centimètres au *minimum* et de 14 centimètres au *maximum ;* que des surplombs aussi considérables ont nécessairement amené des accidents dans toute la construction de la nef ; qu'ainsi de légères lézardes se sont manifestées à l'extérieur du mur du nord, et qu'un grand nombre de briques ont éclaté tant au mur du nord qu'au mur du sud, la charge ne portant plus que sur le parement extérieur ; que sept crevasses se sont manifestées dans la voûte, dont deux très-fortes à l'endroit où la voûte retombe sur les murs, indépendamment d'une infinité de petites crevasses dans le sens transversal ; qu'enfin, la couverture, par suite de la poussée au vide des murs qui l'ont écartée par la base, présente une inflexion sensible sur chaque part ; que pour la charpente on n'y remarque qu'une tourmente générale, conséquence du mouvement des murs ;

« Considérant que dans l'opinion des experts, consignée audit procès-verbal, les accidents décrits ci-dessus doivent être imputés principalement à la faiblesse des murs qui étaient hors d'état de soutenir le poids de la voûte et de la couverture, et qui projetés primitivement par l'architecte à 33 centimètres d'épaisseur seulement, puis portés à 45 centimètres, par suite de l'avis de la commission départementale des bâtiments civils, péchaient par défaut d'épaisseur malgré cette augmentation ; qu'il suit de là qu'il y a eu vice de conception dans le projet de construction dont M. Oudet est l'auteur ;

« Considérant toutefois que les experts ont reconnu que la disposition d'appareil des briques n'a pas été celle exigée par le devis et le dessin particulier qui l'accompagnait, et que leur assemblage irrégulier n'a donné ni la même liaison ni la même solidité ; que certaines briques étaient d'une dimension inférieure à celle fixée par le devis, ce qui a dû occasionner plus de joints et une plus grande largeur de joints, surtout dans l'épaisseur des murs ; que le mortier n'avait pas la quantité de chaux ou la qualité prescrite par

le devis et que les ouvriers de l'entrepreneur avaient négligé d'en
mettre dans les joints ; qu'enfin, les pièces formant la sablière des
chevrons n'ont pas été jointes entre elles à queue de carpe, comme
l'exigeait le devis, mais simplement à joints recouverts, ce qui n'a
pas offert la même résistance à l'écartement de la voûte ; que ce
sont là des malfaçons graves du fait de l'entrepreneur, et qui ont
dû contribuer pour leur part aux accidents et dégradations dont
l'église de Noyers a eu à souffrir ;

« Considérant que la responsabilité des architectes et entrepreneurs est écrite dans les articles 1792 et 2270 du Code civil ; qu'elle
résulte d'ailleurs de ce principe d'équité et de raison dont le législateur a consigné l'expression dans les articles 1382 et 1383 du
même Code ; qu'en vain M. Oudet, dans ses observations, cherche-
t-il à soustraire à cette responsabilité les architectes travaillant pour
l'Etat, les communes et établissements publics ; que nulle part la
loi n'a établi de distinction entre les diverses classes d'architectes
et qu'elle n'en devait pas non plus établir ; que le contrôle et l'approbation de l'autorité supérieure auxquels sont assujettis les architectes de l'administration n'ont été introduits que dans l'intérêt
de l'Etat, des communes et autres établissements publics et
nullement pour leur enlever la garantie qu'ont les simples particuliers, garantie de recours contre l'architecte en cas de faute de
sa part ; que l'avis d'une commission et l'approbation de l'autorité
laissent subsister tout entière la responsabilité de l'architecte qui
pouvait s'y soustraire en déclinant la mission de faire exécuter son
œuvre modifiée, et qui fait cette œuvre sienne en l'acceptant avec
ses modifications ; qu'il y aurait d'ailleurs une iniquité flagrante
à faire supporter à une commune les conséquences de fautes auxquelles elle est restée étrangère, comme dans la présente espèce
où la commune de Noyers s'en était rapportée à l'architecte qui
avait sa confiance ; qu'en faisant l'application de ces principes,
l'architecte et l'entrepreneur doivent supporter les travaux à effectuer par suite de l'*insuffisance d'épaisseur des murs* ou *de leur
exécution défectueuse,* et que, d'après ce qui précède, cette dépense
doit se partager entre eux par égale portion, sauf ce qui sera dit
ci-après ;

« Considérant que les travaux à faire pour consolider l'édifice en
question et le rendre propre à remplir sa destination sont indiqués

dans le rapport des experts, qu'ils paraissent bien conçus et qu'il y a lieu d'en prescrire l'exécution ; que ceux au compte de l'architecte et de l'entrepreneur sont les suivants indiqués au rapport :

« 1° Etayement de la voûte et de la charpente ou couverture ;

« 2° Démolition des murs et leur reconstruction quant à l'épaisseur du devis de 45 centimètres ;

« 3° Ouvrages accessoires à la pose des moises à ajouter, et consolidation des assemblages de la charpente sans distinction ;

« 4° Réparations au plafond de la voûte et blanchiment ;

« 5° Enlèvement des étais et réparations qui en seront la suite ;

« Que, quant à la consolidation des assemblages de la sablière de la couverture, elle doit rester à la charge personnelle de l'entrepreneur, le tout conformément aux détails du projet de reconstruction proposé par les experts et qu'expose plus amplement leur rapport ;

« Considérant d'autre part que la commune de Noyers doit, ainsi que le proposent les experts, prendre à sa charge les frais des ouvrages à exécuter pour *racheter le défaut d'épaisseur des murs*, puisque cette dépense aurait dû être comprise au devis primitif ; que ces ouvrages sont les suivants indiqués au rapport :

« 1° Surépaisseur du mur de face des petites chapelles à ajouter, y compris celle des croisées ;

« 2° Angles en pierre nécessaires auxdites chapelles ;

« 3° Fronton, plafond et couverture d'icelles ;

« 4° Moises à ajouter comme il est dit au rapport ; le tout aussi conformément aux détails du projet et des experts ;

« Mais que la commune de Noyers ne peut, comme le demandent les experts, être condamnée à payer, à la décharge de l'architecte et de l'entrepreneur, une portion quelconque de la dépense que ceux-ci doivent supporter, sous le prétexte que cette dépense est devenue plus lourde qu'à l'époque de la reconnaissance de l'état des lieux faite, le 9 janvier 1847, époque à laquelle ils avaient fait des offres d'arrangement amiable ; qu'en effet, il n'y a lieu de s'occuper de ces offres prétendues dont le conseil n'a point à connaître, et que la commune n'est pour rien dans les retards qui auraient aggravé la position de l'architecte et de l'entrepreneur ;

« En ce qui touche les frais d'expertise :

« Considérant qu'ils doivent être supportés par chacune des parties en cause dans la proportion de la part qui leur est imposée dans la dépense totale ;

« Arrête :

« Article 1er. — Le procès-verbal d'expertise des 6, 20 et 21 mai 1849 est homologué pour être exécuté selon ses forme et teneur, à l'exception de la partie dudit procès-verbal qui propose de faire supporter par la commune de Noyers une partie des frais reconnus être à la charge de l'architecte et de l'entrepreneur, laquelle proposition est rejetée. En conséquence, et sous la réserve qui vient d'être exprimée, les propositions contenues audit procès-verbal seront mises à exécution et les travaux menés à bonne fin par qui il appartiendra. Les droits de la commune de Noyers restent, quoiqu'il arrive, entièrement réservés.

« Article 2. — La dépense à faire pour mettre l'église de Noyers en état de réception, conformément aux propositions des experts, sera supportée par M. Oudet, architecte, M. Massin, entrepreneur, et la commune de Noyers, chacun d'eux pour la part que le rapport desdits experts estime devoir lui être imposée ;

« Article 3. — Les frais et honoraires d'expertise relatifs à la présente contestation seront payés dans les mêmes proportions que ci-dessus par chacune des trois parties intéressées. »

C'est contre cet arrêté que le sieur Oudet a formé le pourvoi dont le conseil est maintenant saisi. La responsabilité de l'architecte, dit-il, ne peut être fondée que sur les vices du projet ou sur le défaut de surveillance. Or, en ce qui touche les vices du projet, comment pourrait-on ici en faire peser la responsabilité sur le sieur Oudet, puisque ses plans étaient conformes aux conditions posées par le conseil municipal, puisqu'ils ont été approuvés par la commission des bâtiments civils, et surtout puisque cette commission s'est appropriée le projet en le modifiant? Ces modifications, notamment la substitution d'une certaine espèce de briques à une autre, ont eu pour résultat, tout en augmentant l'épaisseur des murs, d'en diminuer la solidité, et cet inconvénient a été encore aggravé par la mauvaise composition et la mauvaise application des matériaux employés par l'entrepreneur. Peu importe que le système primitif de l'architecte fût bon ou ne le fût pas :

ce système a été mis de côté, et le requérant ne peut assumer la responsabilité de celui qui a été préféré. Quant au défaut de surveillance, l'effet en serait tout au plus de rendre l'architecte garant des condamnations prononcées contre l'entrepreneur, mais seulement au cas d'insolvabilité de ce dernier : ainsi l'a reconnu une ordonnance du 20 juin 1837 (Perrin contre la commune d'Eloyes). Par ces motifs, le sieur Oudet conclut à l'annulation ou à la réformation de l'arrêté attaqué, avec dépens.

Le sieur Massin, entrepreneur, a présenté un mémoire en défense. Il déclare d'abord qu'il n'attaque point par voie de recours incident l'arrêté du conseil de préfecture, encore bien que cet arrêté le condamne à supporter la moitié des dépenses de la reconstruction de l'église. Il n'a d'ailleurs aucun intérêt à contester les prétentions d'irresponsabilité élevées par le sieur Oudet, pourvu qu'il n'en résulte pas de nouvelles charges pour lui-même. Or, d'une part, l'arrêté intervenu a désormais force de chose jugée entre le sieur Massin et la commune, ni l'un ni l'autre ne l'ayant attaqué. D'autre part, le sieur Oudet est à la fois sans intérêt et sans droit à prendre des conclusions ; qu'au surplus il n'en prend pas contre le sieur Massin ; car le sieur Oudet n'est constitué ni débiteur solidaire ni même garant des condamnations prononcées contre le sieur Massin au profit de la commune ; et, lors même qu'il se ferait décharger, en tout ou en partie, de la responsabilité qui lui a été imposée, il ne pourrait la faire retomber sur l'entrepreneur, puisque cette responsabilité a été fondée sur le vice des plans et devis de l'architecte, c'est-à-dire sur un fait personnel à ce dernier. Le sieur Massin conclut en conséquence à ce qu'il plaise au conseil lui donner acte de ce qu'il n'entend contester aucun des moyens employés par le sieur Oudet dans le but d'obtenir la décharge de la condamnation prononcée contre ledit demandeur en sa qualité d'architecte responsable de ses plans et devis, maintenir l'arrêté attaqué dans les dispositions qui concernent le sieur Massin, et condamne le sieur Oudet ou la commune de Noyers aux dépens.

Sur la communication qui lui a été donnée du dossier, M. le ministre de l'intérieur a répondu que d'abord la conformité du projet de l'architecte aux conditions indiquées par le conseil municipal ne pouvait avoir pour effet d'affranchir cet architecte de la respon-

sabilité établie par l'article 1792 du Code civil ; qu'il en était de
même de l'avis émis par la commission départementale des bâtiments civils et que les modifications apportées aux plans du sieur
Oudet ne pouvaient qu'autoriser ce dernier à décliner, s'il le jugeait
convenable, l'exécution du projet modifié ; qu'enfin, les divers rapports successivement dressés dans cette affaire avaient suffisamment constaté que les désordres survenus à l'église provenaient
principalement des vices du projet primitif. Quant à l'ordonnance
du 20 juin 1837, invoquée par le sieur Oudet, elle est sans application à l'espèce, puisqu'il ne s'agit pas seulement ici de malfaçons
imputables à l'entrepreneur et que l'architecte aurait pu prévenir
ou atténuer par une surveillance plus active, mais bien d'avaries
causées par sa vicieuse conception du plan lui-même. M. le ministre
estime, en conséquence, qu'il y a lieu de rejeter le pourvoi.

Postérieurement à cet avis, la commune de Noyers a présenté
un mémoire en défense. Elle fait remarquer d'abord que les accidents qui se sont produits dans diverses parties de la construction
de l'église tiennent à deux causes : 1° les vices du plan ; 2° certaines
malfaçons dans l'exécution.

Ces deux causes devaient faire peser la responsabilité simultané-
ment sur l'architecte et sur l'entrepreneur, ainsi que l'a décidé le
conseil de préfecture ; aussi l'entrepreneur ne réclame-t-il pas
contre cette décision en ce qui le concerne, l'architecte seul la critique, et il se fonde sur ce que la commission départementale des
bâtiments civils, en approuvant le plan et même en le modifiant,
se l'est approprié et a déchargé l'architecte de toute responsabilité. Mais telle ne saurait être la conséquence de l'intervention
de cette commission : la commune reproduit à cet égard la réponse
déjà faite par M. le ministre de l'intérieur. Quant aux prétentions
subsidiaires du sieur Oudet, et qui auraient pour objet, soit de
n'être déclaré responsable qu'après l'entrepreneur, et au cas seulement d'insolvabilité de celui-ci, soit de faire contribuer la commune à la dépense dans une proportion plus forte que celle qui a
été admise par l'arrêté attaqué, la commune répond, sur le premier point, que la question intéresse plutôt l'entrepreneur qu'elle-
même ; que cependant, par cela seul qu'il y avait faute de l'architecte et de l'entrepreneur, l'un et l'autre devaient être condamnés ;
sur le deuxième point, que si les dépenses à faire se sont aggra-

vées par suite des retards apportés à la reconstruction, ces retards ne peuvent être imputés à la commune, et que, d'ailleurs, si les prétendues offres de l'architecte lui avaient été communiquées, il eût été de son intérêt de ne pas les accepter. Par ces motifs, elle conclut au rejet du pourvoi avec dépens.

Le conseil d'État, après avoir entendu MM. Reverchon et Ventry, maîtres des requêtes, en leur rapport et conclusions, a statué en ces termes :

« Considérant qu'il résulte de l'instruction que les détériorations survenues à l'église de la commune de Noyers ont été, en partie, causées par les vices du plan de reconstruction de ladite église, dressé par le sieur Oudet ;

« Que l'approbation donnée à ce plan par la commission départementale des bâtiments civils et par le préfet de la Meuse, ne peut, nonobstant les modifications dont elle a été accompagnée, et qui ont même atténué les imperfections dudit plan, avoir pour effet d'affranchir l'architecte de la responsabilité établie par les articles 1792 et 2270 du Code civil, et qu'il a d'ailleurs acceptée, en concourant, sans protestation ni réserves, à l'exécution du projet modifié ;

« Considérant qu'il est également constaté par l'instruction, qu'en condamnant le sieur Oudet à supporter, sauf les ouvrages extérieurs à exécuter aux frais de la commune, la moitié des dépenses à faire pour mettre l'église de Noyers en état de réception, le conseil de préfecture a fait une juste appréciation de la part afférente à cet architecte dans la responsabilité encourue.

« Article 1er. — Les requêtes du sieur Oudet sont rejetées.

« Article 2. — Le sieur Oudet est condamné aux dépens envers le sieur Massin et la commune de Noyers. »

Séance du 5 avril 1851.

Interprétation des mots : *à pied d'œuvre*. — Indemnités fondées sur le préjudice causé à l'entrepreneur par des modifications apportées en cours d'entreprise au mode d'exéution des travaux.

En 1845, un devis fut dressé, par l'administration des ponts et chaussées, pour la construction d'une partie du chemin de fer de Paris à Strasbourg, comprenant les souterrains d'Armentières, le grand pont en maçonnerie sur la Marne et les ouvrages adjacents. Après deux tentatives infructueuses d'adjudication, l'administration prit le parti d'organiser les travaux en régie, en divisant, autant que possible, l'entreprise générale en tâches ou soumissions partielles. Ce fut ainsi que l'administration traita avec un sieur Bonbon et autres pour la fourniture des matériaux, et que le sieur Dagieu, de son côté, souscrivit, le 23 août 1845, l'engagement d'exécuter : 1° les travaux de terrassement pour l'ouverture du souterrain moyennant 2 fr. 80, au lieu de 3 fr., portés au détail estimatif par mètre cube d'extraction, et 1 fr. 68 (au lieu de 1 fr. 98), aussi par mètre cube, pour chargement, déchargement et transport, à une distance moyenne de 846 mètres 76, de déblais souterrains à transporter en wagon sur la voie de fer, à condition que les fournitures de rails et traverses seraient à la charge de l'administration ; 2° la main d'œuvre des maçonneries du souterrain et des têtes, ainsi que la taille de la pierre et le piquage du moëllon, employés à la construction des têtes et de la voûte aux entrées, sans que le sieur Dagieu fût chargé de la fourniture des matériaux de construction, qui devaient (est-il dit) lui être rendus par l'administration *à pied d'œuvre*. Pour ce dernier travail, l'entrepreneur consentait à supporter, sur les prix de la série annexée au détail estimatif, un rabais de 03 centimes par franc.

Le cahier de charges de l'entreprise générale portait, quant au terrassement et à la construction du souterrain, et, quant au transport, soit des déblais, soit des matériaux, les stipulations suivantes :

Article 58 bis. « Le souterrain sera attaqué par les deux têtes et en des points intermédiaires au moyen d'une galerie longitudinale de service placée du côté d'amont. On a figuré sur le dessin un mode d'exécution de la construction générale du souterrain. Ce mode pourra subir quelques modifications en exécution, suivant les circonstances, mais les bases des prix ne seront pas changées, attendu l'espèce particulière des travaux ; l'entrepreneur sera tenu de se conformer, dans la composition et la direction des ateliers, à toutes les indications qui lui seront données par l'ingénieur, tant dans l'intérêt de la conservation et de la rapidité des travaux, que pour la sûreté des ouvriers. »

Article 18. « Pour transporter les déblais de la rive gauche sur la rive droite de la Marne, pour amener des matériaux de la rive droite à la rive gauche, et aussi pour aider à la construction du grand pont, on a supposé l'établissement d'un pont provisoire en charpente ; le long de ce grand pont, on a projeté un pont en treillage. L'entrepreneur sera libre d'y substituer un autre projet. Mais on n'accordera pas, pour pont de service ou passage de la Marne, une indemnité plus forte que la somme de 18,415 fr. portée au détail estimatif. »

Le sieur Dagieu se mit à l'œuvre en janvier 1846.

Le 28 septembre de la même année, il adressait à l'ingénieur en chef sa première réclamation écrite, portant sur le bardage ou transport des matériaux, qui, aux termes du marché, devaient lui être rendus à pied d'œuvre, et qui lui étaient livrés, déposés sur des chantiers, à une distance moyenne, disait-il, de 470 mètres du lieu de leur emploi. L'ingénieur ayant, en se fondant sur la définition que donne le dictionnaire de l'Académie de cette locution, *à pied d'œuvre,* pensé que les matériaux, ainsi approvisionnés, devaient être considérés comme livrés dans les conditions du marché, et ayant, en conséquence, refusé de faire droit à sa réclamation, l'entrepreneur, le 5 mars 1847, adressa au préfet de Seine-et-Marne une lettre, où, renouvelant et développant ce chef de réclamation, il en faisait valoir, en outre, deux autres.

Voici cette lettre :

« Monsieur le Préfet,

« Dagieu (Joseph) entrepreneur de travaux publics, soumissionnaire des travaux souterrains d'Armentières, a l'honneur de vous exposer qu'aux termes de sa soumission, il n'est chargé que des travaux de main-d'œuvre de toute nature, la fourniture des matériaux restant à la charge de l'administration, qui doit les rendre *à pied d'œuvre.*

« Malgré qu'au moment où l'exposant a déposé entre les mains de M. l'ingénieur chargé des travaux, la soumission qui l'en rend adjudicataire, il y avait déjà, sur les chantiers, une certaine quantité de matériaux, il ne crut pas à cette époque devoir en faire aucune observation. Les maçonneries commencèrent et, pour ne pas retarder l'exécution des travaux, il fit, sans convention préalable avec M. l'ingénieur, les transports de matériaux nécessaires à la construction, pensant que les frais occasionnés par cette main-d'œuvre lui seraient remboursés, soit sur des états de régie, soit en décompte à prix faits et débattus avec l'administration lorsque l'expérience aurait fourni des bases certaines. Plusieurs fois il demanda la solution de cette question, mais M. l'ingénieur ne crut pas devoir donner de réponse, sans que la difficulté eût été soumise à l'administration. Pour vous faire comprendre la justice de cette demande, il est donc nécessaire, M. le Préfet, de vous faire observer que les terrains, où sont déposés les matériaux, sont éloignés d'une distance de 250 mètres, de la tête d'amont du souterrain à laquelle on arrive au moyen de voies de fer. Malgré cette distance et par l'irrégularité du sol, il existe des rampes de $0^m,08$ et de 0,10 par mètre dont l'accès est rendu plus difficile encore par des courbes à très-court rayon que la différence de niveau et la position des chantiers rendaient inévitables. Les voies ne pouvant parcourir, dans tous les sens, des chantiers aussi accidentés, un premier bardage à bras est indispensable pour arriver aux voies de service de la tête d'amont, à l'endroit où les matériaux doivent être employés. En souterrain, on est obligé de faire un parcours maximum de 340 mètres, ou en moyenne 170 mètres, pour mettre à portée de l'ouvrier les matériaux destinés à la construction. En résumé, tant en rampes qu'en souterrain, le bardage, en wagon, est de 420 mètres. Il serait donc injuste, à mon avis, de considérer comme simple approche, un bardage à une distance aussi

surtout lorsque, après toutes ces mains-d'œuvre de transport,
l'ouvrier est encore obligé de reprendre les matériaux à une distance de 10 ou 15 mètres, pour, ensuite, les monter à dos
d'homme sur les cintres élevés à 2^m,70 au dessus du sol de la galerie.

« Joint à ces désavantages, reconnus parfaitement par M. l'ingénieur, qui a fait son possible pour en diminuer le nombre, ce
travail, en souterrain, offre des difficultés toujours renaissantes
qui absorbent ce que les prix de pose pourraient avoir d'avantageux ; et malgré les soins que l'exposant prend pour assurer la
bonne exécution du travail, et lui donner une direction convenable, il y aurait, pour lui, une perte évidente, si l'administration
laissait, à sa charge, ces bardages dont le prix de revient n'est pas
moindre de 5 fr. 88, y compris faux frais et bénéfice.

« Pour accélérer les travaux de maçonnerie, M. l'ingénieur a
prescrit, pour la reprise en sous-œuvre des voûtes, un système
de fouilles qui assure la prompte exécution du travail, mais qui
devient évidemment très-onéreux pour l'exposant, car le mètre
cube de déblais revient à 8 fr. 35, tant à cause du peu de largeur
qu'on est obligé de donner à ces galeries latérales afin de conserver une largeur suffisante au pâté pour les transports des matériaux
et des déblais de la partie supérieure, que par la difficulté que
présentent les couches du terrain mélangé de marne sèche et de
bancs siliceux d'une dureté telle que la mine seule produit quelque effet. La perte est évidemment incontestable, car le prix de revient qui, comme il est dit plus haut, s'élève à 8 fr. 35, diffère de
5 fr. 55 avec celui de la soumission, qui n'est que de 2 fr. 80.

« Les transports des déblais en général se font sur une rampe
de 0,08 par mètre, limitée, comme pour les bardages, par des
points invariables : le sol de la galerie et le plancher du pont de
service. Une modification, apportée au projet, a fait baisser, de
4 mètres, le plancher dudit pont, et la rampe a, par conséquent,
été augmentée d'une quantité considérable par suite de ce changement. Il est reconnu que les transports augmentent de prix en raison de la raideur des rampes, et, d'après les attachements que le
soussigné a fait prendre jusqu'à présent, il est facile de prouver
que le mètre cube de déblai revient, pour la main-d'œuvre de
transport seulement, à 3 fr. 10, tandis que le prix, payé par l'ad-

ministration, est de 1 fr. 68, donc il y a 1 fr. 42 de perte pour l'entrepreneur par mètre cube.

« Toutes ces pertes bien évidentes, et qui seront facilement constatées par l'administration, amèneraient la ruine complète de l'exposant, si, confiant en votre justice, il n'espérait que vous vouliez bien vous assurer de l'exactitude de sa réclamation et lui faire obtenir :

« 1° Le remboursement des frais que lui ont occasionnés les bardages; ou bien un prix constant, fixé sur ces dépenses, et qui servirait, en même temps, pour l'avenir, à moins que, par la suite, l'administration n'aime mieux les faire exécuter elle-même (c'est-à-dire 5 fr. 88 c. par mètre cube) ;

« 2° Un supplément de prix pour les déblais de sujétion de reprise en sous-œuvre, basé sur la différence du prix porté avec celui de revient, c'est-à-dire 5 fr. 55 c. d'augmentation par mètre cube ;

« 3° Enfin, le changement de prix des transports de déblais tenant à la difficulté des rampes d'enlèvement, c'est-à-dire 1 fr. 42 par mètre cube.

« Dans l'espoir que vous voudrez bien les prendre en considération et faire droit aux justes réclamations qu'il prend la liberté de vous soumettre,

« J'ai l'honneur d'être, etc.

« Signé DAGIEU. »

Dans une deuxième lettre, datée du 4 octobre 1847, et qui rappelle celle du 28 septembre 1836, le sieur Dagieu s'attachait à justifier, auprès du préfet, par comparaison avec ce que l'administration payait au sieur Bonbon, chargé, par un traité séparé, du bardage des matériaux du pont, le prix de 5 fr. 88 qu'il réclamait, lui, pour le bardage des matériaux du souterrain ; puis il insistait sur les difficultés du transport des déblais, résultant de l'abaissement du pont, et faisait remarquer le bas prix, déjà onéreux pour lui, alloué, par son marché, pour cette opération de transport.

Cependant, sa lettre du 5 mars avait donné lieu à un rapport et avis des ingénieurs en date des 4 et 22 septembre 1847.

Dans ce rapport, approuvé par l'ingénieur en chef, l'ingénieur ordinaire a soutenu, quant au premier chef, que le sens qu'on attachait aux mots *à pied d'œuvre* est suffisamment expliqué dans la soumission du sieur Bonbon, l'un des fournisseurs des matériaux du souterrain et du pont d'Armentières, où l'on trouve cette stipulation corrélative, suivant l'administration, de celle de la soumission Dagieu.

« Les matériaux seront amenés à pied d'œuvre, aux abords des ouvrages d'art, dans les lieux de dépôt qui seront indiqués et où ils seront exposés à l'air avant leur emploi, le moëllon smillé pendant six mois, dont trois mois d'hiver, et la pierre de taille pendant deux ans. Grammaticalement, ajoute l'ingénieur, le dictionnaire de l'Académie dit *à pied d'œuvre... à la proximité du bâtiment que l'on construit*, et non à la proximité ou à la portée de l'ouvrier, ainsi que l'interprète l'entrepreneur. D'ailleurs l'analyse des prix, aux détails des prix des maçonneries, comprend un article pour *façon, approche de matériaux, rejointoiement,* etc. ; pour les travaux souterrains, on a doublé le prix que comporte cet article et, en général, le prix de la main-d'œuvre, et l'on ajoute, pour faux frais et bénéfice, 4/20, au lieu de 3/20 ; moyennant cette bénéficiation, est-il dit dans l'analyse des prix, il est bien entendu qu'il est tenu compte des faux frais pour approche de matériaux, sujétion, etc. De ce qui précède, on conclut que, d'après sa soumission, l'entrepreneur était chargé du bardage des matériaux, que le prix de ces bardages était compris dans le prix de main-d'œuvre des maçonneries, et qu'ainsi l'entrepreneur ne peut réclamer d'augmentation de prix qu'à titre gracieux. » « Ceci posé, continue l'ingénieur, nous reconnaissons l'exactitude des difficultés (de pente) signalées par le sieur Dagieu pour le bardage des matériaux du côté d'amont (l'entrepreneur n'a pas parlé du côté d'aval où le bardage est plus facile quoique le dépôt soit plus éloigné, mais d'où, est-il juste d'ajouter, on ne construira que 220 mètres de souterrain sur 656), nous reconnaissons que, sur les chantiers d'amont et d'aval, une assez grande quantité de matériaux ont été forcément déposés, par nous, à une distance plus éloignée du souterrain que ne semble le comporter l'interprétation équitable des mots « *à pied d'œuvre,* » approche des matériaux, proximité du souterrain. »

Discutant ensuite l'augmentation du prix à accorder, l'ingénieur ajoute : « L'entrepreneur prétend que, du côté d'amont, le bardage du mètre cube de matériaux (apport à la main et décharge compris) jusqu'au lieu d'emploi en souterrain, doit être estimé 5 francs 88 cent. (y compris 3/20 pour faux frais et bénéfice).

Ce chiffre peut être exact dans quelques circonstances, pour des moëllons smillés et piqués (comme du reste il y en a beaucoup); mais en moyenne, même pour la partie d'amont, il est trop élevé. D'ailleurs, sur le prix de main-d'œuvre de maçonnerie, il faut bien pour l'approche des matériaux retrancher une certaine somme, et puis, si l'entrepreneur a souscrit un marché désavantageux, il peut demander équitablement qu'on le dédommage de ses pertes, mais il ne peut prétendre à tout le bénéfice qu'il espérait. » L'ingénieur appréciait ensuite, d'après un exemple pris au souterrain de Nanteuil, les éléments du prix accordé et l'augmentation à allouer au sieur Dagieu, et il proposait sur ce chef de lui accorder un surcroît de prix de 2 fr. par mètre cube de maçonnerie à mortier (chape non comprise), construite avec des matériaux pris sur les chantiers d'amont et d'aval. L'ingénieur reconnaît que le prix alloué pour le bardage au souterrain de Nanteuil équivaut à 2 fr. 40 par mètre cube, et que l'abordage de la tête d'amont d'Armentières est plus difficile que celui de Nanteuil. Mais, décomposant le prix de la maçonnerie du sieur Dagieu, il trouve qu'avec ces 2 fr. de supplément il aurait pour apport à bras, chargement et bardage complet, 3 fr. 13 c., et il trouve que ce prix est suffisant. Par ce moyen, du reste, le bardage du mortier de chape et de la pierre de blocage ne se trouverait pas payé (et selon lui ne doit pas l'être), et celui de la pierre de taille ne donnerait que la même augmentation de 2 fr.

Sur le second chef relatif à l'abaissement du plancher du pont de service, l'ingénieur estime que cet abaissement était autorisé par l'art. 58 *bis* du cahier des charges. Il reconnaît, au reste, que par suite de cet abaissement, les déblais, avant l'achèvement du grand pont, ont été transportés sur des pentes de 71 et 77 millimètres par mètre. Il pense que le mode de conduite et de direction des wagons aurait pu être amélioré par l'entrepreneur, sans l'insuffisance de ses ressources et de son matériel ; cherchant ensuite le prix moyen auquel on peut évaluer le coût du transport et enlèvement, charge comprise, des déblais effectués par Dagieu, il n'admet pas celui de 3 fr. 10 c. allégué par cet entrepreneur comme prix coûtant, y compris 3/20 pour faux frais et bénéfices; il dit que ce prix n'a pu être atteint que dans les circonstances les plus difficiles. Or, 16,000 mètres sur 32,000 ont pu être transportés assez facilement. Au souterrain de Nanteuil, le prix alloué équivaut à 1 fr. 90 c.; dans des conditions plus faciles permettant l'emploi des chevaux, le prix du détail estimatif d'Armentières a été fixé à 1 fr. 98 c., après que le ministre eût invité les ingénieurs à revoir le prix d'extraction et de transport, qui avait paru d'abord faiblement évalué, et ceux-ci avaient augmenté le prix d'extraction, mais sans changer celui du transport. En résumé, le sieur Dagieu ayant consenti encore sur ce prix de 1 fr. 98 c. un rabais de 30 c., l'ingénieur proposait, en raison de la raideur des pentes, de revenir au prix de 1 fr. 98 c. pour 24,000 mètres environ, qui auront été enlevés du côté d'amont en passant sur le pont de service.

Quand au troisième chef relatif à l'établissement de galeries latérales, l'ingénieur expose que ce changement, dans le mode de construction du souterrain, autorisé, dit-il, par l'art. 58 *bis* déjà cité, a été motivé par le désir de ne point dépasser le délai fixé pour l'achèvement des travaux. Il reconnaît que ces déblais de galeries latérales ont dû être de sujétion et d'une exécution difficile ; mais il fait remarquer que l'extraction du pâté du milieu a dû en devenir plus facile. L'entrepreneur, ajoute-t-il, ne peut prétendre au plus qu'à l'excédant de frais qu'entraîne le changement indiqué, et discutant alors le prix à allouer, et que l'entrepreneur estime devoir être de 8 fr. 35 au lieu de 2 fr. 80, prix de sa soumission, il expose qu'au souterrain de Nanteuil les extractions de déblais par galeries latérales reviennent à l'administration de 4 fr. à 4 fr. 80 c. par mètre cube pour fouille seulement (charge non comprise), il reconnaît que le terrain d'Armentières est un peu plus difficile que celui de Nanteuil; enfin il propose d'allouer à l'entrepreneur 4 fr. 80 c. sur une longueur de 200 mètres courants (après lesquels on est revenu au procédé du devis); c'est-à-dire pour une quantité de 2,000 mètres, sans rien accorder de plus pour les puits d'attaque. En résumé, et tous calculs faits d'après ces bases, il proposait d'allouer à l'entrepreneur, pour le bardage de 12,000 mètres de matériaux, 24,000 fr.; pour le transport de 24,000 mètres des déblais par le pont de service, 7,200 fr.; pour l'extraction de 2,000 mètres par galeries latérales, 4,000 fr. Ensemble, 35,200 fr., ou 11 pour 100 d'augmentation sur le montant total du marché, s'élevant à 320,000 fr.

Son rapport se terminait ainsi :

« L'entrepreneur Dagieu est actif, intelligent, s'occupe constam-
« ment de sa besogne et dirige bien ses ouvriers ; mais il est déjà
« en avance ou perte, sans y comprendre son matériel d'une qua-
« rantaine de mille francs. Il est vrai qu'il réalisera quelques béné-
« fices sur les derniers travaux ; mais il est maintenant à court
« d'argent et de crédit, de sorte que si on ne lui accorde pas les
« augmentations proposées, il ne pourra pas continuer ses travaux
« et portera d'ailleurs ses réclamations devant le conseil de pré-
« fecture. Pour éviter les contestations à titre contentieux, et pour
« éviter aussi les reprises de matériel, nous sommes d'avis qu'on
« lui accorde ces augmentations. »

Ce rapport, confirmé par un autre à la date du 13 octobre 1847,
fut soumis au conseil général des ponts et chaussées (section des
chemins de fer), qui, sur le deuxième et le troisième point, considérant que l'entrepreneur a été réellement soumis à des conditions qui n'avaient pas été prévues lors de la rédaction du projet,
fut d'avis qu'il y avait lieu de lui accorder les 11,400 fr. proposés
par les ingénieurs, et sur le premier point fut d'avis qu'il convenait, avant de statuer, d'inviter les ingénieurs à s'expliquer sur la
distance à laquelle ils supposaient que le bardage devait s'effectuer,
celle à laquelle il avait été réellement fait, et sur les difficultés
qu'il a présentées en dehors des prévisions du projet ; enfin à produire l'analyse des prix et à faire ressortir par comparaison, avec
ce qu'elle allouait pour le bardage, la plus-value qu'il convenait
d'ajouter, conformément à l'article 22 des clauses et conditions
générales. Cet avis fut approuvé par le ministre, le 26 décembre 1847.

En réponse aux demandes qui y étaient formulées, les ingénieurs
firent, en janvier 1848, un rapport supplémentaire dans lequel ils
expliquaient que, dans le projet général, l'entrepreneur devant
être chargé à la fois de la fourniture des matériaux et de la main-
d'œuvre, le bardage et l'approche des matériaux se trouvaient
compris dans le prix de la main-d'œuvre, sans que la distance du
bardage fût spécifiée ; ils expliquaient comment, d'après la soumission Bonbon et le Dictionnaire de l'Académie, on devait, selon
eux, entendre les mots *à pied-d'œuvre*. En fait, ajoutaient-ils, ils
n'avaient pu choisir de dépôts plus convenables ; la distance

moyenne, depuis les lieux de dépôt jusqu'à la tête du souterrain en amont, était de 221 mètres, mais par des pentes de 0,08 à 0,11 par mètre. Du reste, il y avait déjà, lors de la soumission Dagieu, des matériaux ou moëllons approvisionnés, et cet entrepreneur savait bien qu'il devait les prendre là, en sorte que selon eux, pour répondre catégoriquement à la question du conseil, on peut dire que le bardage a été effectué comme on devait le prévoir, et que le mode d'exécution des travaux n'a pas amené de difficultés en dehors des prévisions du projet. Mais, ajoutent-ils, il ne s'agit pas d'une indemnité contentieuse, mais bien d'une indemnité à titre gracieux. Nous avons reconnu que nos prix de main-d'œuvre de maçonnerie (bardage et approche de matériaux compris) étaient insuffisants; cette insuffisance tient au mode uniforme suivi dans la rédaction des analyses de prix, et par suite dans la réduction des soumissions partielles. Pour le chantier d'Armentières, où le chemin de fer est élevé de 16 mètres 45 au-dessus de l'étiage, ou 11 mètres environ au-dessus des berges de la Marne, servant de lieux de dépôts, nous aurions dû augmenter les prix. L'ingénieur en chef, en approuvant ce rapport supplémentaire de l'ingénieur ordinaire, ajoutait : « Rigoureusement parlant, il n'est pas dû d'indemnité sur le premier chef. Les matériaux ont bien été rendus à pied-d'œuvre autant que possible, mais il est certain cependant que le bardage a dépassé de beaucoup les prix de l'estimation, et que l'ingénieur ordinaire est resté dans de justes limites dans l'appréciation des pertes faites par l'entrepreneur. Le sieur Dagieu a très-bien exécuté les travaux; il est constant, d'autre part, pour nous, que cet entrepreneur a engagé tout son avoir pour mener à bonne fin les ouvrages difficiles dont il s'était chargé; c'était pour lui une question d'amour-propre. Nous regardons comme très-heureux qu'une demande en résiliation ne soit pas intervenue pendant l'exécution des travaux, demande de résiliation qui, acceptée, aurait entraîné, pour l'administration, perte de temps et d'argent. Nous désirons que le sieur Dagieu, père de famille, après avoir travaillé consciencieusement pendant trois ans, se retire, sinon avec des bénéfices, du moins sans perte, et nous persistons à réclamer à titre gracieux l'allocation de l'indemnité proposée sur les bardages (soit 24,000 fr.).

La section du conseil général des ponts et chaussées, sur le vu de ce second rapport, considérant qu'il résulte que l'entrepreneur devait s'attendre aux conditions dans lesquelles il a été placé pour le transport des matériaux, et qu'ainsi on pourrait, à la rigueur, ne pas accueillir sa réclamation; mais, considérant, d'un autre côté, qu'un dépôt de matériaux placé à 220 mètres de la tête du souterrain où ils doivent être employés, et séparé de cette tête par des rampes de 0,08 à 0,11 par mètre, ne peut pas être dit *à pied d'œuvre;* que, dans son premier rapport, l'ingénieur ordinaire a reconnu lui-même que, sur les chantiers d'amont et d'aval, une assez grande quantité de matériaux ont été forcément déposés à des distances plus éloignées que ne semble le comporter l'interprétation équitable des termes *à pied d'œuvre*, approche des matériaux, à proximité du souterrain; qu'ainsi on ne peut prétendre que l'entrepreneur n'ait aucun droit à une augmentation de prix pour l'excédant de frais auquel a donné lieu l'éloignement des dépôts, émet l'avis qu'il y a lieu d'ajouter au décompte du sieur Dagieu, à titre de transaction, une somme de 24,000 fr., à la condition expresse que cet entrepreneur accepterait son décompte sans aucune réserve et renoncerait formellement à toute réclamation. Cet avis fut approuvé, le 11 février 1848, par le ministre, mais seulement jusqu'à concurrence de 12,000 fr., l'indemnité étant purement gracieuse.

Le 11 avril 1848, le sieur Dagieu déclara persister dans ses réclamations, qui furent soumises au conseil de préfecture de Seine-et-Oise.

Le 19 janvier 1849, ce conseil ordonna, avant faire droit, qu'un expert nommé par lui, le sieur Mangeon, architecte, visiterait les lieux, prendrait tous renseignements nécessaires et entendrait les ingénieurs et le sieur Dagieu, à l'effet, 1° d'établir le cube de la maçonnerie du souterrain et le prix moyen de chaque mètre cube de cette maçonnerie; 2° de fixer le prix du bardage des matériaux tant en amont qu'en aval, à partir des endroits où ils étaient déposés, jusqu'aux lieux où ils ont été employés, c'est-à-dire au pied des échafauds ou à une distance très-rapprochée de ces échafauds, et de manière à ce qu'il n'y eût plus lieu pour les employer que d'effectuer un simple transport à la main; 3° d'établir le prix de la fouille des galeries latérales et l'augmentation que le prix alloué par le devis a dû subir, eu égard à la facilité que ces galeries ont pu occasionner par l'enlèvement du pâté du milieu ; 4° enfin de fixer du côté d'amont l'excédant de dépense occasionné dans l'enlèvement des déblais par l'abaissement du pont de service.

Durant ce temps, les ingénieurs dressaient le décompte définitif des travaux alors terminés, et qui furent reçus définitivement le 19 décembre 1849, après l'expiration du délai de garantie, et le soumettaient à l'acceptation de l'entrepreneur ; sur ce décompte, établi aux prix de la soumission, figurait un article ainsi conçu : « Augmentation de prix accordée par décision ministérielle du 28 décembre 1847; transport de déblais du côté d'amont avant qu'on ait pu passer sur le pont en pierre : 18,000 mètres cubes (au lieu de 24,000, sur lesquels portaient la décision rappelée) à 0,30 c. 5,400, au lieu de 7,400. Déblais de galeries latérales pour reprise en sous-œuvre ; achevés, 800 mètres ; demeurés inachevés, 872 mètres 42 ensemble 1,672 m. 42) à 2 fr., 3,344 fr. (au lieu de 4,000 fr. pour 2,000 mètres que portait la décision). Bardage des matériaux pris sur les chantiers d'amont et d'aval portés ici pour le cube seulement, 12,200 mètres. »

L'entrepreneur n'accepta ce décompte définitif qu'avec réserves portant sur : 1° les deux chefs de la réclamation du 10 septembre; 2° la reprise en sous-œuvre; 3° le bénéfice qu'il aurait fait sur la maçonnerie des pieds droits si elle eût été exécutée conformément au projet. Ce décompte établissant une dépense totale de 409,735 fr., constatait que l'entrepreneur avait reçu, à compte sur les ouvrages exécutés et dépenses faites, 396,500 fr., et qu'il lui restait dû 13,235 fr.

Mais ce décompte ayant reçu après coup par suite de la vérification générale une rectification, il fut reproduit et soumis de nouveau à l'acceptation de l'entrepreneur le 27 janvier 1850, avec cette addition : Rectification apportée au décompte de l'entrepreneur; à déduire du cube des déblais pour moëllons provenant des déblais et non transportés, 1,200 mètres cubes à 1 fr. 68, 2,016 fr., ce qui réduisait le montant total du décompte à 407,719 fr., au lieu de 409,735. Ce nouveau décompte fut accepté avec les réserves suivantes : 1° conformément à sa réclamation du 5 mars 1847, l'entrepreneur persiste pour le cube de 24,000 mètres de déblais passés sur le pont de service, pour 2,000 mètres de fouilles pour les reprises en sous-œuvre par petites galeries, le tout conformément au rapport de M. l'ingénieur Garnier, en date du 4 se[tembre 1847; enfin pour 19,111 mètres de matériaux bardés, tant pour le souterrain que pour les têtes, suivant le présent décompte; 2° il réclame le bénéfice qu'il aurait fait sur les pieds droits s'ils eussent été exécutés conformément au projet ; 3° il proteste contre la réduction de 2,016 fr. faite sur le décompte définitif du 19 décembre 1848, après l'apposition de la signature de M. l'ingénieur Garnier et de la sienne, etc.

L'expert Mangeon fit son rapport le 23 juillet 1849. Ce rapport donna lieu aux observations des ingénieurs et de l'entrepreneur, et fut suivi d'un rapport supplémentaire. En résumé, répondant aux quatre questions posées par le conseil de préfecture, il évalue le prix moyen du mètre cube de la maçonnerie du souterrain en général à 8 fr. 84, celui de la maçonnerie en souterrain à 9 fr. 89, et, dans la supposition qu'aucun transport n'était à la charge de l'entrepreneur, il évalue le prix moyen du bardage à 3 fr. 98, l'augmentation que le prix alloué par le devis a dû subir par suite de la substitution des galeries latérales à 3 fr. 40 par mètre cube; enfin l'excédant de dépense occasionné, dans l'enlèvement des déblais, par l'abaissement du pont de service, à 0,85 c. par mètre cube.

Le 21 janvier 1850, le conseil de préfecture rendit la décision suivante :

« En ce qui touche le premier chef de la réclamation relatif au bardage des matériaux :

« Considérant qu'il s'agit d'interpréter la clause de la soumission du sieur Dagieu , par laquelle l'administration s'est obligée de lui rendre, à pied d'œuvre, les matériaux qu'il devait employer, et, par suite , de décider si l'administration a rempli son obligation ; que , sous ce rapport, la difficulté qui se présente est une matière contentieuse du ressort du Conseil de préfecture ;

« Considérant que la soumission du sieur Dagieu est un acte isolé qu'on ne peut rapprocher de la soumission de Bonbon , dans laquelle Dagieu n'est point intervenu, et que ce dernier a le droit de repousser les arguments tirés des termes de cette soumission comme lui étant étrangère ;

« Considérant que Bonbon n'est pas le seul qui ait été chargé de la fourniture des matériaux et que, de l'aveu des ingénieurs, Dagieu a élevé ses réclamations dans le commencement des travaux ;

« Considérant que le prix moyen du cube des maçonneries exécutées par Dagieu, dans lesquelles sont entrés les matériaux qui font l'objet de la difficulté, est évalué, par l'expert Mangeon, à 9 fr. 89 c. sans y comprendre aucun frais de bardage, et que ce même prix moyen est fixé à 8 fr. 90 c. par l'ingénieur Garnier, dans son rapport du 16 novembre 1849, en conformité de l'analyse des prix acceptés par Dagieu ;

« Considérant que, si l'évaluation du sieur Mangeon est exacte, l'entrepreneur éprouverait une perte de 099 sur la main-d'œuvre seulement, de chaque mètre de maçonnerie, et que s'il n'a pas le droit de recourir, pour se récupérer de cette perte, contre l'administration à cause des termes du cahier des charges, néanmoins il résulte de ce fait qu'il n'est pas admissible que, dans les devis, les ingénieurs aient compris, dans le détail des prix de la main-d'œuvre, la dépense que devait occasionner le bardage des matériaux, montant, de leur propre aveu, à plus de 3 fr. par mètre ;

« Considérant que, par ces expressions *à pied d'œuvre*, on doit entendre que les matériaux seront mis à portée des ouvriers qui doivent les employer, de manière à ce qu'ils n'aient plus à effectuer qu'un simple transport à la main pour les amener au pied des échafauds, et à les élever soit à la main, soit à l'aide de machines, jusque sur ces mêmes échafauds, ce qui exclut toute opération qui consiste à aller chercher les matériaux à une distance éloignée, à les charger sur des voitures ou waggons, à les transporter par des rampes plus ou moins rapides, et à les décharger au pied des échafauds ou à la portée des ouvriers ;

« Considérant qu'aucun de ces travaux extraordinaires n'est prévu dans la soumission de Dagieu ; qu'il a dû nécessairement entrer dans sa pensée comme dans celle des agents de l'administration, qu'il n'aurait point à supporter en dehors des usages ordinaires les frais énormes que le bardage des matériaux a nécessités, et que ces mots *approche de matériaux* ne peuvent s'appliquer à un pareil travail ;

« Considérant qu'il est impossible, d'après ce qui précède, d'admettre comme rendus à pied d'œuvre, les matériaux déposés à une distance moyenne de plus de 300 mètres du lieu de leur emploi, d'où suit la conséquence que l'administration n'a point rempli les obligations par elle contractées dans l'acceptation de la soumission de Dagieu, et qu'elle lui doit une indemnité pour le bardage des matériaux ;

« Considérant que, pour fixer cette indemnité, le Conseil a dû recourir à l'opinion d'un homme de l'art et recueillir tous les renseignements nécessaires pour éclairer sa religion ; qu'il résulte tant du rapport du sieur Mangeon que des documents que le Conseil a pu se procurer, que le bardage des matériaux, employés à la construction du souterrain d'Armentières, s'applique à une masse de 13,860 mètres 75 centimètres cubes, déduction faite des mortiers et bétons, et des pierres de chappe provenant des déblais du souterrain, et que le prix de ce bardage, fixé par le sieur Mangeon, dans son rapport du 23 juillet dernier, à 4 fr. 59 c. par mètre cube, ne peut, d'après les rectifications indiquées par l'ingénieur Garnier, dans son rapport du 16 novembre suivant, être évalué à moins de 3 fr. 98 c., et que cette évaluation est, suivant toute probabilité, au-dessous des dépenses faites par l'entrepreneur, si l'on tient comme certains les prix par lui payés aux ouvriers, suivant les certificats qu'il a produits et qui sont joints aux pièces ;

« En ce qui touche le deuxième chef, relatif au déblai des galeries latérales des pieds droits ;

« Considérant que, dans le projet primitif, on avait indiqué qu'après la construction totale de la voûte, on ouvrirait, dans la partie inférieure, une large galerie centrale pour reprendre ensuite les pieds droits, ce qui faciliterait singulièrement l'enlèvement des terres, mais que ce mode a été changé, et qu'on y a substitué deux galeries latérales fort étroites qui ont augmenté considérablement les frais de déblai ;

« Considérant que l'art. 58 *bis* des devis ne peut s'appliquer dans l'exécution qu'à quelques modifications de peu d'importance et non à des changements radicaux dont le résultat serait de porter la dépense à une somme plus que double de celle des devis, et qu'il est évident qu'en ordonnant ce mode d'exécution l'administration s'est mise en dehors des devis et des termes de la soumission et du cahier des charges, d'où il résulte que l'entrepreneur est encore en droit de réclamer un supplément de prix ;

« Considérant que les parties sont d'accord pour fixer à 2,000 mètres cubes les déblais provenant des galeries latérales ; que les ingénieurs ont évalué à 2 fr. l'excédant de dépense, mais qu'il paraît évident, d'après les renseignements recueillis par le Conseil et le rapport du sieur Mangeon , qu'il n'est pas possible de l'évaluer à moins de 3 fr. 40 c., en prenant en considération la facilité que les galeries latérales ont pu donner à l'entrepreneur pour l'enlèvement du pâté du milieu ;

« En ce qui touche le troisième chef, relatif aux déblais effectués sur des pentes dont la raideur a été augmentée par l'abaissement du pont de service ;

« Considérant que le niveau du pont a été baissé de 4 mètres dans le cours de l'exécution des travaux, et que cette circonstance, dont les effets devaient être si onéreux pour l'entrepreneur, échappe également à l'application de l'art. 58 *bis* du cahier des charges, attendu la perturbation considérable qu'elle apportait dans l'exécution des travaux , et qu'il est impossible de la considérer comme une simple modification sans importance ;

« Considérant que, par ce changement, l'administration s'est encore placée en dehors des prévisions du devis du cahier des charges et de la soumission, et que l'entrepreneur a encore le droit de réclamer un supplément de prix ;

« Considérant que les parties ne sont pas d'accord sur le cube des déblais effectués dans ces conditions onéreuses ; que les ingénieurs, dans leur rapport du 4 septembre 1847, les avaient évalués à 24,000 mètres, quantité qu'ils réduisent à 8,000 dans leur rapport subséquent du 16 novembre dernier ;

« Considérant que le cube de ces déblais a été porté dans le décompte définitif présenté le 19 décembre 1848, à 18,000 mètres, et que le Conseil doit prendre cette évaluation pour base de sa décision ;

« Considérant que, d'après les renseignements recueillis par le Conseil et puisés tant dans le rapport du sieur Mangeon que dans les pièces jointes au dossier, l'élévation de 0,85 d'augmentation par mètre cube paraît raisonnable et est plutôt en dessous qu'au-dessus de la dépense réelle, et qu'il y a par conséquent lieu de l'adopter ;

« Arrête :

« L'indemnité due, par l'administration, au sieur Dagieu est ainsi fixée, savoir :

« 1° Pour le bardage des matériaux effectué sur 13,860 mètres 75 centimètres cubes, à raison de 3 fr. 98 c. par mètre. . . . .   55,165 fr.   78 c.

« 2° Pour supplément de prix des déblais des galeries latérales, montant à 2,000 mètres cubes à raison de 3 fr. 40 par mètre. . . .   6,800   »

« 3° Et pour excédant de dépense des déblais effectués dans des conditions rendues onéreuses par l'abaissement du pont de service sur un cube de 18,000 mètres à raison de 85 fr. par mètre.   15,300   »

« Au total 77,265 fr. 78 c., ci.   77,265   78

« En conséquence, l'administration est condamnée à payer à Dagieu ladite somme de 77,265 fr. 78 c., avec les intérêts à 5 p. 100 par an, à partir du 5 mars 1847, jour de la demande.

« Dépens compensés, dans lesquels les frais et honoraires dus à l'expert Mangeon, entreront pour une somme de 500 fr. à laquelle ils sont taxés par le Conseil. »

M. le ministre des travaux publics s'est pourvu, le 24 avril 1850, contre cet arrêté. L'entrepreneur, de son côté, a pareillement formé un recours le 29 du même mois ; c'est sur ce double recours qu'il s'agit de statuer.

Le ministre attaquait l'arrêté : 1° Pour fausse interprétation des clauses et conditions du marché ; 2° pour erreurs matérielles dans le calcul des quantités ; 3° enfin, pour avoir, à tort, alloué des intérêts.

Sur le premier point, et quant à l'interprétation des mots *à pied d'œuvre*, le ministre a soutenu la doctrine professée par les ingénieurs et que nous avons fait connaître.

Quant à l'ouverture des galeries latérales, le ministre a invoqué l'article 58 *bis* du cahier des charges, comme ayant donné, à l'administration, le droit d'apporter ce changement au mode d'exécution des travaux. Il n'est pas, a-t-il dit, admissible qu'un cube de

1,692 mètres 42 de déblais exécutés ainsi sur plus de 100,000 m., constitue une modification radicale. Il en est, il est vrai, résulté une augmentation de dépense ; mais l'administration en a tenu compte au sieur Dagieu, en lui portant, au décompte de 1848, une indemnité gracieuse de 3,444 fr. 84 c. qu'il a touchée.

Quant à l'abaissement du pont de service, le ministre excipait d'abord de l'article 18 du cahier des charges ; il résulte, a-t-il dit, des termes de cet article, que l'établissement de ce pont n'était pas obligatoire pour l'administration qui n'accordait, en principe, à l'entrepreneur, pour le passage de la Marne, qu'une indemnité de 18,415 fr. Le dessin du pont n'a donc été compris dans le projet qu'à titre de renseignement ; il reconnaît, d'ailleurs, que cet abaissement a pu occasionner un excédant de frais, et c'est pour cela même qu'une indemnité gracieuse de 5,400 fr. a été portée au décompte ; mais il ne saurait admettre que ce changement dans l'inclinaison des rampes constitue une modification radicale, etc. D'ailleurs, il paraît que si l'entrepreneur est en perte sur ce point, malgré l'indemnité qui lui a été allouée, il ne doit l'imputer qu'au système vicieux par lui suivi, à cause de l'insuffisance de ses ressources.

Sur le deuxième point : « erreurs matérielles, » le ministre s'est plaint que l'arrêté ait pris, pour base de ses calculs, des quantités autres que celles indiquées au décompte et acceptées, a-t-il dit, sans réclamation, par le sieur Dagieu. Ainsi, pour le bardage, le conseil compte 13,860 mètres au lieu de 12,000 ; pour le cube de déblais de galeries latérales, 2,000 mètres au lieu de 1,672 m. 42, en ajoutant que les parties sont d'accord sur ce premier chiffre. De plus, le conseil a omis de déduire, des indemnités qu'il accorde, celles qui ont déjà été allouées par la décision de 1847 et dont Dagieu a touché le montant.

Sur les intérêts accordés à partir du 5 mars 1847, le conseil de préfecture, dit le ministre, n'a pas fait attention que les travaux étaient, à cette époque, en cours d'exécution, qu'il n'y avait alors de fait que les 2/5 de la dépense ; qu'en tout cas les intérêts ne pouvaient être alloués qu'à partir du jour de la réception définitive, c'est-à-dire du 19 décembre 1849.

Le sieur Dagieu, de son côté, a attaqué l'arrêté en ce que, tout en accueillant, en principe, les trois chefs de réclamation, il ne lui a pourtant alloué qu'une somme insuffisante pour le couvrir des pertes provenant du fait de l'administration. En présence de l'intention hautement avouée de l'administration de se pourvoir elle-même contre l'arrêté, il n'a pas cru, dit-il, devoir se soumettre purement et simplement à cet arrêté qui ne lui donnait qu'une satisfaction incomplète.

En cet état, la contestation, sur chacun des trois chefs de réclamation, embrassait trois points : 1° le principe ; 2° le cube ou la quantité ; 3° le prix à fixer.

Que faut-il entendre par les expressions *à pied d'œuvre*, approche des matériaux ? Le sieur Dagieu, à l'appui de son interprétation, a produit un certificat du syndicat des entrepreneurs de bâtiments et travaux publics du département de la Seine, qui déclare que, dans l'usage, la condition de rendre des matériaux à pied d'œuvre s'entend de l'obligation de les apporter dans le cercle ou se meut l'ouvrier, de manière qu'il n'ait plus à faire que les dispositions, les mouvements ou simple approche de ces matériaux pour les employer *à pied d'œuvre*, c'est-à-dire au pied de l'œuvre, au pied de celui qui les met en œuvre.

Quant au cube des matériaux bardés, la différence entre les chiffres de 12,000 ou 12,200 mètres, indiqués par les ingénieurs, et de 13,860 m., admis par le conseil de préfecture, provient, a dit le sieur Dagieu, de ce que les ingénieurs ont déduit 1,660 mètres composés, savoir : de 578 mètres de matériaux descendus par le puits près duquel ils étaient approvisionnés ; 500 mètres de moëllons provenant des déblais ; 582 m. 75 de meulières et autres matériaux approvisionnés et employés à la tête d'amont. La différence entre ces mêmes chiffres de 12,200 suivant les ingénieurs ou 13,860 suivant le conseil de préfecture, d'une part, et celui de 19,211 m. 93 relevé par l'expert ou de 19,111 réclamé par l'entrepreneur, d'autre part, provient de ce que l'expert a (ainsi que le sieur Dagieu) compris dans son calcul :

1° Les bétons et mortiers que les ingénieurs et le conseil de préfecture n'y veulent pas comprendre, parce que, disent-ils, les objets entrant dans leur composition, ont été approvisionnés auprès des manéges où ils se fabriquaient.

Le sieur Dagieu n'a pas admis ce retranchement, car, a-t-il dit, les manéges qu'il avait été forcé d'établir près des magasins à chaux, construits d'avance par l'administration, étaient à deux distances moyennes de 263 et 315 mètres du lieu de l'emploi desdits mortiers et bétons. D'ailleurs, si l'on ne compte pas le bardage des mortiers, le prix de revient du transport des autres matériaux devra être augmenté.

2° 2,800 mètres cubes de maçonnerie dont les pierres provenaient des fouilles; mais ces pierres, disait le sieur Dagieu, n'en ont pas moins dû être transportées à l'endroit où elles devaient être employées. Le ministre opposait en vain à l'entrepreneur qu'il aurait accepté le chiffre de 12,200 mètres portés au décompte définitif de 1848, en ne faisant de réserves que quant au prix et non quant au cube, le sieur Dagieu répondait qu'en se référant, dans ses réserves, à sa demande primitive, il avait maintenu l'intégralité de sa réclamation, qu'il a, d'ailleurs, plus explicitement détaillée au bas du décompte refait en 1849.

Quant au cube des déblais par les galeries latérales, le conseil de préfecture a pris, dans les premiers rapports des ingénieurs, le chiffre de 2,000 mètres; le ministre et les ingénieurs empruntent au décompte le chiffre réduit de 1,672 m. 42. L'entrepreneur soutenait que le premier chiffre lui est acquis, puisqu'à l'époque des premiers rapports, les fouilles dont il s'agit étaient complètement terminées, et que ce chiffre n'a pu être changé après coup. Il invoquait aussi, à cet égard, la réserve explicite par lui formulée au bas du décompte de 1849.

Quant au cube des déblais, transportés par le pont de service, l'entrepreneur soutenait que la quantité réelle est bien de 24,000 m., ce qu'il établit en retranchant, du cube total des déblais opérés par la tête d'amont (soit 32,407 m.), ceux provenant du pâté du milieu dont il donne les dimensions; et les 2,000 m. provenant (à son compte) des galeries latérales. Il arrivait ainsi au chiffre de 23,951. Il ajoutait que l'ingénieur avait fait son rapport, dans lequel il portait lui-même ces déblais à 24,000 mètres, trop près de l'époque où le grand pont allait être terminé pour avoir commis une erreur de 6,000 mètres. Le ministre lui a opposé la même fin de non-recevoir tirée du défaut de réclamation faite à temps contre le décompte; le sieur Dagieu a répondu qu'il avait fait à cet égard de suffisantes réserves.

Pour établir le prix du bardage, le sieur Dagieu a compté, d'après les notes ou attachements par lui pris et qu'il n'a tenu qu'à l'administration de rendre contradictoires, puisqu'il les a fournis à l'appui de sa demande de mars 1847, la quantité de matériaux (moëllons, meulières et mortiers) par lui transportés en huit jours ; la somme que ce transport lui a coûtée en journées d'hommes et de chevaux, entretien de waggons et de la voie de fer ; il en faisait ressortir le prix de 5 fr. 12 c., auquel il ajoute 3/20 ou 76 c. pour faux frais et bénéfice, et il arrivait ainsi à son prix de 5 fr. 88 c. L'expert a critiqué plusieurs éléments de ce prix tels que le nombre de chevaux, le prix des journées d'homme ; le sieur Dagieu a fait observer que l'expert n'a pas fait attention à la raideur des pentes. Il a établi par certificat que le prix payé aux ouvriers est bien celui qu'il allègue. Il a fait remarquer que l'administration a payé au sieur Bonbon, pour le bardage des matériaux du pont, 3 fr. 65 c. pour une distance de 200 mètres, ce qui ferait ressortir le prix, eu égard à la distance pour le souterrain, à 8 fr. 22 c., sans tenir compte des conditions plus difficiles pour lui et des équipages fournis à Bonbon ; il ajoutait qu'à lui même, l'administration a payé, pour bardage de moëllons piqués, pris exceptionnellement dans la plaine de Changis, 8 fr. 48 c. (prix équivalant, pour la distance réduite dont il s'agit ici, à 5 fr. 87 c. ou même 6 fr. 88 c. le mètre, et encore avec plus d'avantage pour lui, vu les difficultés spéciales à son entreprise et résultant de la nature et du temps des opérations). Le ministre et les ingénieurs trouvent évidemment exagéré le prix demandé par le sieur Dagieu. Ses notes, disent-ils, ont été prises pendant la mauvaise saison (du 23 février au 2 mars) ; le sieur Dagieu a répondu qu'il a dû travailler, hiver et été, jour et nuit, et que ses notes ont été prises à une époque qui peut être considérée comme moyenne. Il a fait remarquer qu'il ne s'agit pas de transports de matériaux bruts pris à la carrière, mais de matériaux qui demandaient certaines précautions.

Quant au prix d'extraction des déblais, le sieur Dagieu demandait qu'il fût aussi fixé d'après ses notes ; il repoussait toute assimilation comme inexacte à cause des circonstances spéciales ; sa dépense totale pour le déblai des galeries latérales a été, en journées d'hommes, poudre et frais d'outils, du 15 décembre 1846 au 2 mars 1847, de 3,864 fr. pour 442 mètres, ou 8 fr. 35 c. par mètre, d'où, déduisant 2 fr. 80 c. prix de sa soumission, il arrive à demander 5 fr. 55 c. de différence ou d'augmentation, et il argumente encore ici des prix plus considérables à lui alloués ou payés par l'administration en régie, pour l'ouverture d'une rigole de sauvetage au souterrain même d'Armentières et de prix payés ailleurs à des entrepreneurs placés dans des conditions plus avantageuses.

Pour le transport des déblais effectués sur pentes raides par le pont de service, l'entrepreneur a établi ce que coûtent et ce qu'accomplissent, en une journée, un waggon et les hommes nécessaires à le manœuvrer. Il arrive au prix de 3 fr. 10 c. par mètre cube, qui, conformément à sa soumission, lui était payé 1 fr. 68 c., prix auquel, dans les conditions du projet, il eût pu réaliser des bénéfices ; il réclamait 1 fr. 42 c., différence entre le transport par waggon conduit par des hommes, et par waggon conduit par des chevaux. M. le ministre a pensé que si l'on tient compte de cette différence, contrairement à ses conclusions, il y aurait lieu d'allouer, par mètre, 47 c. seulement, au lieu de 30 c. proposés avec raison par les ingénieurs.

Quant aux intérêts, le sieur Dagieu a reconnu qu'il ne lui en est pas dû pour sommes non dépensées ; il demandait seulement qu'on les lui allouât au fur et à mesure de l'achèvement des travaux. Le ministre a invoqué l'article 34 des clauses et conditions générales. L'entrepreneur soutenait que cet article, ainsi que le prouvent ses termes mêmes, n'est applicable qu'au cas de retard de paiement et si ce retard a eu pour cause le manque de fonds disponibles, mais qui ne l'est plus lorsqu'il y a eu, de la part de l'administration, non pas simple retard, mais prétention qu'elle ne devait rien. Dans le premier cas, dit-il, il y a des à-compte payés et le retard ne porte que sur un solde ; dans le second, il porte sur toute la dette. On rentre alors dans le droit commun. Dans l'espèce, la position du sieur Dagieu, telle que l'ont dépeinte les ingénieurs eux-mêmes, appelle plus impérieusement cette allocation à titre de réparation partielle de la perte imméritée qu'il a éprouvée là où il devait compter sur un bénéfice.

En résumé, le sieur Dagieu demandait l'application du prix de bardage par lui réclamé, à la quantité qu'il allègue, subsidiairement à la quantité admise par le conseil de préfecture, plus subsidiairement à la quantité portée au décompte ; l'applica-

tion également des prix d'extraction et de transport, par lui
prétendus, aux quantités primitivement admises par les ingénieurs, subsidiairement à celles du décompte, sauf à déduire,
sur les sommes qui lui seront accordées, les sommes portées à ce
même décompte avec les intérêts pour les travaux achevés le 5
mars 1847, à partir de cette date, et pour les autres, au fur et à
mesure de leur avancement. Le ministre a conclu, au contraire, au
rejet de toutes ces conclusions et à l'annulation de l'arrêté du conseil de préfecture.

Le Conseil d'Etat, après avoir entendu M. Bouchené Lefer, conseiller d'Etat en son rapport, et M. Dumartroy, maître des requêtes, faisant fonctions de ministère public, en ses conclusions, a
statué en ces termes :

« Considérant que les deux pourvois sont connexes, et qu'il y a
lieu de les joindre pour y être statué par une seule et même décision ;

« En ce qui touche le bardage des matériaux ;

« Considérant, qu'aux termes du marché passé avec le sieur
Dagieu, les matériaux devaient lui être livrés *à pied d'œuvre;*

« Considérant que si, dans les éléments du prix de la main-
d'œuvre de la maçonnerie, le devis a compris l'approche des matériaux, et si, dans l'espèce, ces expressions *à pied d'œuvre* ne
peuvent signifier au pied des échafauds et à la portée immédiate
des ouvriers, il résulte de l'instruction et il est reconnu, par l'administration, que les lieux de dépôt des matériaux étaient à une
distance moyenne de 220 mètres de la tête du souterrain à construire, et séparés de cette tête par des pentes de 8 à 11 centimètres par mètre ; que, dans ces circonstances, les matériaux ne
peuvent être considérés comme livrés *à pied d'œuvre,* selon la
juste interprétation de ces mots ; que, dès lors, il doit être tenu
compte, conformément à l'art. 44 des clauses et conditions générales, au sieur Dagieu, qui a réclamé dès le principe, des frais
qu'a dû occasionner le bardage, jusqu'à l'entrée du souterrain, des
matériaux ainsi approvisionnés ;

« Qu'il résulte de l'instruction, que la quantité de matériaux,
dont le transport doit être ainsi payé à l'entrepreneur, estimée,
dans le principe, par les ingénieurs, à 12,000 mètres cubes, doit,

déduction faite des objets qui ont servi à la composition des mortiers et bétons, lesquels ont été rendus, comme ils devaient l'être, aux lieux où l'entrepreneur fabriquait lesdits mortiers et bétons, être évaluée à 12,200 mètres, chiffre porté, par les ingénieurs, au décompte définitif, et que le prix dû à l'entrepreneur, pour ce transport, doit être fixé à 4 fr. 30 c. par mètre cube ;

« En ce qui touche l'extraction des déblais par galeries latérales ;

« Considérant que, par le devis et le cahier de charges, l'administration supposait que l'extraction aurait lieu au moyen d'une large galerie centrale ; que le sieur Dagieu, soumissionnaire, a dû établir ses calculs en conséquence, et qu'il est reconnu, par les ingénieurs, que la substitution, sur une longueur de 200 mètres courants, de galeries latérales, à une large galerie centrale, a occasionné, à l'entrepreneur, plus de difficulté et de sujétion, que cette modification, dans l'exécution, a ainsi changé les bases des prix, et qu'il doit être tenu compte, à l'entrepreneur, de l'excédant de frais qu'a entraîné ladite modification ;

« Considérant qu'il résulte des réserves mises, par l'entrepreneur, à l'acceptation des décomptes définitifs de 1848 et 1849, qu'il n'avait abandonné sa réclamation, sur ce point, que dans la pensée qu'on lui allouerait la somme de 4,000 fr., conformément à la décision ministérielle de 1847 ; que cette somme, ne lui ayant pas été accordée, aucune transaction ne peut être considérée comme intervenue sur ce chef de réclamation ;

« Que les ingénieurs ont d'abord évalué, approximativement, à 2,000 mètres cubes, la quantité de déblais ainsi extraits ; qu'il n'est pas justifié, par le sieur Dagieu, et qu'il ne résulte pas, d'ailleurs, de l'instruction que la quantité réelle, ainsi extraite, a été supérieure à celle de 1,672 mètres 42, portée au décompte définitif ;

« Qu'il résulte de l'instruction que le surcroît de frais qui a pu résulter, pour l'extraction de cette quantité, de la modification dont il s'agit, doit être fixé à 4 fr. par mètre cube de déblais, ainsi extraits ;

« En ce qui touche le transport des déblais par le pont de service ;

« Considérant que l'entrepreneur Dagieu a dû établir ses calculs d'après la supposition de l'établissement du pont de service, conformément au projet annexé au devis et au cahier de charges, et que l'abaissement de ce pont de service, en augmentant, d'une manière notable, les difficultés des transports, a changé les bases du prix ; que, dès lors, il doit être tenu compte, à l'entrepreneur, du surcroît de dépense occasionné par ce changement ;

« Considérant que si les ingénieurs ont d'abord évalué, approximativement, à 24,000 mètres cubes la quantité de déblais qui devaient être transportés par le pont de service, il résulte des calculs par eux établis, après la confection des travaux, que la quantité, ainsi transportée, n'a été, réellement, que de 18,000 mètres cubes ;

« Qu'il résulte de l'instruction que le surcroît de dépense, occasionné au sieur Dagieu, par cet abaissement du pont, doit être fixé à 1 fr. par mètre cube ;

« En ce qui touche les intérêts ;

« Considérant qu'aux termes des art. 34 et 35 des clauses et conditions générales imposées aux entrepreneurs, celui dont les travaux ont été définitivement reçus peut, s'il n'est pas entièrement soldé à l'expiration du délai de garantie, prétendre aux intérêts des sommes qui lui restent dues, à dater de cette époque, mais que ces intérêts, conformément à l'art. 1153 du Code civil, ne peuvent remonter au delà de la demande ;

« Considérant que les travaux, exécutés par le sieur Dagieu, ont été définitivement reçus, après l'expiration du délai de garantie ; mais que, faute par le sieur Dagieu de justifier d'aucune demande d'intérêts, faite devant le conseil de préfecture, les intérêts ne peuvent lui être alloués qu'à partir de la date de la requête, par lui présentée devant le conseil d'État, et par laquelle il a été demandé le maintien, sur ce point, de l'arrêté du conseil de préfecture qui, d'office, lui a alloué lesdits intérêts ;

« Décide :

« Art. 1er. L'État est condamné à payer au sieur Dagieu en sus du montant de son décompte, après déduction, audit décompte, de la somme de 8,744 fr. 84 c. qui y a été portée pour indemnité d'extraction et de transport de déblais, la somme de 77,149 f. 78 c., savoir :

« Pour bardage de 12,200 mètres cubes de matériaux, à 4 fr. 30 c. . . . . 52,460 fr. « c.

« Pour extraction, par galeries latérales, de 1,672 mètres 42 à 4 fr. le mètre. 6,689   78

« Pour transport de 18,000 m. de déblais par le pont de service, à raison de 1 fr. par mètre cube. 18,000   »

Total. . . . . . 77,149 fr. 78 c.

« Avec les intérêts à 5 pour 100, à partir du 9 juillet 1850, date de l'enregistrement, au conseil d'État, de son mémoire en défense et de son mémoire ampliatif par lequel il a conclu à l'allocation des intérêts, de ladite somme de 77,149 fr. 78 cent., moins celle qu'antérieurement à ladite date, il aurait touchée en sus du montant de son décompte, réduit de 8,744 fr. 81 cent., comme il vient d'être dit.

« Art. 2. L'arrêté du conseil de préfecture de Seine-et-Marne du 11 janvier 1850, est annulé en ce qu'il a de contraire à la présente décision ;

« Art. 3. L'État, en la personne du ministre des travaux publics, est condamné aux dépens. »

Nous devons appeler, au sujet de cet arrêté, l'attention de nos lecteurs sur deux points principaux.

Ils auront pu remarquer, en premier lieu, et cet arrêté n'en offre qu'un nouvel exemple, que le conseil d'Etat évite, avec un soin singulier, de poser des principes généraux, d'où pourrait résulter l'établissement d'une jurisprudence positive. Ainsi, dans l'espèce, sans définir nettement comment il prétend interpréter ces mots *à pied-d'œuvre,* le conseil se contente de décider que, dans les circonstances où se trouvaient les matériaux livrés à Dagieu, ils ne doivent pas être considérés comme livrés à pied-d'œuvre.

Cette manière de formuler des décisions s'écarte des habitudes judiciaires ; elle n'offre pas aux justiciables les mêmes garanties puisqu'elle tend à laisser à l'arbitraire du juge une plus large carrière. En effet le principe général, posé par le magistrat, peut toujours lui être opposé dans les circonstances où ce principe peut être appliqué : le juge doit alors juger la seconde fois comme il a jugé la première, sous peine de se contredire ; quant, au contraire, le magistrat se renferme soigneusement dans l'appréciation d'un fait et de ses circonstances spéciales, il enchaîne infiniment moins ses appréciations ultérieures, puisqu'il peut toujours prétendre que le nouveau fait qu'on lui soumet n'est pas accompagné des mêmes circonstances que celui sur lequel il a déjà prononcé.

La nature des difficultés administratives rend-elle nécessaire l'intervention, nécessairement un peu capricieuse d'un pareil système, nous ne saurions le penser. Les questions qui se débattent devant les tribunaux administratifs sont aussi sérieuses et touchent à des intérêts aussi graves que celles qu'ont à vider les tribunaux ordinaires, et le justiciable semble avoir le droit de réclamer, pour l'une comme pour l'autre de ces juridictions, l'établissement d'une jurisprudence positive qui, sans entraver complétement les appréciations des juges, puisse au moins former en faveur de tel ou tel système de puissantes présomptions.

Nous ferons remarquer en second lieu que de cet arrêté il résulte que les intérêts des sommes, restant impayées après l'expiration du délai de garantie, sont dus à l'entrepreneur à partir de l'époque à laquelle il en a fait la demande. Dans un de nos prochains numéros nous traiterons la question de savoir si la demande, faite à l'administration, ne doit pas avoir les mêmes effets que celle faite aux conseils de préfecture.

Séance du 12 avril 1851.

Décisions diverses.

Le 10 octobre 1841, le sieur Béguery devint adjudicataire des travaux à faire pour la construction de l'écluse et du barrage de Vaurot, de l'écluse et du barrage de Villeneuve (Aisne).

Le décompte qui fut, en 1845, présenté à cet entrepreneur, donna lieu, de sa part, à un certain nombre de réclamations, qui furent d'abord soumises à l'administration. Celle-ci fit droit à quelques chefs de demande ; nous ne nous occuperons que de ceux qui firent l'objet du débat contentieux, et que nous allons exposer succinctement. Nous les diviserons en deux séries : l'une s'appliquant au barrage éclusé de Villeneuve, l'autre au barrage éclusé de Vaurot.

Barrage éclusé de Villeneuve.

1er *chef*. — L'entrepreneur soutenait que, dans le calcul des distances du transport de terre voiturée d'un lieu à un autre, on n'avait tenu compte que de six relais un tiers, tandis qu'en réalité, il devait être compté huit relais ; il réclamait donc le prix d'un relai deux tiers. Ce chef de réclamation s'élevait à 2,223 fr. 55 c.

2e *chef*. — Le batardeau, nécessaire pour faire les épuisements en aval de l'écluse, avait dû être enlevé une fois les travaux terminés. Partie de ce batardeau avait été enlevée à sec, partie en draguant. La difficulté roulait sur la quotité du cube dragué, lequel cube les ingénieurs restreignaient à 55 mètres 05, tandis que l'entrepreneur l'élevait à 127 mètres 75. L'intérêt de la question se révélait dans le prix accordé aux déblais opérés en draguage, lequel prix était de beaucoup supérieur à celui accordé pour les déblais effectués à sec.

La différence réclamée par l'entrepreneur était de 177 fr. 50 c.

3e *chef*. — L'entrepreneur soutenait que, sur 28,000 mètres cubes de terre régalés, on n'avait accordé le prix de régalage que sur 12,000. Les 16,000 restants avaient été, selon l'entrepreneur, également régalés, et on lui en devait le prix. Il soutenait, contrairement à l'avis des ingénieurs, que le régalage avait été aussi nécessaire pour les terrassements opérés à la voiture que pour ceux opérés à la brouette.

Il réclamait le prix du régalage sur 16,000 mètres cubes à 0,03, soit 480 fr.

4e *chef*. — Conformément aux prescriptions du devis et aux ordres reçus, 12,000 mètres cubes de terre avaient été pilonés derrière les perrés du pertuis de l'écluse ; l'entrepreneur réclamait le prix de cette manœuvre omis dans le décompte, soit, à 0,25, 300 francs.

5e *chef*. — Le devis désignait comme carrières où devait être exploité le moellon, les carrières des montagnes de Paris, Cornant et Vrigny. De son côté, le sous-détail ne contenait de prix que pour les carrières de Vrigny et de Crouy. Or, dans l'exécution, l'entrepreneur avait fourni les moellons de la carrière de Cornant, sise commune de Crouy, et, pour fixer le prix du transport des matériaux provenant de cette carrière, les ingénieurs, considérant que la carrière de Cornant était plus rapprochée des travaux que celle de Crouy, avaient cru devoir chercher, en dehors du sous-détail, de nouveaux éléments à l'aide desquels ils étaient arrivés à établir dans le décompte, un prix inférieur. L'entrepreneur réclamait, pour les transports des matériaux provenant de la carrière de Cornant, le prix fixé par le bordereau pour la carrière de Crouy. Cette réclamation s'élevait à 1,546 fr. 53 c.

6ᵉ *chef*. — L'entrepreneur réclamait pour indemnité de terrains, entretien et réparation de chemins et d'un bac, et en outre pour le prix du câble du bac que l'administration devait reprendre, et dont elle n'offrait que 60 fr., en tout, 720 fr.

7ᵉ *chef*. — Une plantation d'arbres avait été tardivement opérée par l'entrepreneur; plusieurs de ces arbres étaient morts, et l'administration élevait la prétention d'en rendre le sieur Béguery responsable; celui-ci s'y refusait en soutenant que c'était par la faute de l'administration que ces plantations avaient été tardivement exécutées, et que, du reste, nulle garantie n'était mise, à l'égard de ces sortes de travaux, à sa charge, soit par les clauses générales, soit par celles particulières de son entreprise.

Ce chef de réclamation s'élevait à 432 fr.

8ᵉ *chef*. — Le 15 septembre 1844, un an après l'achèvement des travaux, l'ingénieur ordinaire s'était ingéré d'ordonner l'épuisement de l'écluse de Villeneuve, alléguant certains vices de construction qu'il était urgent de réparer. L'entrepreneur, soutenant que ces vices n'existaient pas, se refusa à opérer ces travaux, qui furent, sur ce refus, effectués en régie. Ils eurent pour résultat un certificat du conducteur signalant dans l'écluse la présence de gravois, de pièces de bois, et en outre constatant que la tige de la crémaillère de la ventelle était trop courte.

L'entrepreneur se refusait à supporter les frais de cette opération, s'élevant à 1.600 fr. environ, il soutenait que les faits, contenus dans le procès-verbal du conducteur, étaient imaginaires, et que l'épuisement de l'écluse, opération, comme on le voit, fort coûteuse, avait été inutilement opéré ; qu'il était donc juste que l'administration en supportât les frais.

Ce chef de réclamation s'élevait à 1,600 fr. environ.

9ᵉ *chef*. — L'art. 158 du devis de l'entreprise était ainsi conçu : « Aussitôt après la vérification du décompte et son acceptation par « l'entrepreneur, celui-ci *pourra* obtenir la moitié de sa retenue de « garantie. »

L'entrepreneur soutenait que cette disposition lui donnait le droit de recevoir la moitié de sa retenue de garantie à l'époque indiquée, et l'administration la lui ayant refusée, il demandait les intérêts à compter depuis le jour où l'administration aurait dû lui payer cette moitié, jusqu'à celui où elle lui serait effectivement payée. De son côté, l'administration soutenait que ces mots « *pourra* obtenir » constituaient, en faveur de l'entrepreneur, non un droit, mais un avantage éventuel dont l'administration pouvait, à son gré, le faire jouir ou non.

Ici se terminaient les réclamations concernant le barrage éclusé de Villeneuve, et s'élevant ensemble à 7,459 fr. 58 c., plus les intérêts faisant l'objet de réclamation du 9ᵉ chef.

Barrage éclusé de Vaurot.

1ᵉʳ *chef*. — Un certain cube de terrassements porté au décompte comme exécuté à la pelle, avait été, suivant l'entrepreneur, effectué en réalité à la pioche ; il demandait un supplément de prix de 424 fr. 97 c. d'une part, et 907 fr. 10 c. d'une autre ; en tout, 1,332 fr. 17 c.

2ᵉ *chef*. — L'entrepreneur réclamait le prix de 1,024 cubes de draguages effectués en rivière, et que le décompte avait omis.

Ce chef de réclamation s'élevait à 7,136 fr. 60 c.

3ᵉ *chef*. — L'entrepreneur, signalant une erreur dans le calcul des distances pour terres transportées, réclamait 512 fr. 17 c. d'une part, et 558 fr. 09 c. d'une autre; puis, pour pilonages et remblais omis, une somme de 1,010 fr. En tout, 2,080 fr. 26 c.

4ᵉ *chef*. — 77,092 mètres 67 de remblais avaient été l'objet de régalage dont les ingénieurs avaient omis de porter le prix dans le décompte. L'entrepreneur, par des raisons identiques à celles relatives au 3ᵉ chef des réclamations concernant les travaux de Villeneuve, réclamait ce prix, soit 2,312 fr. 76 c.

5ᵉ chef. — Le déversoir de l'écluse devait être construit en pierre de la carrière de la Croix-Jaune ; l'entrepreneur soutenait qu'en cours d'exécution, il avait reçu l'ordre d'employer des pierres de la carrière de Cavée, comme effectivement il en avait employé. Il réclamait la différence de prix de ces matériaux et de leur taille, soit 140 mètres 02 de matériaux, et 318 mètres 83 sup. de taille. En tout, 2,677 fr. 34 c.

Les ingénieurs, niant avoir donné aucun ordre à cet égard, refusaient l'augmentation demandée.

6ᵉ chef. — La maison de l'éclusier de Vaurot ne devait, d'après le devis, n'être terminée que le 1ᵉʳ juin 1843; cependant, dès le 17 février 1842, le préfet de l'Aisne avait signé un arrêté de mise en demeure, menaçant d'une régie si la maison n'était pas couverte le 1ᵉʳ avril 1842. Pressé par ces ordres, et empêché de s'approvisionner aux carrières indiquées au devis par le mauvais état des chemins, l'entrepreneur fut forcé d'employer la pierre de Billy au lieu de celle des carrières indiquées au devis. Il demandait une augmentation basée sur le prix du transport plus élevé de cette pierre, soit 533 fr. 20 c.

7ᵉ chef. — La réclamation de ce chef était identique à celle contenue au 4ᵉ chef ; seulement, au lieu de porter sur la fourniture de pierres de taille, elle concernait la fourniture de moellons de Crouy.

Ce chef de réclamation s'élevait à 15,461 40 c.

8° chef. — L'entrepreneur réclamait le prix de 200 mètres cubes de pierre cassée pour béton, employés aux travaux et non portés au devis.

Sa demande s'élevait à 1,806 fr.

9° chef. — Des avaries assez considérables s'étant manifestées dans le perré en aval du pertuis, l'administration entendait en faire supporter la réparation à l'entrepreneur, qui déclinait cette responsabilité.

La réclamation de ce chef montait à 786 fr. 62 c.

10ᵉ chef. — L'entrepreneur réclamait des indemnités supérieures à celles qui lui avaient déjà été accordées par l'administration, pour réparation au pont de Soissons et reconstruction de chemins après l'expiration des travaux.

Cette réclamation s'élevait à 4,000 fr. environ.

11e chef. — L'entrepreneur réclamait 100 fr. pour indemnité de terrain occupé par une baraque servant à recouvrir des approvisionnements et des outils appartenant à l'administration ou lui ayant servi ; l'administration répondait par l'art. 10 des clauses et conditions générales.

Telles étaient les réclamations relatives aux travaux de Vaurot, et s'élevant ensemble à 38,226 fr. 15 c.

Le conseil de préfecture de l'Aisne, saisi de la réclamation, rendit le 27 septembre 1845 l'arrêté suivant :

En ce qui concerne le barrage de Villeneuve :

Sur le 1er chef : Erreur dans le calcul des transports. — « Considérant que l'article 117 du devis porte qu'on supposera que la ligne, suivie pour les transports, est la ligne droite qui joint les centres de gravité ; que ces termes sont absolus et n'admettent pas d'exception, même dans les cas où les centres de gravité seraient séparés par un obstacle infranchissable directement, lorsque l'entrepreneur a pu prendre, avant l'adjudication, une connaissance exacte des localités et des projets dans tous leurs détails ; mais, considérant que, dans le cas présent, l'ordre de réserver des terres à la naissance de la dérivation, numéros 2, 3 et 28, pour les remblais de l'écluse, n'était pas prévu par le projet, que les terrains intermédiaires n'ont pas été mis à la disposition de l'entrepreneur ; qu'alors celui-ci s'est trouvé dans la nécessité imprévue de suivre la ligne courbe des digues qui avaient été élevées d'avance par l'administration, ou de payer des indemnités pour traverser les terrains intermédiaires, couverts de récoltes, indemnité qu'aucune clause de son traité ne mettait à sa charge ; que, dès lors, sa demande est fondée en principe ;

« Qu'il résulte, toutefois, du rapport de l'ingénieur Chatoney, que le parcours des digues est de 7 relais 1/3 et non de 8 relais, qu'il a été alloué 6 relais 1/3 sur le décompte ; qu'ainsi le supplément dû à l'entrepreneur n'est pas de 1 2/3, mais d'un relais seulement.

Sur le 2e chef : Draguage du batardeau. — « Considérant que le rapport de l'ingénieur démontre que, si le cube de draguage, effectué par le sieur Béguery a été plus considérable que celui alloué au décompte, on doit l'attribuer à l'inexécution des ordres qu'il avait reçus pour l'amincissement du batardeau et que la réclamation n'est pas fondée.

Sur le 3ᵉ chef : Régalage des remblais à la voiture. — « Considérant que la réduction opérée par l'ingénieur sur le cube des règlements, ne résulte pas d'attachements tenus régulièrement pendant le cours des travaux, mais repose sur une appréciation faite après coup ; qu'il convient dès lors de chercher, en dehors de contradictions également dénuées de preuves, les éléments d'une décision impartiale ; que le régalement des remblais est prescrit par le devis, ainsi que le mode d'y procéder ; qu'à moins d'un défaut absolu de surveillance, de la part des agents de l'administration, on ne peut admettre que cette partie des travaux soit restée sans exécution ; que, d'un autre côté, il est de l'intérêt même des entrepreneurs de ne pas négliger cette main-d'œuvre, afin que l'inégalité des surfaces ne rende pas les transports plus difficiles et plus coûteux ; que, par ces motifs, il y a lieu d'allouer le règlement de la totalité des remblais.

Sur le 4ᵉ chef : Pilonage des terres. — « Considérant qu'il résulte d'un rapport de l'ingénieur, que la mauvaise exécution des pilonages, que l'entrepreneur avait commencés, a obligé l'administration à les lui retirer et à les faire exécuter en régie ; que la quantité minime de ceux qu'il a faits ne l'ont pas été par couches de l'épaisseur voulue et entretenue humide ; que, dès lors, la réclamation ne doit pas être admise.

Sur le 5ᵉ chef : Emploi de moellons de la carrière de Cornant. — « Considérant que le devis désigne comme devant être employés les moellons provenant des montagnes de Vrigny, Cornant, Paris ; que le sous-détail détermine le prix des moellons de la carrière de Vrigny et de ceux de la carrière de Crouy ; que cette dernière désignation comprend la carrière de Cornant, laquelle est située dans la commune de Crouy ; qu'ainsi le prix du sous-détail, concernant les carrières de Crouy, était applicable à celle concernant la carrière de Cornant et qu'il n'y avait pas de sujet de faire, pour celle-ci, un nouveau sous-détail ; considérant, enfin, que les quantités provenant de chacun des lieux d'extraction n'ayant pas été contestées, et le devis n'ayant pas même indiqué, pour chaque nature d'ouvrage, l'espèce qui devait être employée, on ne peut que leur appliquer, à tous indistinctement, un seul et même prix, celui prévu par le sous-détail rédigé avant l'adjudication.

Sur les 6ᵉ et 8ᵉ chefs : Réparation des chemins, indemnités pour terrains, câbles et travaux d'épuisement de l'écluse faits en régie. — « Considérant que ces réclamations qui se rapportent à des travaux exécutés avant la présentation du décompte, faite le 1ᵉʳ juillet 1844 à l'entrepreneur, n'ont pas été faites, conformément à l'art. 32 des clauses et conditions générales, dans le délai de dix jours à compter de cette présentation ; que quelque rigueur qu'il y ait à appliquer cette prescription au cas où la vérification serait encore possible, les termes précis du cahier des charges ne permettent pas d'admettre ces chefs de réclamation.

Sur le 7ᵉ chef : Plantations d'arbres. — « Considérant que le remplacement des arbres morts, dont le paiement est demandé par l'entrepreneur, a été effectué postérieurement à la rédaction du décompte du 1ᵉʳ janvier 1844, mais antérieurement à celle du décompte du 23 décembre, contre lequel le sieur Béguery s'est pourvu en temps utile ;

« Que la garantie, prévue par l'art. 35 des clauses et conditions générales, ne serait applicable aux plantations qu'autant qu'elle aurait été stipulée par le devis ; qu'aucun article du devis n'est relatif aux plantations dont le prix seulement, ainsi que le prix de l'épinage, est déterminé par le sous-détail ; que, d'après la correspondance de l'entrepreneur avec l'ingénieur en chef, rapportée au mémoire, et dont les termes ne sont pas contestés, non plus que les faits exposés, on ne peut lui imputer le retard qu'ont éprouvé les travaux de la plantation, ni les effets de la sécheresse sur la végétation des arbres ; qu'il en résulte que ce chef de réclamation doit être admis.

Sur le 9ᵉ chef, relatif aux intérêts demandés par l'entrepreneur sur le fonds de garantie et la restitution de ce fonds qui devait lui être faite par moitié après la réception provisoire des travaux, et, pour l'autre moitié, un an après, à l'époque fixée pour la réception définitive ;

« Considérant que le devis porte, art. 157 : « La réception provisoire sera faite immédiatement après l'achèvement des travaux, et on réglera alors le décompte détaillé de toutes les dépenses de l'entreprise.

« Art. 158 : Aussitôt après la vérification de ce décompte par l'ingénieur en chef, et son acceptation par l'entrepreneur, celui-ci *pourra* obtenir la moitié de la somme retenue pour garantie.

« Art. 159 : La réception définitive aura lieu après l'expiration du délai d'une année, à compter de la date du procès-verbal de réception provisoire, et le certificat de parfait payement, ensemble la restitution du cautionnement, seront accordés dans les six semaines qui suivront le jour où la réception définitive aura été délivrée sans restriction ;

« Que la faculté, donnée implicitement à l'administration, par l'art. 158, de refuser, après la réception provisoire des travaux et l'acceptation du décompte, la restitution de la moitié du fonds de garantie, a évidemment pour objet d'assurer la complète exécution des engagements de l'entrepreneur, dans le cas où ces actes contiendraient des réserves pour achèvement d'ouvrages ou réparations de malfaçon ; que cette faculté ne peut s'appliquer aux cas où l'entrepreneur, qui a satisfait à toutes ses obligations, réclame des suppléments d'allocations pour omissions ou erreurs commises à son préjudice, et refuse, par ces motifs, d'accepter le décompte établi par les ingénieurs ; que la réception provisoire des travaux du sieur Béguery a été faite en 1843 ; qu'il n'en est pas résulté que l'administration eût à réclamer quelque chose de lui et que le décompte détaillé des dépenses de l'entreprise a été établi ; que, dès lors, il avait droit à la restitution de la moitié du fonds de garantie ; qu'aux termes de l'art. 159, la réception définitive des travaux a dû avoir lieu un an après la date du procès-verbal de réception provisoire, et que la restitution de la seconde moitié du fonds de retenue eut dû être opérée dans les six semaines suivantes, sauf le cas de malfaçon ou erreurs au préjudice de l'Etat, reconnus dans l'année ; qu'on ne peut opposer à l'entrepreneur son refus d'accepter un décompte par lequel il se prétend lésé ; qu'en conséquence, ce chef de réclamation du sieur Béguery est fondé et qu'il est juste d'y faire droit.

« En ce qui concerne le barrage de Vaurot :

Sur le 1ᵉʳ chef : Déblais à la pioche. — « Considérant que l'ingénieur chargé de la direction des travaux, nie qu'il ait été fait des fouilles à la pioche ; qu'il produit, à l'appui de cette assertion, un rapport fait à l'époque de l'exécution des travaux, par le conducteur, et consigné sur son carnet ; que, dans tous les cas, le changement dans la nature du terrain qui pouvait nécessiter l'emploi de ce moyen, n'ayant pas été constaté, conformément à l'art. 98 du devis de l'adjudication, la réclamation doit être rejetée.

Sur le 2ᵉ chef : Draguage en rivière. — « Considérant que l'administration a admis une dépense de 551 fr. 75 c. pour draguages effectués en sus de ceux compris au décompte primitif ; que les détails donnés par l'ingénieur Chatoncy, et dont l'exactitude est garantie par les vérifications qui ont été faites par l'ingénieur en chef et à la direction générale des ponts et chaussées, ne permettent pas d'admettre qu'il soit rien dû au delà.

Sur ce 2ᵉ chef et sur le 3ᵉ : Erreurs dans le calcul des distances, remblais et pilonage de remblais omis. — « Considérant que les décomptes partiels ont été établis conformément aux conditions du devis, d'après des attachements régulièrement tenus, aux résultats desquels l'entrepreneur n'est pas fondé à opposer des états de situation mensuelle, dont l'objet unique est de servir à régler les payements des à-compte ; que l'entrepreneur ne produit ni procès-verbaux, ni ordres écrits, ni aucun autre document, pour justifier de l'exécution des ouvrages dont il demande le payement.

« Que si l'inexécution ou la mauvaise façon des pilonages n'ont pas été constatées régulièrement pendant le cours de l'entreprise, le tassement subséquent du terrain et la nécessité où l'administration s'est trouvée d'y faire rapporter une grande quantité de grève, témoignent que ces pilonages n'ont pas été faits avec le soin convenable, qu'en conséquence il n'y a pas lieu d'admettre ces deux chefs de réclamation.

Sur le 4ᵉ chef : Régalage des remblais. — « Considérant que, par les motifs qui ont été déduits précédemment, à propos du 3ᵉ chef de la réclamation, relatif au barrage de Villeneuve, il y a lieu d'admettre la dépense des régalements de la totalité des remblais, dans le décompte des travaux du barrage de Vaurot.

Sur les 5ᵉ, 6ᵉ et 7ᵉ chefs : Indemnités demandées pour emploi de matériaux autres que ceux prévus au devis. — « Considérant que l'entrepreneur ne produit aucune preuve que le remplacement des matériaux indiqués au devis, par d'autres matériaux d'une nature différente et d'un prix plus élevé, a eu lieu par les causes qu'il assigne à ce changement ; que les faits, fussent-ils prouvés, il n'en résulterait pas que l'Etat dût supporter une augmentation de dé-

pense, puisque cette substitution n'a pas été régulièrement autorisée et qu'il n'a pas été établi de nouveaux sous-détails avant l'exploitation ; qu'en conséquence, les matériaux fournis par l'entrepreneur et acceptés par les ingénieurs, ne doivent être payés
qu'aux prix fixés pour ceux indiqués par le devis.

Sur le 8ᵉ chef : Pierre cassée pour béton. — « Considérant que
l'entrepreneur ne produit pas l'ordre écrit qu'il dit avoir reçu de
casser 1,000 mètres cubes de pierres pour le béton ; que ce fait est
nié par l'ingénieur qui assigne une toute autre cause à l'excédant
de 200 mètres qui s'est trouvé sur le chantier après la confection du béton ; que cet excédant a été employé en enrochement et
payé comme tel ; que le prix de la main-d'œuvre de cet excédant
ne peut, dans aucun cas, être mis à la charge de l'Etat.

Sur le 9ᵉ chef : Réparation du perré. — « Considérant que l'entrepreneur déclare, en terminant son exposé de l'objet de cette
réclamation, qu'il consent à la modifier ; que l'administration accorde, pour cet article, une somme de 532 fr. 90 c., au lieu de celle
de 786 fr. 62 c. qu'il réclamait ; que la différence consistant dans
les frais de main-d'œuvre de la reconstruction du perré doit rester
à sa charge, puisqu'il a été reconnu que la maçonnerie avait été
mal faite.

Sur le 10ᵉ chef : Réparation du pont de Soissons et des chemins.
— « Considérant que la note contenue dans la lettre du sieur Béguery, du 5 novembre 1844, n'est appuyée d'aucun document qui
justifie le montant des dépenses effectuées par lui, pour la réparation du pont de Soissons et l'établissement et entretien des chemins ; que l'exagération de ces dépenses est démontrée par la note
du conducteur Cuveiller qui a tenu des attachements réguliers pour
une partie des travaux dont il s'agit ; que l'administration ne doit
contribuer auxdites dépenses que dans la proportion des transports effectués pour son compte et qu'il n'y a lieu de rien allouer
au delà de la somme portée par l'ingénieur en chef, au décompte
du 18 janvier 1845.

Sur le 11ᵉ chef : Prix de la location d'un terrain pour baraque.
— « Considérant qu'en droit le prix de location du terrain occupé
par le magasin des machines, par le matériel de l'administration
et par les matériaux qu'elle a fait manipuler pour son compte, ne
doit pas être laissé à la charge de l'entreprise, que ces frais

ne concernent pas, mais que le chiffre de la demande est exorbitant ; que, d'un autre côté, l'appréciation de l'ingénieur en chef paraît fort au-dessous de la réalité, soit pour la contenance, soit pour le prix de l'occupation, et qu'il paraît juste de fixer cette indemnité à 10 fr. par an, soit, pour les deux années de durée qu'a eue l'occupation, à 20 fr.

« Arrête ce qui suit :

. . . .

« Sont rejetés les 2e, 4e, 6e et 8e chefs de réclamation du sieur Béguery, concernant les décomptes des travaux exécutés par lui au barrage de Villeneuve.

« Art. 3 : Le décompte sera rectifié, quant au 1er chef, en prenant pour base de la distance parcourue, la ligne des digues telle qu'elle est indiquée dans le rapport de l'ingénieur Chatoney, c'est-à-dire 7 relais 1/3 ;

« Quant au 3e chef, en allouant à l'entrepreneur le prix du régalement des terres sur la totalité des remblais ;

« Quant au 5e chef, en appliquant à tous les moellons, de quelques carrières qu'ils proviennent et à quelque ouvrage qu'ils aient été employés, un seul et même prix, celui déterminé par le sous-détail de l'adjudication, pour les moellons provenant de la carrière de Crouy ;

« Quant au 7e chef, en allouant à l'entrepreneur le prix des arbres de remplacement qu'il a fournis.

« Art. 4 : Sont rejetés les 1er, 2e, 3e, 5e, 6e, 7e et 8e chefs de la réclamation concernant le décompte des travaux exécutés par le sieur Béguery, au barrage de Vaurot.

« Art. 5 : Ce décompte sera rectifié, quant au 4e chef, en allouant à l'entrepreneur le prix du régalement des terres sur la totalité des remblais ;

« Quant au 11e chef, en lui allouant, pour le prix d'occupation d'un terrain par le matériel appartenant à l'administration, 10 fr. par an, soit, pour deux ans, la somme de 20 fr.

« Art. 6 : Il n'y a lieu à statuer sur le 9e chef.

« Art. 7 : Les fonds de garantie retenus à l'entrepreneur seront restitués intégralement, avec les intérêts, jusqu'au jour du payement,

« Savoir :

« Sur la première moitié de ces fonds, à partir du jour de la réception provisoire de ces travaux, et pour la seconde moitié, à partir du jour de l'année subséquente.

« *Laon, le 26 septembre 1845.* »

L'entrepreneur et le ministre des travaux publics se sont pourvus contre cet arrêté.

L'entrepreneur a maintenu, sauf une, toutes celles de ses réclamations qui n'avaient pas été admises par le conseil de préfecture ; le ministre a défendu les dispositions de l'arrêté attaqué, sauf celle qui a trait aux intérêts de la moitié de la retenue de garantie, et dont il a demandé l'annulation. Nous allons exposer les observations de l'entrepreneur en les faisant suivre, sur chaque chef, de la réponse ministérielle.

Travaux de Villeneuve :

Sur le 1ᵉʳ chef : Erreur sur le calcul des transports. — L'entrepreneur a soutenu qu'un simple calcul, exécuté sur les profils, suffirait pour démontrer l'erreur dans laquelle le conseil de préfecture était tombé, en omettant de faire compte des distances résultant des centres de gravité et des pentes.

Le ministre a répondu que les différences de niveau avaient été comprises dans la distance de six relais un tiers, et que ce n'était qu'en présence de la nécessité du trajet en ligne courbe, que le conseil de préfecture avait cru devoir ajouter un relais ; qu'il y avait lieu, sur ce point, de maintenir la décision attaquée.

Sur le 2ᵉ chef : Draguage du batardeau. — L'entrepreneur a soutenu que c'était par ordre du conducteur qu'on avait laissé, au batardeau, l'épaisseur nécessaire, tant pour contenir les eaux, que pour supporter les machines d'épuisement ; que, puisque l'administration ne niait pas que le draguage, réclamé par l'entrepreneur, ait eu lieu, il paraissait nécessaire qu'elle justifiât de l'ordre contrairement auquel ce draguage aurait été effectué. Or cette justification, elle ne pourra la faire, puisque cet ordre n'a jamais existé.

Sans s'expliquer sur la nécessité de produire l'ordre invoqué, le ministre a raisonné comme si cet ordre existait, et a défendu la décision préfectorale en prétendant que l'entrepreneur avait à s'imputer de n'y pas avoir obéi.

Sur le 4ᵉ chef : Pilonage des terres. — L'entrepreneur a soutenu, qu'à l'égard de ce chef de réclamation, le conseil de préfecture était tombé dans une erreur de fait et dans une erreur de droit. Dans une erreur de fait, en admettant l'existence d'une régie qui n'avait jamais existé, régulière ou irrégulière; dans une erreur de droit, en se contentant de la déclaration de l'ingénieur pour établir une malfaçon, dont la constatation aurait dû résulter d'un procès-verbal régulier.

Le ministre a répondu qu'il résultait suffisamment des renseignements contenus au dossier que les pilonages, réclamés par l'entrepreneur, n'avaient pas été exécutés par lui; en ce qui touche la régie, le ministre, sans répondre directement, a dit que peu importait à l'entrepreneur qu'elle eût été régulière ou non, puisque l'administration en prenait les conséquences à sa charge.

Sur les 6ᵉ et 8ᵉ chefs : Indemnités pour réparations aux chemins, pour terrains, prix du câble, et travaux d'épuisement de l'écluse, faits en régie. — L'entrepreneur a fait observer, en ce qui concerne les indemnités pour réparations, terrains et câble, qu'il avait réclamé, à cet égard, bien avant la présentation de son décompte; que, d'ailleurs, il ne s'agissait pas de travaux proprement dits, mais de fournitures faites et d'objets à faire reprendre à l'administration, toutes choses auxquelles l'art. 32 ne pouvait s'appliquer.

Le ministre a persisté néanmoins à opposer la fin de non-recevoir résultant de cet article.

Quant aux travaux d'épuisement faits en régie, l'entrepreneur a relevé l'erreur de fait dans laquelle le conseil de préfecture était tombé en lui opposant, de ce chef, l'art. 32. En effet, les travaux dont il s'agit, n'ont été ordonnés et exécutés qu'en septembre 1844; les réclamations dont ils pouvaient être l'objet ne pouvaient donc se formuler à l'occasion d'un décompte présenté au mois de juillet de la même année.

Au fond, il a soutenu : 1° que les prétendues défectuosités, relevées dans le rapport du conducteur Godebsky, n'avaient aucun rapport avec celles pour la réparation desquelles l'ingénieur Chatoney demandait l'épuisement de l'écluse; 2° que ces mêmes défectuosités ne pouvaient avoir été relevées que par erreur, car il est matériellement impossible d'admettre la présence de 40 mètres cubes de gravois et de madriers en chêne, dans une écluse qui fonctionne depuis un an. Ce rapport, selon l'entrepreneur, n'a donc été fait que pour tâcher d'expliquer la dépense inutile qu'on a faite pour l'épuisement en question, et il suffit, à lui seul, pour justifier l'entrepreneur de son refus de concourir à un ouvrage qui doit être reconnu n'avoir servi à rien.

Le ministre est convenu que la fin de non-recevoir, tirée de l'art. 32, avait été, mal à propos, opposée par le conseil de préfecture, puisque les travaux avaient été exécutés postérieurement à la présentation du décompte ; mais il a soutenu qu'au fond, la réclamation de l'entrepreneur devait être rejetée. Il s'est fondé sur cette seule considération que les travaux d'épuisement avaient été reconnus nécessaires, et que l'entrepreneur s'était, à tort, refusé à les exécuter, ce quoi faisant, il avait encouru la nécessité de la régie et la responsabilité de ses conséquences.

Sur le 9ᵉ chef : Restitution de la moitié de la retenue de garantie. — Le ministre a conclu à ce que l'arrêté du conseil de préfecture fût annulé. Il a soutenu que la disposition de l'art. 158 du devis avait un caractère tout facultatif, et constituait seulement, pour les ingénieurs, la faculté de déroger à l'art. 35 des clauses et conditions générales ; l'entrepreneur a fait observer, en réponse, que l'interprétation donnée par l'administration à l'art. 158 du devis était inadmissible en ce sens que l'administration, ayant toujours la faculté de remettre, quand bon lui semble, à l'entrepreneur, tout ou partie de la retenue de garantie, il a été complétement inutile d'insérer, dans le devis, une disposition qui n'aurait rien ajouté aux droits de l'entrepreneur.

Passant aux travaux de Vaurot, l'entrepreneur a présenté les observations suivantes :

Sur le 1ᵉʳ chef : Terrassements opérés à la pioche et exploitation de grève. — Il a fait observer que l'augmentation, réclamée par lui, avait été portée dans tous les états de situation mensuelle ; que, de plus, les profils, délivrés par les conducteurs, établissaient que les déblais avaient été effectivement opérés dans des terrains de grève ; que cet aveu, contenu dans les documents émanés de l'administration, rendait inutile l'intervention des formalités prescrites par l'art. 98 du devis ; formalités dont l'omission lui était reprochée.

Le ministre, sans parler des profils, a soutenu que l'inexécution des formalités de l'art. 98, devait entraîner le rejet de la réclamation de l'entrepreneur.

Sur le 2e chef : Draguage en rivière. — L'entrepreneur a soutenu que les travaux, par lui exécutés, avaient été prévus par le devis, et retenus dans les profils par lui remis ; que le toisé, dressé par l'ingénieur Chatoney, contenait des erreurs, notamment en ce qu'il avait omis le draguage opéré en rivière sur toute l'étendue de la dérivation jusqu'au ras des musoirs. On peut faire faire, ajoutait l'entrepreneur, toutes vérifications, et on s'assurera que cette réclamation est fondée.

Le ministre a soutenu que le cube des draguages effectués par l'entrepreneur, avait été relevé sur des carnets régulièrement tenus. Celui que réclame l'entrepreneur n'est attesté que par une estimation approximative faite uniquement dans le but d'établir une situation provisoire, et dans laquelle de graves erreurs ont été relevées. Ce document, selon le ministre, ne mérite aucune foi, et les premiers doivent lui être préférés.

Sur le 3e chef : Erreurs dans les calculs des distances, et omission du prix du pilonage de remblais. — L'entrepreneur a persisté dans sa réclamation ; il a fait valoir, quant aux pilonages, la nécessité, déjà indiquée par lui, d'un procès-verbal constatant les malfaçons qu'on lui reproche.

Le ministre a répondu, quant aux distances, que les calculs avaient été régulièrement opérés, et, quant aux pilonages, qu'il résultait suffisamment des rapports des ingénieurs, que ce travail avait été mal fait, qu'en conséquence il ne devait pas être payé.

Sur les 5e, 6e et 7e chefs : Indemnité pour emploi de matériaux non prévus au devis. — L'entrepreneur a persisté dans sa réclamation en ce qui concerne les moellons de Crouy, il a produit plusieurs lettres des ingénieurs dont il a fait ressortir l'ordre écrit, à lui donné, d'employer ces matériaux.

Le ministre a répondu qu'il était vrai que des moellons et pierres, autres que ceux indiqués au devis, avaient été employés par l'entrepreneur, et que les ingénieurs avaient effectivement approuvé ce changement ; mais qu'entre une approbation et un ordre il y avait une différence, et que c'était avec raison que le conseil de préfecture l'avait reconnu en refusant d'accorder, à l'entrepreneur, l'indemnité qu'il réclamait de ce chef.

Sur le 8e chef : Pierre cassée pour béton. — Le requérant a persisté dans sa réclamation.

Le ministre a répondu : ou ces 200 mètres cubes de pierres ont été inutiles, et alors l'entrepreneur a eu tort de les préparer, ou ils ont été employés comme enrochement, et alors ils figurent, à ce titre, dans le décompte ; dans les deux cas, il n'est rien dû de ce chef à l'entrepreneur.

Le 9e chef a été abandonné.

Sur le 10e chef : Entretien et réparation de chemins et du pont. — L'entrepreneur a persisté dans sa réclamation, ainsi que sur le 10e, relatif à la *location d'un magasin*, sans rien ajouter aux considérations que nos lecteurs connaissent déjà.

Le ministre a répondu qu'il n'y avait nulle raison de revenir, relativement à ces deux chefs, sur la décision du conseil de préfecture.

Le conseil d'État, après avoir entendu Mes Reverchon et Cornudet, maîtres des requêtes, en leurs rapport et conclusions, et Me Delvincourt, avocat de l'entrepreneur, en ses observations, a statué en ces termes :

« En ce qui touche la partie du pourvoi du sieur Béguéry qui concerne les travaux du barrage de Villeneuve ;

« Sur le chef relatif à la fausse application de la distance parcourue pour le transport des déblais ;

« Considérant qu'il résulte de l'instruction, que le conseil de préfecture a tenu compte non-seulement des distances réellement parcourues, mais aussi des différences de niveau entre le déblai et le remblai, et que le sieur Béguery n'établit pas que ces différences fussent plus grandes que celle qui a servi de base aux calculs des ingénieurs, et à la décision, par lui, attaquée ;

« Sur le chef relatif au draguage du batardeau à l'aval de l'écluse ;

« Considérant qu'il est reconnu que le cube des draguages, effectués, par le sieur Béguery, a été plus considérable que celui dont le prix lui a été alloué au décompte ;

« Que l'administration n'a pas justifié d'ordres qui auraient été donnés, en son nom, à l'entrepreneur, et dont l'inexécution aurait eu pour effet d'augmenter la quantité desdits draguages ;

« Qu'elle ne conteste d'ailleurs pas le cube total des 127 mètres 75 centimètres réclamé par Béguery ;

« Qu'ainsi il y a lieu de tenir compte audit sieur Béguery des 72 mètres 70 centimètres des draguages dont le prix lui a été refusé, mais sous la déduction de ce qui a pu lui être compté et payé comme déblais à la brouette ;

« Sur le chef relatif au pilonage des remblais ;

« Considérant qu'il n'est pas contesté que ce travail, prévu et prescrit par les art. 123 et 124 du devis, a été effectué ;

« Qu'il n'est ni établi ni même allégué par l'administration qu'elle l'ait fait exécuter par une régie, organisée dans les formes déterminées par l'art. 41 des clauses et conditions générales ;

« Qu'à la vérité, elle déclare l'avoir fait exécuter en régie à son propre compte et à ses frais, mais qu'elle n'a fait aucune justification à l'appui de cette assertion dont la preuve était à sa charge ;

« Que, dès lors, le sieur Béguery est fondé à réclamer le prix du travail dont il s'agit ;

« Sur les chefs relatifs aux indemnités demandées pour chemins et passages, et à la valeur d'un câble ;

« Considérant qu'en admettant même que le sieur Béguery ait réclamé, à cet égard, en temps utile, il ne résulte pas de l'instruction qu'il ait droit à aucune indemnité pour lesdits chemins et passages, et que le prix, à lui dû pour le câble, excédât la somme de 60 fr. proposée par les ingénieurs ;

« Sur le chef relatif aux dépenses faites en régie par l'administration ;

« Considérant qu'il n'est pas contesté que la régie a été régulièrement établie, et que les travaux dont il s'agit n'ont été effectués qu'après que l'entrepreneur avait été mis en demeure de les exécuter ; qu'ainsi, c'est avec raison que la dépense de ces travaux, dont la nécessité a d'ailleurs été démontrée, a été mise à sa charge ;

« En ce qui touche la partie du pourvoi du sieur Béguery, qui concerne les travaux du barrage de Vaurot ;

« Sur les chefs relatifs à l'insuffisance du prix de déblais, enlevés à la pioche, dans la grève ou dans la glaise ;

« Considérant qu'aux termes de l'art. 38 du devis, l'application du prix de la série aux différentes natures de terres, devait se faire, en cours d'exécution, au moyen de procès-verbaux dressés contradictoirement entre l'ingénieur ou le conducteur et l'adjudicataire, et que, si celui-ci trouvait un changement réel dans la nature de la fouille, et se croyait fondé à prétendre à l'application d'un autre prix de la série, il devait se pourvoir de suite afin de faire constater le fait, sous peine de voir sa réclamation rejetée, s'il attendait, pour la présenter, que la nature et la difficulté des déblais ne pussent plus être appréciées ;

« Considérant que le sieur Béguery n'a point rempli les conditions prescrites par cet article, pour constater la nature des déblais, qu'il prétend avoir exécutés à la pioche, et à raison desquels il réclame un prix plus élevé que celui qui lui a été alloué ;

« Qu'il ne fournit d'ailleurs aucune preuve régulière de l'existence de ces déblais et du mode d'extraction qu'il aurait été obligé d'employer ;

« Sur le chef relatif à la fausse appréciation du volume et du parcours des draguages ;

« Considérant qu'il ne résulte pas de l'instruction que le sieur Béguery ait effectué d'autres draguages que ceux qui ont été portés au décompte, et ceux à raison desquels une somme de 551 fr. 75 c. lui ont été alloués par le conseil de préfecture ;

« Sur les chefs relatifs à la fausse appréciation des distances parcourues par les déblais de l'aqueduc souterrain ;

« Considérant qu'il résulte de l'instruction que ces distances ont été calculées conformément aux prescriptions du devis ;

« Sur les chefs relatifs aux pilonages exécutés autour des maçonneries de l'aqueduc et de la maison éclusière ;

« Considérant qu'il n'est pas contesté que ce travail prévu et prescrit par le devis, a été effectué par le sieur Béguery ;

« Qu'il n'est ni établi ni même allégué par l'administration, que la mauvaise exécution de cet ouvrage ait été reconnue ou ait donné lieu à des réserves dans le cours des travaux, ou qu'elle ait été constatée, contradictoirement avec l'entrepreneur, à une époque postérieure ;

« Qu'ainsi le sieur Béguery a droit au payement dudit ouvrage ;

« Sur les chefs relatifs à l'emploi des pierres provenant des carrières de Crouy ;

« Considérant qu'il résulte des pièces ci-dessus visées, que les ingénieurs ont donné, au sieur Béguery, l'ordre de fournir une certaine quantité de matériaux extraits des carrières de Crouy ;

« Que, néanmoins, il n'est pas établi que ces ordres s'appliquassent exclusivement aux travaux pour lesquels lesdites carrières n'étaient pas désignées au devis, et qu'ils aient reçu leur exécution jusqu'à concurrence d'une quantité déterminée de matériaux ;

« Qu'il n'y aurait lieu, dès lors, conformément à l'art. 9, § vi des clauses et conditions générales, d'allouer à l'entrepreneur pour ses matériaux, de nouveaux prix d'extraction et de transport, qu'autant qu'une vérification nouvelle et préalable justifierait ses assertions à cet égard ;

« Sur le chef relatif à l'emploi des pierres extraites de la carrière de Billy ;

« Considérant que le requérant ne justifie d'aucun ordre qui lui aurait été donné de substituer ces pierres à celles des carrières de Bossu et de Lombard, indiquées par l'art. 112 du devis, pour la construction de la maison éclusière, et qu'il ne justifie pas, non plus, de la nécessité où il aurait été de terminer cette maison avant l'époque fixée par le devis ;

« Sur le chef relatif à l'omission de 200 mètres cubes de pierres cassées pour béton ;

« Considérant qu'il résulte de l'instruction que l'excédant de 200 mètres cubes de pierres cassées, qui s'est trouvé sur les chantiers après la confection du béton, a été employé en enrochements et payé comme tel ; que le sieur Béguery n'établit point qu'il ait reçu l'ordre de casser ces matériaux pour le béton ; que, dès lors, il n'est pas fondé à en réclamer le prix à ce titre ;

« Sur les chefs relatifs à l'entretien des chemins, à la réparation du pont de Soissons, et au prix de location d'un terrain occupé par le matériel de l'administration ;

« Considérant que le sieur Béguery n'établit point que les sommes, à lui allouées, sur ces chefs, par l'arrêté attaqué, ne représentait pas suffisamment la part pour laquelle l'administration devait concourir ou subvenir aux dépenses dont il s'agit ;

« En ce qui touche le recours incident du ministre des travaux publics ;

« Considérant que les devis des travaux des barrages éclusés de Villeneuve et de Vaurot, en disposant que l'entrepreneur pourrait, après la réception provisoire et la vérification du décompte détaillé qui suivrait ladite réception, obtenir la restitution de la moitié de la somme retenue pour garantie, lui conféraient le droit d'obtenir cette restitution, si l'administration ne contestait pas, alors, qu'il eût satisfait à ses obligations ;

« Considérant qu'il est établi que la réception provisoire des travaux du sieur Béguery a été faite en 1843, que le décompte détaillé des dépenses de l'entreprise a été dressé en même temps, et qu'il n'en est pas résulté que l'administration eût aucune réclamation à élever contre l'entrepreneur ;

« Que, dès lors, ledit sieur Béguery avait droit à la restitution de la moitié du fonds de garantie et que, cette restitution n'ayant pas été faite, il y a lieu de lui allouer, conformément aux articles précités du devis, et à l'art. 1153 du Code civil, les intérêts de la première moitié de ce fonds, à partir de la réception provisoire, et de la totalité de ce fonds, à partir du jour correspondant de l'année suivante, s'il avait fait la demande desdits intérêts à ces époques, ou, à partir de ses demandes, s'il les a faites postérieurement ;

« Décide :

« Art. 1. Le sieur Béguery est renvoyé devant l'administration, et, en cas de contestation, devant le conseil de préfecture de l'Aisne pour y être procédé :

« 1° Au règlement du prix de 72 mètres 70 centimètres cubes de draguages effectués par le sieur Béguery à l'aval de l'écluse de Villeneuve, en sus des 55 mètres 5 centimètres dont le prix lui a été déjà alloué, mais sous la déduction de ce qui a pu lui être compté et payé comme déblais à la brouette;

« 2° Au règlement du prix du pilonage des remblais à la même écluse ;

« 3° Au règlement du prix des pilonages exécutés autour de l'aqueduc et de la maison éclusière à l'écluse de Vaurot;

« 4° A la détermination des travaux pour lesquels le sieur Béguery a reçu l'ordre d'employer des matériaux extraits des carrières de Crouy, et, s'il y a lieu, à la fixation de prix spéciaux d'extraction et de transport pour ces matériaux, d'après les éléments de l'adjudication.

« Art. 2. Les intérêts de la moitié de la somme retenue pour garantie seront alloués au sieur Béguery à partir de la réception provisoire, s'il les avait demandés dès cette époque, ou à partir de la demande qu'il justifiera en avoir faite après ladite époque. Les intérêts de la totalité de la somme retenue pour garantie seront alloués au sieur Béguery, à partir du jour correspondant de l'année qui a suivi la réception provisoire, s'il les avait demandés dès cette époque, ou à partir de la demande qu'il justifiera en avoir faite après ladite époque.

« Art. 3. L'arrêté ci-dessus, visé du conseil de préfecture, en date du 26 septembre 1845, est annulé en ce qu'il a de contraire aux dispositions qui précèdent.

« Art. 4. Le surplus des conclusions du sieur Béguery est rejeté.

« Art. 5. Le recours incident du ministre des travaux publics est rejeté. »

Séance du 16 avril 1851.

Pourvoi du ministre des travaux publics et pourvoi incident de l'entrepreneur, contre un arrêté du conseil de préfecture de la Côte-d'Or, rendu le 18 avril 1849, sur les réclamations de M. Brouillet, entrepreneur du ballastage sur partie du chemin de Dijon à Châlons.

Le 25 décembre 1845, le sieur Brouillet, entrepreneur des travaux publics, fut déclaré adjudicataire de la fourniture et de la distribution du ballast nécessaire pour l'établissement des voies définitives sur le chemin de fer de Dijon à Châlons-sur-Saône, ainsi que du transport des matériaux destinés à la pose de ces voies.

Le 25 août 1847, le décompte général des ouvrages exécutés fut présenté au sieur Brouillet, qui refusa de l'accepter, et déduisit, dans un mémoire du 31 du même mois, les divers chefs de réclamation, au nombre de dix-sept, qu'il se croyait fondé à élever. Sur ce mémoire, et sur les rapports auxquels il donna lieu de la part des ingénieurs, le conseil de préfecture de la Côte-d'Or a pris, le 18 avril 1849, un arrêté par lequel il a rejeté intégralement quatorze des dix-sept chefs de réclamation présentés, montant ensemble à 65,521 fr. 45 c., et a admis en partie les 3e, 11e et 17e chefs, pour lesquels il a alloué à l'entrepreneur, au lieu de la somme de 20,993 fr. 48 c. qu'il réclamait, celle de 7,158 fr. 26 c. seulement. Joignant à cette somme celle de 11,566 fr. 09 c., qui constituait le reliquat non contesté du compte du sieur Brouillet, le conseil de préfecture l'a, en définitive, déclaré créancier de l'administration pour la somme de 18,724 fr. 35 c.

M. le ministre des travaux publics, adhérant à cet arrêté, en ce qui touche les 3e et 11e chefs, a cru devoir le déférer au conseil d'État, en ce qui touche le 17e chef, pour lequel le conseil de préfecture a alloué au sieur Brouillet une indemnité de 2,050 fr., à raison des pertes qu'auraient fait éprouver à l'entrepreneur les retards apportés par l'administration dans l'exécution des travaux à sa charge.

Sur la communication qui lui a été donnée de ce pourvoi, le sieur Brouillet présenta un mémoire en défense et en recours incident, par lequel, d'une part, il a conclu au rejet du pourvoi du ministre ; d'autre part, il a repris les 1er, 2e, 7e, 8e, 9e, 11e, 12e et 16e chefs de ses réclamations primitives, et a reproduit les conclusions par lui prises, à cet égard, devant le conseil de préfecture.

Voici l'analyse des moyens respectivement invoqués sur chacun des chefs, soit par le pourvoi du ministre, soit par le recours incident.

1re PARTIE. — POURVOI DU MINISTRE.

Devant le conseil de préfecture, le sieur Brouillet avait allégué, à l'appui du 17e chef de ses réclamations, que les extractions de graviers par lui faites, pour l'exécution de son marché, n'avaient pu, pendant plusieurs mois, être enlevées et transportées sur la ligne du chemin de fer, parce que les déblais et remblais à la charge de l'administration, n'étaient pas terminés. De là, pour lui, nécessité de supporter des avances, de perdre des intérêts et des frais de commission, qu'il était juste de lui allouer, d'autant plus que la réception de ses travaux avait été également retardée et que ce retard l'avait empêché de recevoir, sauf la retenue de garantie, les sommes qui lui étaient dues.

Le conseil de préfecture avait, sur ce chef de réclamations, alloué, au sieur Brouillet, en en réduisant le chiffre, une indemnité fixée à 2,050 fr.

C'est sur ce chef que portait le pourvoi de M. le ministre des travaux publics.

M. le ministre a reconnu que, par suite d'éboulements qui sont survenus vers la fin des travaux, la tranchée de Nuits n'a pu être livrée au sieur Broulliet à l'époque prévue. Il a pu sans doute en résulter, pour l'entrepreneur qui continuait ses extractions, des inconvénients et des difficultés, mais l'administration s'est empressée d'y obvier, en faisant transporter sur d'autres points les sables extraits, et dès lors il n'y a eu ni encombrement ni dépense extraordinaire pour cette cause. A la vérité, l'entreprise s'est prolongée au delà des limites prévues, et, par conséquent, le sieur Brouillet, obligé de conserver son matériel et ses employés, a été entraîné dans des dépenses inattendues ; mais il ne peut, à cet égard, s'en prendre qu'à lui-même, car l'administration a mis à sa disposition, aussitôt que les travaux de ballastage ont pu être commencés dans la tranchée de Nuits, tous les moyens d'accélération possibles, et ces moyens lui auraient permis d'achever ces travaux dans le délai primitivement fixé. C'est donc à tort que le conseil de préfecture lui a alloué une indemnité sur ce chef.

Le sieur Brouillet a soutenu que les assertions de M. le ministre ne sont nullement justifiées ; elles ne reposent que sur les allégations de l'ingénieur en chef, qui sont dénuées de preuves, ne reposant elles-mêmes que sur un rapport de l'ingénieur ordinaire Paulin ; rapport dont le sens n'est même pas celui qu'on lui a prêté. Le document qui a servi à asseoir la conviction du conseil de préfecture, et qui émane de M. l'ingénieur ordinaire Hernoux, est au contraire positif : il déclare, en termes exprès, qu'il y a eu, sans nul doute, un cas de force majeure, par suite surtout de l'inachèvement du chantier de terrassement de Nuits, et il évalue à la somme, qui a été allouée par l'arrêté attaqué, l'indemnité qui lui paraît être due à l'entrepreneur. Le sieur Brouillet conclut donc au rejet du pourvoi.

De son côté, M. le ministre des travaux publics, sur la communication qui lui a été donnée du mémoire du sieur Brouillet, s'est attaché à établir que la preuve qu'il avait à faire ressortir d'un rapport de M. Hernoux lui-même, en date du 3 avril 1846 ; il en résulte que l'État a fait alors des déboursés, soit pour que le défaut de livraison de la tranchée de Nuits n'arrêtât pas l'entrepreneur, soit pour que le matériel nécessaire à l'accélération des travaux fût augmenté. L'entrepreneur a donc été rendu indemne, et il n'est pas possible de condamner encore l'administration à lui payer une indemnité. En droit, d'ailleurs, il n'y aurait pas, dans le fait allégué, un cas de force majeure, tel que l'entend l'art. 26 des clauses et conditions générales.

2e PARTIE. — POURVOI INCIDENT DE L'ENTREPRENEUR.

M. le ministre des travaux publics a d'abord opposé à ce recours une double fin de non-recevoir, tirée : 1° de ce que le sieur Brouillet ne se serait pas pourvu dans les trois mois de la notification du pourvoi de l'administration ; 2° de ce que cet entrepreneur aurait acquiescé à l'arrêté, en recevant, sans réserves, le montant des condamnations prononcées à son profit, sur les 3e et 11e chefs.

Voici néanmoins les divers chefs de réclamations de ce recours incident :

1er Chef. — Erreur de métré sur le mesurage du ballast des 2e et 3e ateliers.

Le sieur Brouillet a soutenu que, s'étant aperçu d'une erreur dans le métré de ces parties d'ouvrage, lequel métré n'avait pas été fait contradictoirement, il en avait demandé la vérification ; que cette vérification lui avait été refusée, et que cependant l'erreur qu'il signalait représentait à son préjudice une différence de 11,000 fr.

Le conseil de préfecture, adoptant, sur ce point, les réponses des ingénieurs, a rejeté cette réclamation, par le motif que le sieur Brouillet avait été averti de se trouver à l'opération du métré, qu'il avait refusé d'y prendre part, sous prétexte qu'on devait lui compter les profils complets ; que, dans de telles circonstances, il ne pouvait s'en prendre qu'à lui-même, s'il n'avait pas réclamé dans le délai de dix jours, fixé par l'art. 32 des clauses et conditions générales.

A l'appui de son pourvoi sur ce chef, le sieur Brouillet a prétendu d'abord avoir réclamé en temps utile, puisque l'erreur dont il se plaint lui a été signalée par l'état de réception provisoire, à lui présenté, le 25 août, et qu'il a réclamé dès le 31. Il ajoute qu'il n'a point refusé de prendre part à une vérification : il était absent lorsque les lettres dont on parle lui ont été adressées. Si, d'ailleurs, l'administration avait fait procéder au métré dans les dix jours de l'exécution des travaux, ainsi qu'elle y était obligée, la difficulté qu'elle allègue aujourd'hui de faire une opération exacte et certaine ne se serait pas présentée ; mais l'entrepreneur ne saurait être victime de cette faute.

2ᵉ Chef. — Tassement opéré sur le cube du ballast.

Le sieur Brouillet a soutenu, qu'aux termes du cahier des charges, le ballast devait être mesuré dix jours après son emmétrage ; que, cependant, cette opération n'avait été faite qu'après l'achèvement des travaux, et que, soit par suite de ce retard, soit par suite des transports que l'administration avait fait effectuer, il en était résulté un tassement qui représentait, d'après des expériences faites, une somme de 11,842 fr. 83 c.

Le conseil de préfecture a répondu que le cahier des charges n'avait pas le sens que lui prêtait l'entrepreneur, qu'il défendait de faire le métré moins de dix jours après l'achèvement des travaux, mais qu'il ne prescrivait pas de le faire dès l'expiration de ce délai, et qu'il laissait, à cet égard, toute latitude à l'administration ; que, d'ailleurs, le sieur Brouillet n'avait pas demandé que cette opération fût faite à telle époque plutôt qu'à telle autre.

Le sieur Brouillet persiste à soutenir que les ingénieurs interprètent mal le cahier des charges : la preuve en est dans l'analyse des prix, qui fixe le prix du mètre cube de ballast, *mesuré dix jours après l'emmétrage.*

7ᵉ Chef. — Augmentation de prix pour sortie en rampe de la carrière de la grande issue de Gevrey.

Le conseil de préfecture a rejeté ce chef par le motif que l'entrepreneur n'avait point fait constater, par l'administration, à l'époque des travaux, l'état des rampes et la nécessité de chevaux de renfort, et que les ingénieurs n'étaient pas d'accord avec lui sur ce point.

Le sieur Brouillet soutient que cette nécessité avait été prévue dans une convention passée entre lui et M. l'ingénieur Hernoux, le 3 avril 1846 ; laquelle convention est jointe au dossier. Il ajoute, qu'en fait, il a dû employer des chevaux de renfort, et il a invoqué, à cet égard, le témoignage d'un agent de l'administration.

8ᵉ et 9ᵉ chefs. — Gros cailloux extraits des carrières des grande et petite issue de Gevrey ; gros cailloux cassés, employés comme ballast et non comptés.

Le conseil de préfecture, s'appuyant sur les calculs présentés par les ingénieurs, a décidé que le prix de l'extraction de ces cailloux avait été compris dans le prix du ballast, et que le payement qui en serait fait constituerait un double emploi.

Le sieur Brouillet soutient, au contraire : 1° que ce prix a figuré d'une manière distincte dans les décomptes partiels, et qu'il ne pouvait être retranché du décompte définitif ; 2° que, d'ailleurs, les gros cailloux étaient sa propriété, qu'il aurait pu en disposer et qu'il s'en serait fait payer le prix ; que, dès lors, ce prix lui est également dû par l'administration.

10ᵉ Chef. — Indemnité pour dépôt et remaniement de ballast, et indemnité de terrain pour dommages à la carrière du Meuzin.

Le sieur Brouillet a exposé que, lors de la mise en activité des travaux, le chantier de Nuits n'était pas prêt à recevoir le ballast ; que néanmoins M. l'ingénieur Hernoux a fait continuer l'exploitation de la carrière du Meuzin, en disant qu'il serait tenu compte à l'entrepreneur de diverses dépenses qui en résulteraient. Le sieur Brouillet a, en conséquence, réclamé de ce chef, diverses sommes, montant ensemble à 9,236 fr. 46 c. Le conseil de préfecture a décidé qu'une partie de ces sommes était déjà comprise dans un état de régie à payer sur la somme à valoir, et que, pour le surplus, la réclamation n'était pas justifiée.

A l'appui de son pourvoi sur ce chef, le sieur Brouillet invoque de nouveau la lettre de M. l'ingénieur Hernoux, du 3 avril 1846. Il a soutenu, d'ailleurs, que le cube de 4,171 mètres, porté à l'état de régie, ne concerne qu'une carrière, et que celui de 3,000 mètres, par lui réclamé, concerne la deuxième carrière, à l'égard de laquelle son droit est le même.

12ᵉ Chef. — Voies provisoires et croisements établis à la carrière du Meuzin.

La réclamation de l'entrepreneur, sur ce chef, ayant été rejetée comme non justifiée, il a invoqué un décompte du 1er mars 1847, produit par l'administration, qui mentionne expressément la fourniture de 3,000 mètres de voies et de 14 croisements, dont il demande le prix.

16e Chef. — Augmentation sur le prix du transport au waggon des deuxième et quatrième ateliers.

L'administration devait fournir à l'entrepreneur les waggons nécessaires au transport du ballast, et l'analyse des prix supposait que chaque waggon cuberait 1 mètre 50 c. Ces waggons n'ayant, en général, offert qu'une capacité de 1 mètre 25 cent, le sieur Brouillet avait réclamé une indemnité de 4,795 fr. 74 c., qui lui a été refusée par le conseil de préfecture, attendu que, d'une part, le devis ne stipulait rien à cet égard, et que, d'autre part, la mesure indiquée était dépassée en tenant compte du comblement.

Le sieur Brouillet a fait remarquer, sur ce chef, que, si les waggons eussent cubé 1 mètre 50 cent., ils auraient pu, avec le comblement, contenir au moins 2 mètres au lieu de 1 mètre 50 cent., et qu'ainsi sa réclamation demeure justifiée.

Par ces divers motifs, il persiste dans les divers chefs de réclamation qui viennent d'être reproduits.

Le conseil d'État, après avoir entendu MM. Reverchon et Dumartroy, maîtres des requêtes, en leurs rapport et conclusions, a statué en ces termes :

« En ce qui touche le pourvoi du ministre des travaux publics :

« Considérant qu'il est établi que l'administration, qui devait livrer au sieur Brouillet la voie sur laquelle il avait à transporter le ballast dont il avait soumissionné la fourniture et la distribution, s'était engagée à faire cette livraison en temps utile pour que cet entrepreneur exécutât ses travaux dans le délai fixé par l'art. 46 du cahier des charges ;

« Considérant qu'il résulte de l'instruction que le retard apporté par l'administration dans l'accomplissement de cet engagement a causé au sieur Brouillet, nonobstant les mesures qui ont été prises pour en atténuer les conséquences, un préjudice en raison duquel il avait droit à une indemnité, et que cette indemnité, qui ne devait pas comprendre et n'a pas compris les retards de payement dans le cours de l'exécution des travaux, a été convenablement réglée par le conseil de préfecture.

« En ce qui touche le recours incident du sieur Brouillet :

« Sur la fin de non-recevoir opposée par le ministre des travaux publics ;

« Considérant que le recours incident peut être fourni en tout état de cause, et que l'acquiescement qui aurait pu résulter de ce fait, d'ailleurs non justifié, que l'entrepreneur aurait reçu sans réserves le montant des sommes à lui allouées par l'arrêt attaqué, se trouverait non-avenue par suite du pourvoi principal du ministre des travaux publics.

« Au fond ;

« Sur le chef relatif à l'erreur de métré qui aurait été commise sur le cube du ballast des deuxième et quatrième ateliers ;

« Considérant qu'il résulte de l'instruction que le sieur Brouillet a été invité à assister à l'opération dont il s'agit, et qu'il a refusé ou s'est abstenu d'y prendre part ;

« Qu'il n'a d'ailleurs fourni aucune preuve de l'inexactitude du métrage dont il a contesté les résultats ;

« Qu'ainsi, dans ces circonstances, c'est avec raison que, sur ce chef, sa réclamation a été rejetée par le conseil de préfecture.

« Sur le chef relatif au tassement opéré sur le cube du ballast :

« Considérant que l'art. 22 du cahier des charges, en disposant que le métré d'aucune partie de la fourniture ne pourrait être fait que dix jours au moins après sa mise en cavaliers prismatiques, ne prescrivait pas de faire cette opération dès que ce délai serait expiré, et que les indications contenues dans l'analyse des prix n'ajoutaient rien aux dispositions du cahier des charges sur ce point ;

« Considérant que le sieur Brouillet n'a établi ni même allégué qu'il ait demandé, ainsi qu'il en avait eu le droit, le mesurage du ballast après les dix jours de la mise en cavaliers prismatiques, et avant l'achèvement des travaux ;

« Qu'il n'y avait lieu, dès lors, dans cet état de choses, à ordonner la vérification nouvelle demandée par le sieur Brouillet.

« Sur le chef relatif à l'augmentation de prix pour sortie en rampe de la carrière de la grande issue de Gevrey :

« Considérant qu'il n'a point été justifié, par le sieur Brouillet, que la difficulté des rampes dont il s'agit l'obligent à employer et qu'il ait réellement employé des chevaux de renfort.

« Sur les chefs relatifs aux gros cailloux extraits des carrières des grande et petite issue de Gevrey, et aux gros cailloux cassés et employés comme ballast :

« Considérant que les décomptes mensuels sur lesquels reposent exclusivement ces réclamations de l'entrepreneur et qu'il n'allègue même pas avoir été soumis à son acceptation, ne contenaient que des énonciations approximatives, et ne pouvaient constituer, en sa faveur, un droit acquis à l'allocation des quantités d'ouvrages et des prix portés auxdits décomptes, lesquels ont pu et dû, s'il a été reconnu qu'ils étaient entachés d'erreurs, être rectifiés dans les décomptes ultérieurs ou dans le décompte définitif ;

« Considérant qu'il résulte, à cet égard, de l'instruction, que le prix de l'extraction des cailloux dont il s'agit était compris dans le prix total du ballast, et que, lorsqu'ils ont été remaniés, cassés ou transportés après le triage, il en a été tenu compte à l'entrepreneur ;

« Qu'ainsi c'est avec raison que, sans s'arrêter aux états provisoires invoqués par le sieur Brouillet, le conseil de préfecture a rejeté ses réclamations sur ce point.

« Sur le chef relatif aux indemnités de dépôt et remaniement de ballast, et aux indemnités de terrains pour dommages à la carrière de Meuzin :

« Considérant que le sieur Brouillet ne justifie point les prétentions par lui élevées sur ce chef, en dehors de celles qui ont donné lieu à diverses allocations dans l'état des travaux exécutés par voie de régie et à payer sur les sommes à valoir.

« Sur le chef relatif aux voies provisoires et croisements établis à la carrière de Meuzin :

« Considérant que le décompte mensuel dressé par l'ingénieur ordinaire, le 25 février 1847, comprend les 3,000 mètres de voies provisoires et les quatorze croisements dont il s'agit, qu'il résulte des explications et des renseignements produits par les ingénieurs, que cette évaluation approximative était exagérée, et que le sieur Brouillet n'a réellement fourni que les voies et croisements dont le prix lui a été alloué par l'arrêté attaqué.

« Sur le chef relatif à l'augmentation du prix de transport en waggon sur les deuxième et quatrième ateliers :

« Considérant qu'il résulte de l'instruction que les waggons à fournir par l'administration au sieur Brouillet, conformément à la clause additionnelle au marché insérée dans l'analyse des prix, devaient cuber 1 mètre 50 ;

« Qu'il n'a pas été contesté que les waggons, qui ont été fournis en exécution de cette clause, ne cubaient, en général, que 1 mètre 25 ;

« Qu'il y a lieu, dès lors, de tenir compte de cette différence à l'entrepreneur.

« Décide :

« Art. 1er. — Le pourvoi du ministre des travaux publics est rejeté.

« Art. 2. — Le sieur Brouillet est renvoyé devant l'administration, et, en cas de contestation, devant le conseil de préfecture de la Côte-d'Or, pour être procédé à la détermination du nombre des waggons cubant moins de 1 mètre 50 qui lui ont été fournis par l'administration, et au règlement de la somme due audit sieur Brouillet de ce chef.

« Art. 3. — L'arrêté ci-dessus visé du conseil de préfecture de la Côte-d'Or, en date du 18 avril 1849, est réformé en ce qu'il a de contraire à la disposition qui précède.

« Art. 4. — L'État, en la personne du ministre des travaux publics, est condamné aux dépens.

« Art. 5. — Le surplus des conclusions du sieur Brouillet est rejeté. »

Séance du 16 avril 1851.

Pourvoi du préfet du département du Pas-de-Calais contre un arrêté rendu par le conseil de préfecture le 18 août 1848, en faveur de MM. *Cartier* et *Hanicotte*, entrepreneurs des travaux à faire pour la construction de la route départementale n° 12, entre Labassée et Estaires. — Déchéance du pourvoi comme formé après l'expiration des délais du règlement.

Les sieurs Cartier et Hanicotte, entrepreneurs des travaux à faire pour la construction de la route départementale n° 12, partie comprise entre Labassée et Estaires, refusèrent d'accepter le décompte qui leur fut présenté à la fin de leurs travaux. Les difficultés qu'ils soulevèrent, et dont il est inutile d'entretenir nos lecteurs, reçut une première solution par un arrêté rendu, le 18 août 1848, par le conseil de préfecture du Pas-de-Calais, lequel, faisant droit aux conclusions des entrepreneurs, leur accordait une indemnité évaluée à 14,489 fr.

Le 14 avril 1849, le préfet du Pas-de-Calais, au nom du département, s'est pourvu contre cet arrêté ; il a fait valoir, à l'appui de son pourvoi, diverses considérations inutiles à reproduire.

Le 26 décembre 1849, les entrepreneurs ont répondu à ce pourvoi par une fin de non-recevoir motivée sur la déchéance qu'aurait encourue le préfet représentant le département.

En effet, ont-ils dit, il résulte de la jurisprudence constante du conseil d'État que le pourvoi n'est pas recevable après trois mois du jour où on peut prouver que la partie, qui se pourvoit, a eu connaissance de la décision qu'elle attaque.

Or, à la requête du préfet du département du Pas-de-Calais, les entrepreneurs ont reçu, le 9 septembre 1848, signification de l'arrêté attaqué.

Entre le jour de la signification de cet acte, qui atteste, de la manière la plus formelle, la parfaite science du préfet, et le 24 avril 1849, jour du pourvoi, il s'est écoulé plus de trois mois :

donc le pourvoi doit être considéré comme non recevable, comme introduit après les délais.

Le conseil d'État, fidèle à sa jurisprudence, après avoir entendu M. Marchand, conseiller d'État, en son rapport, et M. Cornudet, maître des requêtes, en ses conclusions ;

« Considérant que la décision attaquée a été signifiée aux sieurs Cartier et Hanicotte, par ordre du préfet du département du Pas-de-Calais, le 9 septembre 1848 ; que, dès lors, le pourvoi, formé, par ledit préfet, contre cet arrêté, pourvoi enregistré au secrétariat général du conseil d'État, le 24 avril 1849, n'est pas recevable ;

« Décide :

« Article 1. La requête du préfet du département du Pas-de-Calais est rejetée.

« Art. 2. Le préfet du Pas-de-Calais, ès-noms qu'il agit, est condamné aux dépens. »

Nous avons déjà eu l'occasion (n° du 7 décembre 1850, affaire Mourier et Marcellin) d'exposer, sinon d'expliquer, la jurisprudence admise, sur ce point, par le conseil d'État. Pour que nos lecteurs puissent l'apprécier, nous mettrons sous leurs yeux le texte sur lequel s'appuie le conseil. C'est l'article 11 du 22 juillet 1806, ainsi conçu :

Le recours au conseil contre la décision d'une autorité qui y ressortit, ne sera pas recevable après trois mois du jour où cette décision a été NOTIFIÉE.

Il résulte évidemment de cet article que le délai pour se pourvoir ne doit courir que du jour où la décision attaquée a été *notifiée*, sans qu'on eût, ce semble, à se préoccuper du soin de savoir si la partie qui se pourvoit a pu ou non, avoir connaissance de la décision, qu'elle défère à la juridiction supérieure.

C'est cependant ce que recherche le conseil d'État, s'éloignant, au moins à notre avis, des termes et de l'esprit de l'article sus-rapporté. Il serait plus logique, en marchant dans cette voie un peu arbitraire, et puisqu'on cherchait la réalité des choses plutôt que leur vérité légale, de décider que le délai pour se pourvoir contre un arrêté *contradictoire*, courrait du jour où cet arrêté aura été rendu, car en ce cas il est bien à croire que les parties en auront eu immédiatement connaissance. La violation du règlement de 1806 ne serait pas plus manifeste.

Séance du 10 mai 1851.

Pourvoi du sieur *Mourrat*, entrepreneur des travaux de maçonnerie à exécuter à l'église de Vaux-en-Velin (Isère), contre un arrêté du conseil de préfecture de l'Isère, rendu, contre lui, le 25 février 1848. — Rejet du pourvoi. — Chose jugée. — Décisions diverses.

Les sieurs Mourrat, maçon, et Morel, charpentier, s'étaient rendus solidairement adjudicataires, en 1842, des travaux à exécuter à l'église de Vaux-en-Velin (Isère). Ces travaux, déduction faite du rabais de la soumission, se trouvaient évalués, d'après le devis primitif, à 11,494 fr. 20 c. Peu de temps après l'adjudication, il fut dressé un devis supplémentaire, par application de l'article 4 du cahier des charges ainsi conçu : « Tout surcroît, ou augmentation de travaux, qui seront demandés à l'entrepreneur, seront réglés conformément au rabais de son adjudication, à raison des prix les plus analogues, portés au devis. » Ces travaux supplémentaires furent fixés à 6,300 fr. Enfin il fut exécuté, en dehors des devis des ouvrages particuliers de sculpture, vitraux, etc., qui ont été confiés à des ouvriers spéciaux.

L'architecte, auteur du projet, le sieur Dupasquier, fut chargé de dresser le décompte général. Il le régla à une somme totale de 22,647 fr. 56 c., savoir : les travaux de maçonnerie à 16,320 fr. 36 c., ceux de charpente à 2,730 fr. et ceux des ouvriers spéciaux à 3,596 fr. 24 c.

Il fut d'abord soutenu de la part des deux entrepreneurs, qu'il avait été commis des erreurs à leur préjudice. Mais bientôt le sieur Morel, en ce qui concerne la charpente qu'il avait exécutée à lui seul, donna son adhésion sans réserve au décompte. Le sieur

Mourrat n'en persista pas moins dans ses prétentions et assigna la commune de Vaux devant le tribunal civil de Vienne.

Le 19 décembre 1844, un jugement préparatoire commit trois experts pour procéder à la vérification, au cubage et à l'estimation des travaux. Le rapport de ces experts, clos le 18 août 1845, les évalua à 25,908 fr. 82 c.

L'affaire ayant été reportée devant le tribunal, le préfet inter-vint, et contesta, en vertu de l'article 4 de la loi du 28 pluviose an VIII, la compétence du tribunal. Ce système fut admis par jugement du 15 novembre 1845.

Le conseil de préfecture de l'Isère fut alors saisi du litige, et par un premier arrêté, en date du 15 décembre 1846, il donna acte au sieur Morel de son acceptation des comptes dressés par l'architecte ; il rejeta la demande du sieur Mourrat, relative aux travaux exécutés par des ouvriers spéciaux ; enfin il accorda au sieur Mourrat un mois pour faire valoir les motifs à l'appui de sa demande relative à ses propres travaux.

En exécution de cet arrêté, cet entrepreneur produisit un mémoire par lequel il conclut, à ce qu'il plût au conseil de préfecture, sans s'arrêter au désistement du sieur Morel,

Fixer à la somme de 25,908 fr. 82 c. le montant des travaux suivant l'état contenu dans le rapport d'experts sus-énoncé ;

Condamner, en conséquence, la commune de Vaux-en-Velin à lui payer 11,708 fr. 82 c. pour solde des travaux, avec les intérêts depuis le 30 avril 1844, date de la première réclamation au préfet ;

Condamner en outre la commune en 5,000 fr. de dommages-intérêts, etc.

Sur ces conclusions, le conseil de préfecture rendit, le 25 février 1848, un arrêté ainsi conçu :

« Considérant que Morel a soumissionné les travaux dont il s'agit, solidairement avec le sieur Mourrat ; que, dès lors, leur cause respective ne peut être séparée ; que si bien ils ont des conventions particulières qui règlent leur position vis-à-vis l'un de l'autre, le conseil de préfecture ne peut en connaître ;

« Sur les travaux en général et sur leur appréciation par les deux parties ;

« Considérant, après étude et comparaison des comptes, que les appréciations de Mourrat sont basées sur une expertise sommaire; que, si elle est équitable en certains points seulement, et que de la comparaison de son mémoire avec les comptes de l'architecte de la commune, et avec les plans ou devis et cahier des charges, il résulte :

« Que tous les articles que le sieur Mourrat porte comme omis dans le compte de l'architecte de la commune, figurent, ou dans les travaux en régie, ou dans les travaux exécutés en dehors de l'adjudication, et payés par la commune à des ouvriers spéciaux; qu'ils forment quelquefois double emploi avec des travaux portés sous d'autres titres; enfin, que dans presque tous les articles qu'il présente comme inférieurs aux appréciations des architectes Falconnet, Dubois et Dardel, il a omis d'y ajouter le dixième de bénéfice alloué à l'entrepreneur; que quelques-uns d'entre eux ne lui sont pas dus; attendu qu'il devait les exécuter dans le prix afférent au travail principal d'où ils découlent;

« Considérant que le rapprochement du plan et du métré porté dans les comptes de l'architecte de la commune, prouve que ce métré est exact;

« Que si bien Mourrat a élevé les murs jusqu'au premier cordon de 6 mètres 40, ces murs ne devaient avoir que 6 mètres 31; que c'est avec raison qu'il ne lui est tenu compte que de 6 mètres 31, puisque le plan ne porte que cette élévation, et qu'on a préféré leur maintien de 6 mètres 40 à une démolition désastreuse pour l'entrepreneur;

« Considérant que les prix portés dans les comptes de l'architecte de la commune sont identiques avec ceux du devis adopté et signé par les adjudicataires;

« Considérant que, par suite d'une étude plus approfondie, l'architecte de la commune alloue au sieur Mourrat 317 fr. 66 c. dont il faut retrancher 190 fr. 44 c. pour travaux non achevés; reste en augmentation 127 fr. 22 c. ;

« Que le sieur Mourrat aurait obtenu cette augmentation si, comme les autres ouvriers ou entrepreneurs, il eût voulu examiner son compte avec l'architecte Dupasquier;

« Considérant que de tous les ouvriers ou entrepreneurs qui ont concouru à la construction de l'église de Vaux-en-Velin, le sieur

Mourrat est le seul qui ait élevé des doutes sur l'exactitude et l'équité des appréciations de l'architecte Dupasquier ;

« Sur la forme de la réclamation du sieur Mourrat ;

« Considérant qu'en vertu des clauses et conditions générales imposées aux entrepreneurs de travaux publics, c'est aux entrepreneurs à prouver que les énonciations et les appréciations de l'architecte ou de l'ingénieur chargé de la conduite des travaux, sont erronées ou inexactes ;

« Que si le conseil a provoqué au contraire la commune et son architecte à faire ce qui devait être fait par Mourrat, c'est à cause de l'éloignement de ce dernier, et dans un but d'équité, de bonne et prompte justice ;

« Par ces motifs arrête :

« 1º La demande du sieur Mourrat, en séparation de sa cause de celle du sieur Morel, est rejetée, sauf à lui à se pourvoir contre le sieur Morel, ainsi et comme il avisera ;

« 2º Les travaux exécutés par les sieurs Mourrat et Morel sont réglés à la somme de 19,178 fr. 54 c.

« Savoir :

« Travaux du clocher.	8,530 fr.	89 c.
« Travaux des nefs.	7,789	47
« Alloué aux entrepreneurs pour oubli ou erreurs de chiffres 317 fr. 66 c. dont il faut déduire 196 fr. 44 c. pour travaux non achevés.	127	22
« Travaux de charpente exécutés par le sieur Morel.	2,730	96

« Total. . . . . 19,178 fr. 54 c.

« Laquelle somme de *dix-neuf mille cent soixante-dix-huit francs cinquante-quatre centimes* sera payée par la commune aux sieurs Mourrat et Morel, avec intérêt à 5 pour 100 l'an, à partir de la demande, sauf toutes imputations de droit ;

« 3º Toutes plus amples demandes et conclusions des parties sont rejetées ;

« Dépens compensés. »

Le sieur Mourrat s'est pourvu contre cet arrêté. Il a soutenu :
1º Que l'arrêté interlocutoire du 15 décembre 1846 ayant dé-

claré constant en fait, que l'architecte avait fait opérer des travaux *non prévus ou mal désignés au devis*, les estimations du devis ne peuvent plus être prises pour base du règlement, et qu'il y a lieu d'adopter celles des experts commis par justice, dont l'opinion désintéressée doit l'emporter sur celles de l'architecte, mandataire de la commune ;

2° Que le conseil de préfecture n'ayant pas indiqué les divers articles qu'il rejette, sous prétexte *qu'ils devaient être exécutés dans le prix afférent au travail dont ils découlent,* lui, Mourrat, ne peut deviner quels sont ces articles ; qu'au reste, s'il y a eu omission dans le devis à l'égard de certains travaux, on ne peut en refuser le paiement à l'entrepreneur, à moins qu'ils ne soient une dépendance nécessaire de l'objet auquel ils se rapportent, et qu'aucun des articles alloués par les experts ne peut être rangé dans cette catégorie ;

3° Que, d'après le plan primitif, la toiture sortait en œuvre ; mais que, d'après des modifications ultérieures, elle dût entrer en œuvre, ce qui a exigé une plus grande élévation des murs, lesquels ont été portés de 6ᵐ31, à 6ᵐ40, et que, par cette raison, l'excédant de dépense qu'a entraîné la surélévation, lui est légitimement dû.

A l'égard des dommages-intérêts qu'il réclamait, l'entrepreneur avait motivé sa demande, 1° sur ce que les frais, faits devant le tribunal de Vienne, doivent être imputés à la commune, qui n'a pas opposé l'incompétence *in limine litis ;* 2° sur ce que, par les refus de paiement de ladite commune, il a été forcé de renoncer à sa profession, et réduit à la misère.

Il concluait, en conséquence, à ce qu'il plût au conseil,

Annuler l'arrêt attaqué ;

Ce faisant, condamner la commune à lui payer, 1° 25,908 fr. 82 c., avec les intérêts à partir du jour de la demande ; 2° la somme de 5,000 fr. à titre de dommages-intérêts ; 3° et tous les dépens de droit.

La commune a répondu au pourvoi du sieur Mourrat, et a formé elle-même un pourvoi incident.

Sur le pourvoi principal, elle a fait observer que le sieur Mourrat, en sa qualité de demandeur, devait indiquer d'une manière précise quels articles, omis dans le compte de l'architecte, ne figurent pas davantage dans les travaux payés à des ouvriers spéciaux ; quels articles, par lui réclamés, sont distincts de ceux portés sous d'autres titres et ne forment pas double emploi avec ces derniers ; quels prix portés dans le décompte de l'architecte ne seraient pas identiques avec ceux du devis. Or, c'est ce qu'il ne fait en aucune façon. Les allégations générales et vagues portant les numéros 1, 2, 3 et 4 de son mémoire ne sont donc pas susceptibles d'être discutées.

Relativement aux murs élevés à 6ᵐ40 au lieu de 6ᵐ31, l'entrepreneur allègue que cette surélévation a été rendue nécessaire par une modification apportée à la toiture. Mais ce fait est formellement contredit par l'arrêté attaqué, qui loin de considérer la surélévation du mur comme nécessaire, déclare, au contraire, qu'on aurait eu le droit d'en exiger la suppression.

Quant aux dommages-intérêts réclamés par le sieur Mourrat, la commune soutient qu'ils augmenteraient le taux légal des intérêts moratoires, déjà alloués par le conseil de préfecture, et constitueraient ainsi une violation de l'art. 1153 du Code civil.

Si, du reste, l'entrepreneur a fait la faute d'assigner la commune devant un tribunal incompétent, et a supporté, par suite, des frais considérables, il ne doit s'en prendre qu'à lui-même. C'est à lui seul également qu'il doit imputer de n'avoir pas été désintéressé depuis longtemps, comme tous les autres ouvriers, y compris son associé le sieur Morel.

Arrivant à son recours incident, la commune a tenté de le justifier par l'argumentation suivante : Le conseil de préfecture, ayant reconnu lui-même que Mourrat aurait obtenu une satisfaction immédiate sur la question de paiement, s'il eût voulu examiner ses comptes avec l'architecte, il en résulte que tout retard provient de causes imputables à l'entrepreneur, et que dès lors toute espèce d'intérêts doit lui être refusée.

En tout cas, le cours des intérêts ne doit partir qu'à dater de la demande régulière formée devant le conseil de préfecture.

Par ces motifs, la commune a conclu à ce qu'il plaise au conseil :

Statuant sur le recours principal, le rejeter ;

Et, statuant sur le recours incident, déclarer qu'il n'y a pas lieu à intérêts ;

Dans tous les cas, déclarer qu'ils n'ont pu courir qu'à dater de la demande régulièrement formée devant le conseil de préfecture ;

Enfin, condamner le sieur Mourrat aux dépens.

Le ministre de l'intérieur, auquel le dossier a été communiqué, a fait remarquer d'abord que, d'après une déclaration de l'architecte, non contredite par le sieur Mourrat, les travaux, compris au projet supplémentaire, n'ont point été imposés aux entrepreneurs ; que ceux-ci, au contraire, en sollicitèrent eux-mêmes l'exécution d'après les prix les plus analogues portés au devis.

Le ministre ajoute que l'estimation des experts n'est pas admissible. Sans vouloir contester leur bonne foi, on peut leur reprocher d'avoir produit un rapport contenant des appréciations sommaires, sans pièces régulières à l'appui. Le règlement de l'architecte repose au contraire sur des documents certains, et les prix y sont conformes au devis. Quant aux articles omis, au dire du sieur Mourrat, ils forment, pour la plupart, double emploi avec les travaux portés sous d'autres titres.

En ce qui concerne les murs, qui ne devaient avoir que 6^{m}31, ils ont été élevés par l'entrepreneur à 6^{m}40 sans motif plausible, et on ne saurait lui tenir compte de cette surélévation, qui n'a été maintenue que dans son intérêt, afin d'éviter une démolition onéreuse pour lui.

A l'égard de la demande de dommages-intérêts, le ministre ne la trouve pas sérieuse. Si Mourrat s'est adressé à un juge incompétent, la commune n'en est pas responsable. Il n'y a pas non plus à reprocher à cette dernière de n'avoir pas, dès le début, opposé le déclinatoire. Il s'agissait d'une incompétence *ratione materiæ*. Or, en pareil cas, non-seulement le renvoi peut être demandé en tout état de cause, mais les juges sont tenus de le prononcer d'office. La séparation des juridictions est, en effet, une mesure d'ordre public, et il ne peut dépendre des parties de s'y soustraire.

En ce qui concerne le recours incident de la commune, relatif aux intérêts que le conseil de préfecture paraît faire partir du 30 août 1844, date de la première demande du sieur Mourrat, le ministre estime qu'il est admissible, mais il s'en rapporte à la sagesse du conseil.

Sous cette réserve, il estime que l'arrêté attaqué doit être maintenu.

Le sieur Mourrat a combattu le pourvoi incident de la commune ;

il a fait observer que l'objection, tirée de ce qu'une demande, devant un tribunal incompétent, ne fait pas courir les intérêts, repose sur une fausse interprétation de l'art. 1154 du Code civil. Cet article n'exige pas, en effet, une demande judiciaire devant le tribunal compétent. C'est au contraire le cas d'admettre les principes consacrés par l'interruption de la prescription, par les art. 2245 et 2246 du Code civil, et 57 du Code de procédure civile. La citation devant le juge incompétent prévient le débiteur aussi bien que le possesseur, elle le met en demeure d'acquitter sa dette, et s'il ne le fait pas, il est en faute.

Par ces motifs, le sieur Mourrat a persisté dans ses conclusions.

Le conseil d'Etat, après avoir entendu MM. Daverne et Dumartroy, maîtres des requêtes, en leur rapport et conclusions.

Sur le pourvoi principal ;

« Considérant que la demande du sieur Mourrat, relative aux travaux spéciaux, a été rejetée par un premier arrêté, en date du 15 décembre 1846, lequel a été notifié audit sieur Mourrat le 9 janvier 1847, et produit par lui devant le conseil le 25 octobre 1848 ; que, dès lors, ledit arrêté a, depuis longtemps, acquis l'autorité de la chose jugée.

« En ce qui concerne les autres chefs de la réclamation du sieur Mourrat relatifs à son décompte :

« Considérant que l'expertise ordonnée par le tribunal civil de Vienne et invoquée par le sieur Mourrat, ne peut, sous aucun rapport, être prise par le conseil pour base de sa décision ; que, d'ailleurs, le sieur Mourrat ne précise ni ne justifie les divers articles de sa réclamation ;

« En ce qui concerne les dommages-intérêts :

« Considérant qu'il n'est pas justifié par le sieur Mourrat qu'il ait éprouvé un dommage quelconque provenant du fait de la commune ;

« Sur le pourvoi incident :

« Considérant qu'il résulte de l'instruction que la commune n'a jamais refusé de se libérer envers le sieur Mourrat, et que les retards éprouvés par ce dernier, proviennent uniquement des difficultés qu'il a lui-même soulevées ; que dès lors il n'y avait pas lieu de lui allouer les intérêts des sommes qui peuvent lui rester dues.

« Décide :

« Art. 1. La requête du sieur Mourrat est rejetée.

« Art. 2. L'arrêté du 25 février 1848 est annulé dans celles de ses dispositions qui allouaient des intérêts au sieur Mourrat.

« Art. 3. Le sieur Mourrat est condamné aux dépens. »

Cette disposition nous paraît contenir une violation évidente des principes du droit civil.

La dette d'un capital entraîne celle des intérêts dûment réclamés, et si cette charge paraît trop lourde au débiteur, il lui est loisible de s'en décharger en déposant le capital, qu'il reconnaît devoir, à la caisse des dépôts et consignations. Mais s'il ne l'a pas fait, s'il a conservé ce capital qui, en fin de compte, a été reconnu ne pas lui appartenir, s'il en a tiré des intérêts, nul doute qu'il ne doive les restituer du jour de la demande, car personne ne doit s'enrichir aux dépens d'autrui. Mais, dira-t-on, dans l'espèce il était loisible au sieur Mourrat de toucher beaucoup plus tôt le reliquat à lui dû ; il doit s'imputer à lui-même la perte des intérêts, suite des difficultés par lui soulevées ; ce raisonnement, qui ne serait jamais concluant, peut encore moins s'appliquer aux matières administratives. Ordinairement, en effet, les administrations ne consentent à payer ce qu'elles conviennent devoir qu'à la condition que la quittance ne contiendra pas de réserve, et si on en passe par cette exigence, cette quittance sans réserve devient, plus tard, une fin de non-recevoir contre des réclamations ultérieures ; il faudrait donc, ou renoncer à poursuivre ce qu'on croit son droit, ou perdre les intérêts de ce qui est dû ? Cette alternative, dans laquelle le législateur n'a pas voulu placer le créancier d'un capital contesté, se révèle contre lui dans la jurisprudence, regrettable, à notre sens, dont nous venons de produire un nouveau monument. La Cour de cassation a quelquefois jugé que les intérêts des sommes, représentant la réparation de faits dommageables, étaient dus antérieurement à la demande et à partir du jour du dommage causé, mais elle n'a jamais décidé que ces intérêts ne fussent pas dus à partir du jour de la demande.

Séance du 7 mai 1851.

Pourvoi du sieur *Ardenne*, entrepreneur des travaux d'amélioration du cours de la Garonne, contre un arrêté du conseil de préfecture du Lot, du 25 janvier 1840. — Inventaire contradictoire. — Décisions diverses.

Le 30 décembre 1837, *M. Ardenne*, entrepreneur, se rendit adjudicataire de deux lots des travaux à faire pour l'amélioration du cours de la Garonne.

Diverses causes l'empêchèrent de mener à bonne fin son entreprise ; il fut mis en régie, et, par suite, la résiliation fut prononcée.

Cette régie et cette résiliation donnèrent lieu à des difficultés que l'arrêté du Conseil de préfecture du Lot, auquel elles furent déférées, fera suffisamment connaître.

Cet arrêté, du 25 janvier 1840, est précédé d'une exposition de faits ; en voici la teneur :

« Une régie a été établie au compte du sieur Ardenne pour la continuation des travaux des 31° et 32° projets des travaux de rectification de la Garonne. Son représentant Menjoulet refuse de ratifier l'inventaire du matériel de l'entreprise dressé par un conducteur de l'administration. Il en a reçu la notification le 29 octobre, et ses motifs de refus, présentés le 1ᵉʳ novembre, le placent dans le délai prescrit par l'art. 32 des clauses et conditions générales.

« L'entrepreneur prétend que l'inventaire qu'il refuse d'accepter aujourd'hui, aurait dû être dressé au moment où l'administration aurait pris possession des travaux ; qu'il était facile de le compléter et d'approprier à chaque objet sa valeur approximative ; que l'usage des objets, inventoriés postérieurement, en a diminué la valeur, et qu'on ne devait s'en servir que pour les travaux exécutés en régie.

« Il se plaint que l'inventaire a été dressé, en présence de quelques employés, sans sa participation, qu'il y a plusieurs omissions qu'on doit s'empresser de relever ; qu'on doit en outre donner, à tous les objets qui le composent, le prix qu'ils avaient au moment où l'administration en a pris possession et non pas la valeur actuelle.

« Il fait observer enfin que son matériel a servi pour des travaux que le devis plaçait à la charge de l'Etat, et il demande que l'on fasse procéder à la révision de tous les objets qui le constituent, pour en dresser un inventaire contradictoire, afin de le soumettre à l'évaluation prescrite par l'art. 8 des clauses et conditions générales, en prononçant la nullité de celui qui a été fait par l'administration.

« Considérant que l'administration des ponts et chaussées a dû s'occuper de l'état de situation des approvisionnements et des travaux, pour pouvoir régler le décompte que le sieur Ardenne sollicitait avec instance, et qu'elle a dû nécessairement ajourner l'inventaire du matériel de l'entreprise, qui ne faisait craindre aucun résultat important dans le délai qu'on faisait subir à sa rédaction ;

« Que l'entrepreneur n'avait aucun intérêt dans l'évaluation des objets qui constituaient le matériel qui figure dans l'inventaire, parce qu'ils étaient employés à des travaux exécutés en régie, et que l'entrepreneur était toujours obligé d'en supporter les moins values ;

« Considérant qu'il ne paraît pas fondé à récriminer contre la validité de l'inventaire, parce qu'il a été dressé en partie en présence du sieur Laon, son représentant, et que cette qualité résulte de deux lettres du sieur Ardenne, des 29 août 1838 et 21 août 1839 ;

« Que les omissions dont il se plaint n'offrent rien de préjudiciable à ses intérêts, puisque les objets qui n'ont pas été inventoriés par l'administration seront portés au compte de l'adjudicataire qui remplace l'entrepreneur actuel, avec l'estimation prescrite par l'art. 8 des clauses et conditions générales ;

« Considérant enfin qu'on ne pourrait opposer à l'entrepreneur le silence qu'il a gardé, après avoir refusé de signer l'inventaire qui lui a été présenté, lorsque l'art. 32 des clauses et conditions générales lui impose l'obligation de développer dans les dix jours les motifs de son refus.

« Par ces motifs le Conseil arrête :

« Art. 1er. La réclamation du sieur Menjoulet, au nom qu'il agit, est rejetée, et l'inventaire est censé accepté par l'entrepreneur.

« Art. 2. Le présent sera transmis à M. le préfet aux fins de son exécution. »

Le 13 août 1846, l'entrepreneur s'est pourvu au Conseil d'État contre cet arrêté. Il serait inutile et trop long de rapporter les explications contradictoires auxquelles cette affaire, qui ne soulève, au reste, aucune difficulté nouvelle, a donné lieu ; il nous suffira de donner dans son entier l'arrêté intervenu.

Le Conseil d'État, après avoir entendu M. Marchand, conseiller d'État, en son rapport, et M. Cornudet, maître des requêtes, en ses conclusions :

« En ce qui touche les matériaux approvisionnés et le préjudice qui aurait été causé au sieur *Ardenne*, en ce qu'on aurait apprécié leur valeur au prix du premier marché, et non au prix du second marché ;

« Considérant qu'il n'a pas été statué, par le Conseil de préfecture du département de Lot-et-Garonne sur ce chef de demande qui n'avait pas été soumis à son appréciation, et qui ne peut être porté directement devant le Conseil d'État ;

« En ce qui touche le matériel :

« Considérant qu'il a été procédé contradictoirement avec les représentants du sieur *Ardenne*, ou eux dûment appelés, à la vérification du matériel de l'entreprise interrompue par la mise en régie, et qu'il n'est justifié par le requérant d'aucune erreur ou omission qui soit de nature à mettre en doute l'exactitude et la sincérité des inventaires dressés ;

« Considérant, toutefois, qu'il est reconnu par le ministre des travaux publics qu'il y a lieu de tenir compte au sieur *Ardenne* de l'usure et de la dépréciation du matériel employé, depuis le 18 septembre 1839, jusqu'à la fin de la régie ;

« Décide :

« Article 1er. — Le sieur *Ardenne* est renvoyé devant le ministre des travaux publics, pour qu'il soit, par ledit ministre, procédé à la liquidation de l'indemnité à laquelle il a droit pour usure et détérioration du matériel de son entreprise, tel que ce matériel est constaté par les inventaires dressés par l'administration ;

« Article 2. — L'arrêté sus-visé du Conseil de préfecture du département de Lot-et-Garonne est réformé en ce qu'il a de contraire à la présente décision ;

« Article 3. — Le surplus des conclusions du sieur *Ardenne* est rejeté. »

Séance du 7 mai 1851.

Pourvoi des sieurs *Tinardon* et *Bazin*, entrepreneurs des travaux d'entretien à exécuter à la prison militaire de Moulins, contre une décision du ministre de la guerre du 28 novembre 1846. —Exception d'incompétence.—Rejet du pourvoi.

En janvier 1842, *MM. Tinardon* et *Bazin*, entrepreneurs, se rendirent adjudicataires des travaux d'entretien à exécuter à la prison militaire de Moulins.

En 1843, l'administration du génie eut à faire placer, au dessus des ouvertures nombreuses des bâtiments, des châssis ou impostes en fer.

Ce travail, non prévu au devis, et pour lequel il fallut établir de nouveaux prix, donna lieu à des difficultés, qui furent terminées, au moins administrativement, par une décision du ministre de la guerre, du 28 novembre 1846, laquelle, sur les 3,794 f. 04, réclamés par les entrepreneurs, accordait 1,102 f. 83.

Les entrepreneurs, peu satisfaits de cette décision, crurent devoir, le 4 mai 1847, la déférer, immédiatement, au Conseil d'État.

Il est inutile de rapporter les explications contradictoires échangées, à l'occasion de ce pourvoi, entre le ministre de la guerre et les entrepreneurs, puisque la réclamation de ces derniers a été repoussée, et avec raison, par une fin de non-recevoir.

Le Conseil d'État, après avoir entendu MM. Lucas et Dumartroy, maîtres des requêtes, dans leurs rapport et conclusions :

« Considérant qu'aux termes de l'article 4 de la loi du 28 pluviôse an VIII, c'est aux Conseils de préfecture qu'il appartient de statuer sur les difficultés qui s'élèvent entre les entrepreneurs de travaux publics et l'administration concernant le sens ou l'exécution des clauses de leurs marchés ;

« Considérant que l'entreprise des requérants qui avait pour objet les travaux à exécuter à des bâtiments militaires constitue un marché de travaux publics ; que le refus fait par le ministre de la guerre d'admettre certains chefs de la réclamation présentée par les sieurs *Tinardon* et *Bazin*, à l'occasion du décompte des travaux exécutés aux casernes de Moulins, ne fait pas obstacle à ce qu'il soit prononcé par le Conseil de préfecture de l'Allier, sur cesdits chefs de réclamation, sauf recours au Conseil d'État ;

« Décide :

« Article 1er. — La requête des sieurs *Tinardon* et *Bazin* est rejetée. »

La question soulevée par ce pourvoi est une de celles qui, dans la pratique, amènent le plus de difficultés. Nous nous contenterons d'établir les principes sans entrer dans l'examen difficile de leurs applications.

Les ministres peuvent intervenir dans les affaires qui dépendent de leur département, soit comme administrateurs du service public qu'ils dirigent, soit comme fonctionnaires ayant caractère de prononcer en première instance, sur certaines questions, et de prendre alors la place des tribunaux administratifs du premier dégré. Dans le premier cas, leur décision ou, pour mieux dire, leur avis, laisse la difficulté entière, et n'empêche pas que le particulier, qui s'en trouve lésé, présente à l'appréciation des tribunaux administratifs la difficulté déjà résolue par le ministre, pourvu que cette difficulté ait un caractère contentieux.

Nous disons : *pourvu que cette difficulté ait un caractère contentieux;* en effet, il peut arriver que des décisions, prises par un ministre, n'aient pas ce caractère, et alors on doit s'y conformer immédiatement, le recours devant les tribunaux administratifs n'étant pas admis contre elles ; telle serait, par exemple, la décision du ministre des travaux publics refusant l'approbation d'une adjudication, ou l'admission d'un soumissionnaire, ou l'autorisation d'établir des usines nouvelles ; telle serait encore la décision du ministre de l'intérieur par laquelle il interviendrait dans des transactions à effectuer par des communes. Dans ces cas, le ministre est censé avoir agi, comme administrateur, dans la plénitude des pouvoirs purement administratifs qui lui sont confiés, et contre lesquels il n'y a pas à se pourvoir devant les tribunaux.

Dans le second cas, c'est-à-dire quand le ministre prononce comme juge, sa décision a la force d'un arrêté rendu par un Conseil de préfecture : elle est toujours contentieuse, obligatoire pour ceux qu'elle concerne, et exécutoire, sauf recours au Conseil d'État.

Les décisions ministérielles, purement administratives, mais ayant trait à des questions contentieuses, sont nombreuses : elles comprennent notamment les avis fournis par le ministre des travaux publics, sur les réclamations des entrepreneurs, à l'occasion de leurs décomptes ; avis qui n'empêchent pas lesdits entrepreneurs d'appeler, sur ces mêmes réclamations, insuffisamment écoutées, l'arrêté du Conseil de préfecture. Telle était la décision qui a été l'objet du pourvoi des entrepreneurs *Tinardon* et *Bazin*, et qui, n'ayant qu'un caractère purement administratif, ne faisait pas obstacle à ce que l'affaire, suivant son cours régulier, fût portée devant le Conseil de préfecture, puis, s'il y avait lieu, au Conseil d'État.

Quant aux décisions ministérielles ayant le caractère de jugements de première instance, et pouvant être en conséquence déférées immédiatement au Conseil d'État, le nombre en est plus restreint : on peut y comprendre certaines décisions du ministre des finances en matière de contributions ; certaines décisions des autres ministres en matière de règlement de pensions, etc.

Ainsi, pour nous résumer, les décisions ministérielles peuvent être divisées en deux catégories :

1° Les décisions administratives, n'étant pas de nature à être déférées au Conseil d'État, mais statuant sur des questions qui, selon leur nature, peuvent devenir ou non, plus tard, l'objet d'un débat contentieux commençant au Conseil de préfecture et se terminant au Conseil d'État ;

2° Les décisions contentieuses, constituant de véritables jugements de première instance et pouvant toujours être immédiatement déférées au Conseil d'État.

Ajoutons, pour finir, que les décisions ministérielles, quelles qu'elles soient, peuvent toujours être déférées au Conseil d'État pour raison d'incompétence ou d'excès de pouvoir.

Séance du 24 mai 1851.

Pourvoi des sieurs *Buys* et *Delmas*, adjudicataires des travaux à faire sur la route départementale n° 1, de Limoges à Cahors, partie comprise entre le pont de la Domme et la Croix-Saint-Martial, contre un arrêté du Conseil de préfecture de la Dordogne, du 22 juin 1847. — Application des articles 11, 13 et 26 des clauses et conditions générales. — Décisions diverses.

En novembre 1836, *MM. Buys* et *Delmas* devinrent adjudicataires des travaux de la route départementale n° 1, de Limoges à Cahors, partie comprise entre le pont de la Domme et la Croix-Saint-Martial. Après l'achèvement des travaux, les ingénieurs réglèrent et présentèrent aux entrepreneurs un décompte qui fut l'objet de plusieurs réclamations de leur part.

Ces réclamations, portées devant le Conseil de préfecture de la Dordogne, se divisaient en sept chefs différents, dont nous allons donner à nos lecteurs une connaissance sommaire.

1er CHEF. — *Cube des rochers exploités.* — 16,987 mètres 92 centimètres cubes de rochers avaient été exploités par les entrepreneurs; sans contester ce fait, les ingénieurs n'entendaient en payer que 11,298 m. 81 c., prétendant que les 5,689 m. 11 c. restants avaient été employés pour l'empierrement de la route et payés, en un autre chapitre, comme fourniture de matériaux.

2e CHEF. — *Foisonnement des remblais de roches.* — Sur les 11,298 m. 81 c. cubes que les ingénieurs consentaient à faire entrer en compte, ils en déduisaient encore 3,389 m. 64 c., par le motif que les remblais avaient foisonné de 30 pour 100. Ils avaient en effet mesuré les déblais sur les remblais, et non dans les tranchées.

3ᵉ CHEF. — *Matériaux d'empierrement rebutés.* — Des lieux d'extraction avaient été indiqués au devis, pour y prendre les matériaux destinés à la deuxième couche d'empierrement de la route. Se conformant à cette désignation, les entrepreneurs avaient fourni, sans contestation de la part de l'ingénieur en chef, les matériaux nécessaires à ce travail. Plus tard cet ingénieur fut changé, et le nouvel arrivant, trouvant à redire, comme cela arrive souvent, aux travaux exécutés par son prédécesseur, avait exigé que les matériaux susdits fussent enlevés et remplacés par d'autres. Ces derniers étaient portés dans le décompte, mais on n'y voyait pas figurer les premiers matériaux employés ; les entrepreneurs réclamaient contre cette omission.

4ᵉ CHEF. — *Refaçons du mur de soutènement.* — Nonobstant les observations des entrepreneurs qui avaient prédit ce qui arriva en effet, les ingénieurs avaient persisté à faire élever, d'après les termes du projet, un mur de soutènement de 116 m. de longueur sur 6 à 7 m. de hauteur.

Ce mur, battu par les eaux pendant l'hiver, s'écroula deux fois, et deux fois il fallut le rétablir. Les entrepreneurs réclamaient le prix de ces deux reconstructions, suite d'un événement de force majeure qu'on ne pouvait leur imputer, et qu'il n'avait pas été en leur pouvoir de prévenir.

5ᵉ CHEF. — *Indemnité pour changement de carrière.* — En cours d'exécution, les carrières où devait s'extraire la pierre de taille avaient été changées, et une indemnité, promise à ce sujet, avait été portée dans le décompte ; les entrepreneurs réclamaient contre l'insuffisance de cette indemnité.

6ᵉ CHEF. — *Salaire de deux cantonniers.* — D'après le cahier des charges, les entrepreneurs devaient entretenir, sur la route, à l'expiration des travaux, deux cantonniers pendant 6 mois.

Pendant deux ans, les ingénieurs ayant négligé de recevoir les travaux, les fonctions des cantonniers avaient dû se prolonger ; les entrepreneurs demandaient la restitution du salaire qu'ils avaient eu à leur payer pendant 18 mois.

7ᵉ CHEF. — *Erreur d'addition dans l'analyse des prix.* — Les entrepreneurs réclamaient contre une erreur d'addition qui s'était glissée dans le n° 27 de l'analyse des prix. Voici cet article :

N° 27. Mètre cube de maçonnerie de moellons de choix avec mortier de chaux et sable, pour les aqueducs et les parapets.	1,10 de moellons de choix, compris déchet, 0,53. . . . . . . , ...	1,683	
	0,35 cubes de mortier, à 12 fr. l'un.	4,200	
	Façon de la maçonnerie, smillage des moellons, ragrément et rejointoiement.	2,500	
		8,383	
	1 dixième pour frais d'outils, faux frais et bénéfices..	0,838	
		8,221	8,22

au lieu de 9,221 pour prix élémentaire, et de 9,22 pour prix d'application.

Le Conseil de préfecture de la Dordogne, saisi de ces réclamations, rendit, le 22 juin 1847, l'arrêté suivant :

« SUR LE 1ᵉʳ CHEF. — *Cube des rochers exploités.* — Considérant qu'on n'avait pas prévu le déblai du rocher, mais qu'il n'en était pas moins loisible à MM. les ingénieurs de faire prendre, dans ce déblai, ce qu'ils croiraient convenable pour l'empierrement, ou même simplement l'y laisser prendre, s'ils le trouvaient de bonne qualité, sauf à en régler ensuite le prix de revient ;

« Considérant que les réclamants soutiennent que tout le rocher a été mis en remblais, et que les ingénieurs affirment le contraire ; qu'ils appuient même leur affirmation sur ce fait que les entrepreneurs ne peuvent indiquer une carrière où aient été pris leurs matériaux d'empierrement, ce qui nécessairement doit faire regarder leurs dires comme de vraies allégations.

« SUR LE 2ᵉ CHEF. — *Foisonnement des remblais de roches.* — Considérant que le rocher foisonne toujours beaucoup, s'il n'est réduit en poussière ; que ce foisonnement s'augmente encore du peu de soin que l'on met dans le placement de cette sorte de matériaux, lorsqu'on les met en remblais ; qu'ainsi, en ne portant qu'à 30 pour 100 le foisonnement, on reste au dessous du chiffre réel ;

« Considérant, en ce qui touche la fin de non-recevoir proposée par les réclamants, que des dires desdits sieurs, comme des affirmations des ingénieurs, il résulte qu'on n'avait pas prévu des déblais des rochers qui dussent être mis en remblais, et que si le devis est conforme à ces assertions on ne devait point en effet s'occuper du foisonnement ;

« Considérant que s'il en était ainsi (les devis ne sont pas au dossier) les ingénieurs étaient obligés de faire un nouveau calcul pour la circonstance imprévue, et qu'ils devaient y faire entrer le foisonnement; que cette manière de procéder n'a rien de contraire à l'article 13 des clauses et conditions générales.

« SUR LE 3ᵉ CHEF. — *Matériaux d'empierrement rebutés.* — Considérant que les ingénieurs doivent décider, en premier ressort, de la bonne ou mauvaise confection des travaux, et qu'il leur est loisible de faire refaire ce qui est trouvé mal confectionné, sauf aux entrepreneurs à réclamer contre la mesure et la faire juger définitivement avant l'exécution ;

« Considérant que les réclamants ont exécuté l'ordre qui leur était donné, sans même faire constater le droit qu'ils prétendent, et qu'aujourd'hui il serait impossible d'apprécier, puisqu'il ne reste aucun vestige du premier travail.

« SUR LE 4ᵉ CHEF. — *Refaçons du mur de soutènement.* — Considérant que les entrepreneurs ne prouvent nullement que le mur de soutènement se soit écroulé deux fois par l'effet de la stagnation des eaux, et que, partant, on ne peut regarder les assertions des entrepreneurs, à cet égard, que comme de simples allégations ;

« Considérant qu'un entrepreneur répond de son travail pendant le délai de garantie ;

« SUR LE 5ᵉ CHEF. — *Indemnité pour changement de carrière.* — Considérant que, pour employer de la pierre de taille de bonne qualité, les entrepreneurs ont été obligés d'aller la prendre à une carrière non prévue et plus éloignée, et ce conformément aux ordres de MM. les ingénieurs, et que partant il doit leur en être tenu compte ;

« Considérant que des calculs de ces deux fonctionnaires il résulte que les réclamants auraient eu, en surplus de transport, un excédant de dépense de 67 f. 13 c.

« SUR LE 6ᵉ CHEF. — *Salaires de deux cantonniers.* — Considérant qu'il n'avait été prévu que six mois de délai entre la réception provisoire et la réception définitive, mais que ce n'était point un terme de rigueur, puisqu'une foule de circonstances pouvaient faire ajourner cette réception définitive, et que, bien évidemment, les sieurs *Delmas* et *Buys* devaient continuer l'entretien, à moins que le retard ne fût de la faute des ingénieurs, ce que ne prouvent point les réclamants.

« SUR LE 7ᵉ CHEF. — *Erreur d'addition dans l'analyse des prix.*
—Considérant que ce chef, basé sur une erreur de sous-détail, ne figure point dans la réclamation qui est au dossier, mais que d'ailleurs y figurât-elle, le Conseil ne pourrait s'en occuper puisque ce ne pourrait être que l'objet d'une indemnité de faveur ;

« Arrête :

« Article 1ᵉʳ. — Il est alloué aux sieurs *Delmas* et *Buys*, pour le 5ᵉ chef de leur réclamation, une somme de 67 f. 13 c.

« Article 2. — Les autres chefs sont et demeurent rejetés ; sauf le 2ᵉ, si, au devis, il était question d'un remblai fait en rocher de déblai et qu'il ne soit point parlé du foisonnement, auquel cas il serait alloué une somme qui devrait être ultérieurement fixée. »

Le 13 octobre 1847, les entrepreneurs se sont pourvus contre cet arrêté.

Sur le 1ᵉʳ chef. —Ils ont dit que c'était à l'administration à prouver que 5,689 mètres 21 cent. avaient été employés en empierrements, ce qu'ils nient formellement.

Sur le 2ᵉ chef. — Ils ont soutenu que, dans les remblais de rochers mêlés de terre, il n'y a pas de foisonnement ; puis, y en aurait-il eu, les tassements opérés sur la route restée en construction pendant six ans, tassements qu'il a fallu combler, en auraient certainement annulé l'effet.

En tout cas, quand même ce foisonnement aurait existé, on ne pouvait le faire entrer en compte, puisque le devis n'en parle pas, et que l'art. 11 des clauses et conditions générales doit être appliqué à l'administration, comme aux entrepreneurs.

Il y a lieu de supposer que ces foisonnements ont dû entrer dans les calculs et dans les prévisions des entrepreneurs.

Sur le 3ᵉ chef. — Ils ont soutenu que l'acceptation des premiers matériaux, par l'ingénieur chargé de leur réception, emportait, de la part de l'administration, obligation de les payer.

Sur le 4ᵉ chef. — C'était à tort, selon les entrepreneurs, que les ingénieurs prétendent que le mur de soutènement était composé de mauvais matériaux ; c'est l'action de l'eau, et non autre chose, qui a causé sa chute.

Ils n'ont rien ajouté aux 5ᵉ, 6ᵉ et 7ᵉ chefs de leur réclamation, qui s'élevait en total à 12,003 fr. 32 c. Le préfet de la Dordogne, représentant le département, a répondu aux entrepreneurs. Nous ne rapporterons de ses observations que ce qui ne fera pas double emploi avec ce que nous avons déjà dit.

Sur le 1er chef. — Le préfet a fait remarquer que la vérification contradictoire, que les entrepreneurs disent avoir en vain demandée, leur avait été plusieurs fois accordée, et qu'ils avaient toujours négligé ou refusé de s'y rendre. La vérification a donc eu lieu en leur absence, et elle a eu pour résultat la preuve que le cube des rochers exploités employé aux empierrements, avait été supérieur aux 5,689 mètres évalués par les ingénieurs.

Sur le 2e chef. — Le préfet a fait observer que, d'après le numéro 13 de l'analyse des prix, ce n'était pas le prix du mètre cube de *remblai* qu'on devait aux entrepreneurs, mais seulement le prix du mètre cube de *déblai ;* que peu importait, en conséquence, que le rocher ait ou non foisonné, puisqu'on doit aux entrepreneurs non le cube remblayé, mais seulement le cube exploité.

Sur le 3e chef. — Selon M. le préfet de la Dordogne, c'est à tort que les entrepreneurs excipent de l'autorisation implicite que leur auraient donnée les premiers ingénieurs. Leur allégation n'est pas exacte ; jamais les premiers ingénieurs n'ont approuvé l'emploi des matériaux rebutés dont ils ont, affirment-ils, prescrit l'enlèvement. Du reste cet enlèvement, fait tôt ou tard, a été effectué par les entrepreneurs sans réclamation, et ils ont perdu, par là, le droit de formuler, à cet égard, des plaintes postérieures.

Sur le 4e chef. — M. le préfet a dit que le mur construit deux fois par les entrepreneurs et tombé deux fois, a été reconstruit une troisième fois, en régie, dans des conditions identiques et a résisté, ce qui prouve l'exactitude des déclarations des ingénieurs portant que les entrepreneurs ont construit avec de mauvais matériaux, et que c'est par leur faute que la construction n'a pas tenu.

Sur le 5e chef. — M. le préfet a soutenu que l'indemnité accordée, et qui est basée sur les prix du sous-détail, était suffisante.

Sur le 6e chef. — Si la réception s'est fait longtemps attendre, c'est que, pendant longtemps, les entrepreneurs ont négligé de mettre la route en état d'être reçue ; c'est donc à eux, et non à l'administration, que doit être attribué ce retard, dont ils doivent supporter les conséquences.

Sur le 7ᵉ chef. —Le préfet invoque l'art. 11 des clauses et conditions générales.

Le ministre des travaux publics, auquel le pourvoi a été communiqué, a, le 8 juin 1849, transmis des observations qui ne contiennent rien de nouveau, et que, par conséquent, nous ne reproduirons pas.

Le conseil d'État, après avoir entendu MM. Gomel et Dumartroy, maîtres des requêtes, dans leurs rapport et conclusions :

« *Sur le chef relatif à l'extraction de 5,689 mètres cubes de rochers provenant des déblais de la route.* — Considérant, d'une part, qu'il résulte de l'instruction, et notamment de la vérification sur place qui a été faite par l'ingénieur de l'arrondissement de Sarlat, et à laquelle les sieurs Buys et Delmas ont été appelés, que les 5,689 mètres cubes de rochers dont il s'agit ont été employés à l'empierrement de la route ;

« Considérant, d'autre part, qu'il résulte de l'analyse des prix de l'entreprise que le prix d'extraction se trouve compris dans celui du mètre cube de moellons compté aux entrepreneurs pour la fourniture des empierrements ; que, dès lors, c'est avec raison que le conseil de préfecture a refusé d'allouer aux sieurs Buys et Delmas la somme de 3,698 fr. par eux réclamée.

« *Sur le chef relatif au foisonnement.* — Considérant qu'aux termes de l'art. 40 du devis, les déblais provenant de la route devaient être employés en remblais, et que d'après les numéros 9, 12 et 13 de l'analyse des prix, les sommes à allouer pour ce travail devaient être calculées d'après le mètre cube des déblais ;

« Considérant qu'il résulte de l'instruction qu'il a été tenu compte aux sieurs Buys et Delmas des 11,298 mètres cubes de déblais réellement effectués, déduction faite des 5,689 mètres employés à l'empierrement ;

« Qu'il n'a été fait aucune réduction sur cette quantité de mètres extraits ; que c'est seulement à l'effet de déterminer le volume des emprunts qui étaient devenus nécessaires pour l'exécution des remblais, qu'a été établi le calcul des 3,389 mètres provenant du foisonnement des 11,298 mètres de déblais, et que le volume desdits emprunts a été équitablement fixé dans le décompte de l'entreprise.

« *Sur le chef relatif à la seconde couche d'empierrement.* — Considérant qu'aux termes des articles 12 et 13 du cahier des clauses et conditions générales, les matériaux qui sont de mauvaise qualité doivent être rebutés et remplacés aux frais de l'entrepreneur, que les ingénieurs peuvent ordonner, soit en cours d'exécution des travaux, soit avant la réception définitive, la démolition et la reconstruction des ouvrages qu'ils reconnaissent vicieux ; que dans le cas où l'entrepreneur conteste soit la mauvaise qualité des matériaux, soit les vices d'exécution, il doit faire dresser le procès-verbal des faits et des circonstances de cette contestation ;

« Considérant qu'il résulte de l'instruction que les matériaux employés à la seconde couche de l'empierrement de la partie de la route dont il s'agit ayant été trouvés défectueux par les ingénieurs, et la reconstruction de cet empierrement ayant été ordonnée, les sieurs Buys et Delmas non-seulement n'ont élevé aucune réclamation, mais encore ont exécuté le nouvel empierrement sans faire aucune réserve ; que, dès lors, il n'y a pas lieu de tenir compte des frais de la seconde couche d'empierrement qui a été rebutée et reconstruite.

« *Sur le chef relatif au mur de soutènement.* — Considérant que les sieurs Buys et Delmas n'ont pas fait constater que les chutes du mur qui ont eu lieu en 1844 et en 1845, avaient été causées par un fait indépendant de sa bonne construction, et qu'il résulte, au contraire, de l'instruction, qu'il y a eu de leur part mal façon, emploi de matériaux de trop petit volume, et inobservation dans les fondations des dimensions prescrites par le devis.

« *Sur le chef relatif au transport de la pierre de taille.* — Considérant qu'il résulte de l'instruction que le conseil de préfecture, en fixant à 1 fr. 01 c. le supplément de prix dû aux entrepreneurs pour le transport des pierres de taille extraites, d'après les ordres des ingénieurs, de la carrière de Griffouil, non indiquée au devis, n'a pas tenu suffisamment compte de l'augmentation des frais de transport et des autres frais que cette substitution de carrière a entraînés, et qu'il y a lieu de porter ce supplément à 6 fr. par mètre cube pour les 71 mètres employés.

« *Sur le chef relatif au salaire des deux cantonniers.* — Considérant qu'aux termes de l'art. 63 du devis, l'entretien de la route était à la charge des entrepreneurs pendant la durée de la garantie, et qu'il devait être pourvu à cet entretien au moyen de deux cantonniers aux frais des entrepreneurs ;

« Considérant que, si le délai de garantie a été fixé, par l'art. 62 dudit devis, à six mois pour les terrassements et les chaussées d'empierrement, ce même article a stipulé que ce délai se continuerait, si cela était nécessaire, pour mettre en état les chaussées d'empierrement ; que, dès lors, c'est avec raison que le salaire des cantonniers qui ont été employés sur la route, jusqu'à la réception définitive des travaux, a été laissé à la charge des entrepreneurs.

« *Sur le chef relatif à une erreur d'addition dans le sous-détail des prix de l'entreprise.* — Considérant qu'aux termes de l'art. 11 des clauses et conditions générales, les entrepreneurs de travaux publics ne peuvent être admis à réclamer contre le prix de leur adjudication, sous prétexte d'erreur ou d'omission commise dans la composition desdits prix.

« Décide :

« Art. 1er. — Il est alloué aux sieurs Buys et Delmas la somme de 426 fr. pour le supplément du prix de transport des 71 mètres cubes de pierres de taille extraites de la carrière de Griffouil, non indiquée au devis.

« Art. 2. — L'arrêté du conseil de préfecture de la Dordogne, en date du 22 juin 1847, est annulé en ce qu'il a de contraire à la présente décision.

« Art. 3. — Il sera fait masse des dépens ; les trois quarts seront supportés par les sieurs Buys et Delmas, et l'autre quart par le département de la Dordogne. »

Séance du 24 mai 1851.

Pourvoi de M. *Isnel Escarraguel*, adjudicataire des travaux de construction du pont de Neuvic, contre un arrêté du conseil de préfecture de la Dordogne du 25 juillet 1849. — Interprétation de divers articles du devis. — Rejet du pourvoi.

Le 7 avril 1839, M. *Isnel Escarraguel*, de Bordeaux, fut déclaré

adjudicataire des travaux à faire pour la construction du pont de
Neuvic. Postérieurement à la réception de ce pont et après qu'il eut
été livré à la circulation, des dégradations d'une certaine importance se manifestèrent sur le chemin aux abords. Le préfet de
la Dordogne crut devoir inviter l'entrepreneur à faire les réparations nécessaires, et, sur le refus de ce dernier, l'administration les fit effectuer en régie ; après quoi, le préfet délivra, contre
l'entrepreneur, un exécutoire de la somme de 349 fr. 91 c. montant des dépenses faites. Pour justifier cette prétention, le préfet
s'appuyait sur l'art. 4 du cahier des charges ainsi conçu :

Art. 4. *Le pont sera constamment tenu en bon état* DANS TOUTES
SES PARTIES. *Les frais, de toute nature, relatifs à cet objet, comme
ceux de construction première et, le cas échéant, de reconstruction,
seront à la charge du concessionnaire. Pour assurer l'exécution de
cette clause, il pourra être fait, toutes les fois que le préfet du département le jugera convenable, une visite détaillée du pont* ET DE
SES ABORDS.

. . . .

Sur le refus de l'entrepreneur de payer cette somme, la contestation fut portée devant le conseil de préfecture de la Dordogne,
lequel, le 25 juillet 1849, rendit l'arrêté dont nous reproduisons
littéralement les termes, et dont la rédaction nous paraît laisser
quelque chose à désirer.

« Considérant, au fond, que par l'art. 4 du cahier des charges
des concessionnaires, ces expressions : *toutes ses parties*, ne laissent,
par leur étendue et leur généralité, aucun doute sur la nature, l'objet et la portée de l'engagement pris par le sieur *Escarraguel*, d'entretenir en bon état, pendant la durée de sa concession, tous les
travaux dont il était adjudicataire ; qu'alors qu'il a construit le pont,
ses chaussées, abords et dépendances, et qu'il lui a été, par suite,
accordé 20,000 fr. par le Trésor public, et le péage pendant
soixante années, il est tenu, pendant tout cet espace, de tenir, d'entretenir et de rendre en bon état tous les ouvrages compris dans
son entreprise ;

« Considérant que la clause finale de cet article 4 témoigne assez
qu'il en était chargé, puisqu'on réserve, au préfet, d'en faire une
visite détaillée quand il le jugera convenable, réserve qu'on n'au-

rait pas faite si l'administration eût été obligée à ces frais d'entretien, puisqu'alors l'examen et la visite étaient de droit, sans qu'on eût besoin de la réserve, ce qui eût été tout à la fois inutile et oiseux ;

« Considérant qu'on ne mentionnait pas au cahier des charges que le concessionnaire n'aurait à sa charge, que pendant six mois, l'entretien des chaussées et abords du pont, ce qu'on y mentionne toujours, quand il s'agit d'un pont construit sur une route départementale ou nationale (et le pont de Neuvic n'est pas dans ces conditions puisque ses abords font suite à un chemin vicinal), son absence indique que l'entretien est à la charge de l'adjudicataire jusqu'à la fin de sa concession, puisque sans cela on ne saurait fixer l'époque à laquelle il en est déchargé ;

« Considérant que l'art. 9 répétant presque les mêmes expressions consignées dans l'art. 4, et s'expliquant ainsi : « à l'expiration de la concession, le pont, mis en bon état, dans toutes ses parties, sera remis, ainsi que *ses dépendances*, à la voie de communication, » n'a entendu ni voulu dire que le pont seul serait entretenu par l'adjudicataire mais non ses dépendances ; que l'article a tranché la question ; mais qu'alors même que la phrase serait mal construite et vicieuse , on trouve dans ce qui précède et en consultant l'intention des parties et le sens général des clauses qui se lient entre elles et s'interprètent les unes par les autres, que le concessionnaire s'est chargé de l'entretien du pont et de ses abords, et qu'il devra, à l'expiration du péage de soixante ans, les remettre en bon état d'entretien : le conseil de préfecture :

« Arrête :

« Le sieur *Escarraguel,* entrepreneur du pont de Neuvic, est condamné à payer aux divers soumissionnaires et ouvriers, qui ont réparé le pont de Neuvic et abords, une somme de 349 fr. 71 c. montant de l'exécutoire délivré par M. le préfet ; il est, en outre, condamné à tous les frais. »

Le 31 octobre 1849, l'entrepreneur s'est pourvu contre cet arrêté. Il a soutenu que, chargé il est vrai, par l'art. 4 du cahier des charges, d'entretenir le pont de Neuvic, il ne devait pas être, par cela seul, regardé comme chargé d'en entretenir les abords, puisque nulle raison ne devait faire nécessairement considérer les abords d'un pont comme faisant partie intégrante du pont lui-même.

Il a cité à l'appui de cette opinion des arrêts du conseil d'État du 18 octobre 1836 et du 19 mars 1847.

Il a fait observer que, lorsque l'administration voulait comprendre les abords du pont dans l'ensemble des travaux à faire, elle avait soin de le mentionner d'une manière formelle, de façon à ne laisser, à cet égard, subsister aucun doute ;

Que ces mots de l'art. 4 : *dans toutes ses parties*, ne peuvent s'appliquer qu'aux ouvrages entrant dans la construction du pont et non dans les abords de ce même pont qui forment, évidemment, des travaux distincts et à part.

Le ministre de l'intérieur, auquel le pourvoi a été communiqué, a fait observer, en premier lieu, que les abords dont il s'agit ont été exécutés par le sieur *Escarraguel.* Or, il est de principe de droit commun que les entrepreneurs sont, pendant un certain temps, responsables des travaux qu'ils exécutent.

Ceci posé, dit M. le ministre, il ne paraît pas nécessaire de discuter longuement la prétention du sieur *Escarraguel,* prétention condamnée par l'art. 4 d'abord, puis par les art. 9 et 10 du cahier des charges qui sont ainsi conçus :

« Art. 9. *A l'expiration de la concession, le pont mis en bon état d'entretien aux frais du concessionnaire* DANS TOUTES SES PARTIES *sera remis, etc., etc.*

« *Les terrains achetés..... pour l'établissement* DES ABORDS *ne donneront lieu à aucune répétition.*

« Art. 10. *Lorsque les travaux seront achevés, il sera fait une reconnaissance générale du pont* ET DE SES ABORDS *en présence du concessionnaire, etc.* »

Ces articles, selon M. le ministre, ne peuvent laisser subsister aucun doute sur la valeur de la prétention de l'entrepreneur.

La question, a-t-il ajouté en terminant, a été déjà jugée dans une espèce identique par un arrêt du conseil d'État du 20 juillet 1849, qui a rejeté la réclamation des entrepreneurs.

Il a conclu à ce que celle de M. *Escarraguel* ait le même sort.

Le conseil d'État, après avoir entendu MM. Maigne et Cornudet, maîtres des requêtes, dans leurs rapport et conclusions, a rendu, le 24 mai 1851, l'arrêté suivant :

« Considérant que l'art. 4 du cahier des charges, ci-dessus visé, porte que le pont doit être constamment tenu en bon état *dans toutes ses parties*, et que les frais de toute nature, relatifs à ces objets comme ceux de construction première, et, le cas échéant, de reconstruction, sont à la charge du concessionnaire ;

« Que le même article ajoute que, pour assurer l'exécution de cette clause, il pourra être fait, toutes les fois que le préfet du département le jugera convenable, une visite détaillée du pont et de ses abords ;

« Qu'il résulte nécessairement de cette dernière disposition que l'entretien des abords est compris dans la clause dont il s'agissait d'assurer l'exécution ;

« Décide :

« Art. 1er. La requête du sieur *Escarraguel* est rejetée. »

Séance du 24 mai 1851.

Pourvoi de la commune de Chigy contre un arrêté du conseil de préfecture de l'Yonne du 12 février 1849, rendu sur la contestation existant entre cette commune et le sieur *Paupardin*, entrepreneur des travaux de reconstruction de la maison d'école. — Déchéance du pourvoi par expiration du délai.

Le 26 octobre 1840, le sieur *Paupardin* se rendit adjudicataire des travaux de grosse réparation et de reconstruction de la maison d'école de la commune de Chigy, arrondissement de Sens (Yonne), moyennant la somme de 6,644 fr. 70 pour les travaux prévus, et 174 fr. 32 pour ceux imprévus.

Le règlement de cette entreprise donna lieu à des difficultés entre la commune et l'entrepreneur. Ces difficultés qui roulaient sur la question de savoir à la charge de qui tomberait le prix de travaux faits en sus de l'évaluation du devis, furent portées devant le conseil de préfecture, qui rendit, le 12 févier 1849, un arrêté favorable à l'entrepreneur.

Contre cet arrêté, et par suite d'une délibération prise le 25 mars par le conseil municipal, la commune se pourvut au conseil d'État, au greffe duquel son pourvoi fut enregistré le 5 octobre suivant.

Dans le mémoire présenté en son nom, elle fit valoir, à l'appui de son pourvoi, les considérations qui lui paraissaient devoir en assurer l'admission ; l'entrepreneur, de son côté, fournit les raisons qui lui semblaient en motiver le rejet ; le ministre de l'intérieur, enfin, conclut aux mêmes fins que l'entrepreneur. Le conseil d'État, appliquant une fin de non-recevoir qui n'avait été relevée ni par l'entrepreneur ni par le ministre, et après avoir entendu MM. Reverchon et Dumartroy, maîtres des requêtes, dans leurs rapport et conclusions, a statué en ces termes :

« Considérant qu'il résulte de la délibération sus-visée, du 25 mars 1849, que l'arrêté du conseil de préfecture de l'Yonne, du 12 février précédent, a été notifié au maire de la commune de Chigy, le 19 du même mois, et que le conseil municipal en a eu connaissance complète ledit jour, 25 mars 1849 ;

« Qu'ainsi le pourvoi de ladite commune, formé seulement le 5 octobre 1849, a été introduit après l'expiration du délai de trois mois, déterminé par l'art. 11 du règlement du 22 juillet 1806 ;

« Décide :

« Art. 1er. La requête de la commune de Chigy est rejetée.

« Art. 2. La commune de Chigy est condamnée aux dépens. »

Séance du 31 mai 1851.

Pourvoi du sieur Roussel-Agnus contre un arrêté du conseil de préfecture de la Meuse du 24 août 1840. — Rejet du pourvoi par application de l'article 32 des clauses et conditions générales.

Le 16 juin 1840, M. Roussel-Agnus, entrepreneur de travaux publics, fut déclaré adjudicataire des travaux à faire pour l'établissement du pont canal de Troussay, sur la Meuse.

Le décompte définitif de ces travaux, dressé à la fin de l'entreprise, fut présenté à l'entrepreneur et accepté par lui, le 25 mai 1845, sauf deux réclamations relatives, l'une à des difficultés dans l'exécution de déblais, l'autre au prix à attribuer à la pierre de taille, sur lesquelles réclamations il fut statué par le ministre.

Environ deux ans après, c'est-à-dire en juin 1847, l'entrepreneur présenta au ministre une nouvelle réclamation fondée sur une omission dont il aurait été la victime. Il produisait un ordre de service qui contenait l'invitation de se servir, dans les travaux, de la chaux de Vezelise au lieu de celle de Toul prévue par le devis, et demandait, en conséquence (la chaux de Vezelise coûtant plus cher que l'autre), que la différence du prix lui fût supplémentairement accordée. Le ministre ayant cru devoir se refuser à accueillir cette demande, le conseil de préfecture de la Meuse, saisi de la difficulté, rendit le 24 août 1849, l'arrêté suivant :

« Considérant qu'aux termes de l'art. 32 des clauses et conditions générales, les métrages, états d'attachement, états de dépenses, états de situation et procès-verbaux de réception doivent être communiqués à l'entrepreneur et acceptés par lui, sauf par ce dernier, en cas de refus, à déduire, par écrit, ses motifs dans les dix jours qui suivent la présentation desdites pièces ; et, qu'en conséquence, il est expressément stipulé que l'entrepreneur ne sera jamais admis à élever de réclamation au sujet de ces pièces, après le délai de dix jours ;

« Attendu que le sieur Roussel-Agnus a accepté et signé, sans protestation ni réserve aucune, le décompte de son entreprise, ainsi qu'il le reconnaît lui-même ;

« Que, et passé le délai de dix jours, les pièces relatées en l'art. 32 précité, sont censées acceptées par l'entrepreneur, quand bien même il ne les aurait pas signées, ce qui le rend non-recevable à élever des réclamations contre le décompte de ses travaux, à plus forte raison doit-il en être ainsi de l'entrepreneur qui a accepté et signé son décompte sans réserve ; que c'est là une conséquence forcée du principe que le procès-verbal d'adjudication fait, comme tous les contrats, la loi des parties ;

« Attendu, d'ailleurs, que le sieur Roussel-Agnus n'allègue aucun fait d'où il résulte qu'il y aurait eu dans le décompte qu'il a dû examiner, et que, en tout cas, il a accepté, soit une erreur matérielle, soit une omission; qu'ainsi il n'est pas admissible à réclamer par la voie contentieuse, et qu'il n'y a pas lieu, en conséquence, de statuer sur le fond même de la réclamation, en raison de la déchéance par lui encourue ;

« Arrête : la demande du sieur Roussel-Agnus est rejetée. »

Le 27 novembre, l'entrepreneur s'est pourvu contre cet arrêté, au conseil d'État ; il a fait valoir les considérations d'équité qui militaient en sa faveur, et a cherché à établir que l'art. 32 des clauses et conditions générales ne devait trouver son application que dans le cas pour lequel il avait été rédigé, c'est-à-dire lorsque les vérifications étaient impossibles ou seulement difficiles.

Le ministre a répondu qu'en droit, l'art. 32 était absolu dans ses dispositions, et devait être appliqué toutes les fois que les réclamations de l'entrepreneur se produisaient plus de dix jours après la présentation officielle du décompte ; en fait, a-t-il ajouté, la réclamation de l'entrepreneur ne devrait pas être plus favorablement accueillie, puisque, des renseignements recueillis, il semble résulter que, nonobstant l'ordre dont excipe le sieur Roussel-Agnus, il serait intervenu entre lui et les ingénieurs des arrangements ultérieurs, par suite desquels il n'aurait été fourni qu'une très-minime partie de chaux de Vezelise.

Le conseil d'État, après avoir entendu M. Baumes, conseiller d'État, en son rapport, et M. Vuitry, maître des requêtes, dans ses conclusions, a statué en ces termes :

« Considérant qu'aux termes de l'art. 32 des clauses et conditions générales, les métrages généraux et partiels, les états d'attachement, les états de dépense, les états de situation et les procès-verbaux de réception doivent être communiqués à l'entrepreneur et acceptés par lui, ou que, faute, par lui, de les accepter, il doit, dans les dix jours, déduire, par écrit, ses motifs de refus sans qu'il puisse jamais élever de réclamations après ce délai, au sujet des pièces ci-dessus indiquées ;

« Considérant que les décomptes provisoires ou définitifs rentrent dans la catégorie des états de dépense et de situation auxquels s'applique ledit article ;

« Considérant qu'il résulte de l'instruction, et qu'il n'est pas contesté par le sieur Roussel-Agnus, que le décompte définitif des travaux de son entreprise lui a été présenté, et a été accepté et signé par lui, le 25 mai 1845, et que sa réclamation, à raison de l'erreur commise dans ledit décompte, sur le prix de la chaux, n'a été formée que plus de dix jours après cette époque ;

« Qu'ainsi, le conseil de préfecture de la Meuse a dû rejeter ladite réclamation par application de l'art. 32 des clauses et conditions générales ;

« Décide :

« Art. 1er. La requête du sieur Roussel-Agnus est rejetée. »

Séance du 31 mai 1851.

Pourvoi du ministre des travaux publics contre un arrêté du conseil de préfecture de l'Aube, du 31 décembre 1849, rendu en faveur des sieurs Simard et Hubert. — Interprétation de l'art. 32 des clauses et conditions générales. — Rejet du pourvoi.

Le 11 juillet 1846, MM. Simard et Hubert, entrepreneurs, furent déclarés adjudicataires des travaux à faire pour la rectificacation des côtes du Seigneur et de Lignol (Aube). Le 17 août 1847, une décision ministérielle prononça la résiliation du marché, et l'ingénieur de l'arrondissement dut procéder à la reconnaissance et au règlement des travaux exécutés.

Cette opération, à laquelle assista le sieur Simard, tant en son nom qu'en celui de son associé, eut pour résultat un métré et un état de situation réglant à 16,787 fr. 82 cent. le décompte des travaux exécutés. Les pièces furent communiquées, le 13 septembre 1847, au sieur Simard ès-noms. En réponse, celui-ci, le 17 du même mois, présenta au préfet une requête par laquelle il demandait une nouvelle reconnaissance, produisant, à l'appui de sa demande, des observations *sommaires* sur les erreurs contenues dans le décompte administratif, lequel décompte aurait dû, selon l'entrepreneur, s'élever à 21,502 fr. 12 c. Ces observations étaient accompagnées d'un état que l'entrepreneur proposait comme devant remplacer celui produit par l'administration.

Le 30 septembre, l'ingénieur fit notifier au sieur Simard une lettre par laquelle il l'invitait à développer ses réclamations dans le délai de l'art. 32 des clauses et conditions générales, en produisant un métré reproduisant spécialement les quantités d'ouvrages supplémentaires dont il demandait le payement. L'entrepreneur répondit qu'il lui suffisait d'avoir indiqué les points principaux, et que la nouvelle vérification qu'il demandait justifierait, dans tous ses détails, les chefs de sa réclamation.

L'ingénieur, prétendant que celle déjà faite ne laissait rien à désirer, ne crut pas devoir faire effectuer cette nouvelle opération ; l'entrepreneur, mis de nouveau en demeure de produire des observations détaillées, laissa passer sans répondre le délai de dix jours.

Le débat fut alors porté devant le conseil de préfecture de l'Aube, lequel, le 31 décembre 1849, rendit l'arrêté suivant :

« Considérant que des pièces sus-visées, il résulte que l'état de situation des travaux entrepris par les sieurs Simard et Hubert a été notifié à Simard, fondé de pouvoir du sieur Hubert, à la date du 13 septembre 1847 ;

« Que Simard a refusé d'accepter ledit état, ainsi qu'il en est justifié par sa requête du 10 du même mois ;

« Qu'à cette requête était joint un autre état de situation proposé par Simard, et présentant le détail des terrassements, des extractions et des travaux d'art, par quantité métrée, prix d'unité, et dépenses par articles ;

« Qu'ainsi les différences de métré, résultant de la comparaison des états de l'administration et de Simard, pouvaient suffisamment motiver la demande de vérification proposée par le requérant ;

« Que, d'autre part, cet état, tel qu'il est produit, n'a rien de contraire au texte et à l'esprit de l'art. 32 du cahier des clauses et conditions générales ;

« Que cette fin de non-recevoir n'est donc pas admissible ;

« Au fond :

« Considérant qu'entre les résultats trouvés par le métré de l'administration et celui de Simard, il existe une différence de 4,714 fr. 30 c.;

« Que cette différence ne peut être appréciée par le conseil sans le secours d'un homme de l'art ;

« Avant faire droit ;

« Arrête :

« Le sieur Oger, ancien conducteur des ponts-et-chaussées, domicilié à Soulaines, arrondissement de Bar-sur-Aube, est nommé par le conseil à l'effet de, dans un délai de deux mois, serment préalablement présenté devant M. le juge de paix du canton que le conseil commet spécialement à cet effet, et encore en présence de M. l'ingénieur en chef ou de son délégué, et du sieur Simard ou de son représentant, ou eux dûment appelés, rechercher les causes donnant lieu aux différences existant entre les états de situation de l'administration des ponts-et-chaussées et des sieurs Simard et Hubert ;

« A cet effet, il est autorisé à se transporter, autant que de besoin, sur les lieux des travaux ; à opérer de nouveau, s'il y a lieu, et autant que possible serait, le métré des susdits travaux ; à se faire représenter tous devis, cahier des charges, états de situation antérieurs, s'il en a été dressé, toutes pièces enfin propres à éclairer sa religion ;

« Pour du tout faire son rapport ; pour au vu d'icelui être ultérieurement statué ce que de droit, tous autres droits, moyens et dépens réservés. »

Par requête enregistrée le 24 avril 1850, le ministre des travaux publics s'est pourvu contre cet arrêté.

Il a prétendu que le conseil de préfecture avait méconnu le véritable sens de l'art. 52 des clauses et conditions générales, et attribué aux réclamations produites par Simard une valeur qu'elles n'avaient pas.

« En se bornant seulement, a dit le ministre, à opposer aux
« quantités du métré officiel d'autres quantités, sans indiquer les
« causes de différence, sans produire aucun attachement, aucun
« calcul, l'entrepreneur avouait que ses réclamations étaient faites
« en quelque sorte au hasard, sans base, qu'elles ne reposaient

« sur aucun document qui fût susceptible d'une discussion sé-
« rieuse.... Il est évident qu'elles ne répondaient pas à l'objet de
« l'art. 32. »

Le ministre a fait observer, en outre, que le sieur Simard avait
eu tout le temps nécessaire (du 13 septembre au 31 octobre) pour
formuler ses réclamations ; que si son ignorance de la portée des
dispositions de l'art. 32 pouvait lui servir d'excuse quant à la déchéance encourue le 23 septembre, cette ignorance avait dû cesser
lors de la dernière mise en demeure faite par le préfet, et le conseil de préfecture aurait dû prononcer la déchéance au moins
quant à ce dernier délai.

Le ministre a terminé en disant que si l'administration avait pu
croire un instant que le nouveau métré pût produire un résultat
plus exact que le premier, elle n'aurait pas hésité à y faire procéder ; mais aujourd'hui, toute nouvelle vérification serait inutile,
puisque un nouvel entrepreneur s'est emparé des travaux, et
il faudrait s'en tenir aux documents incomplets fournis par Simard.

Le ministre a donc conclu à l'annulation de l'arrêté du conseil
de préfecture de l'Aube.

Les entrepreneurs ne se sont pas défendus.

Le conseil d'État, après avoir entendu MM. Maigne et Reverchon, maîtres des requêtes, en leurs rapport et conclusions, a rendu
le 31 mai l'arrêté suivant :

« Considérant que, sur la notification qui lui a été faite, le
13 septembre 1847, du métré et de l'état de situation dressés par
les ingénieurs, le sieur Simard a adressé au préfet de l'Aube, le
17 du même mois, une réclamation accompagnée d'un état qui
contenait, avec l'indication des quantités évaluées par mètre, des
prix par unité et des dépenses par article, le détail des terrassements, des extractions et des travaux d'art qu'il prétendait avoir
exécutés, et dont le montant aurait excédé de 4,714 fr. 30 c. celui
du décompte qui lui était présenté et qu'il refusait d'accepter ;

« Considérant que ladite réclamation déduisait suffisamment les
motifs de ce refus ; qu'elle permettait de rechercher et de constater en temps utile les erreurs qui auraient pu être commises dans
le décompte, et les causes de ces erreurs, et qu'elle satisfai-

sait ainsi au vœu de l'article 32 des clauses et conditions générales ;

« Que, dès lors, c'est avec raison que le conseil de préfecture
de l'Aube a décidé qu'elle ne pouvait être rejetée par application
dudit article ;

« Décide :

« Art. 1er. — Le pourvoi du ministre des travaux publics est rejeté. »

Séance du 31 mai.

Pourvoi du ministre des travaux publics contre un arrêté du conseil de préfecture du Loiret, du 23 mai 1847, rendu en faveur des sieurs Leluc et Fougeu. — Interprétation de l'art. 11 des clauses et conditions générales.

Le 8 mars 1843, les sieurs Leluc et Fougeu, entrepreneurs, se
rendirent adjudicataires des terrassements à faire pour la construction du chemin de fer d'Orléans à Vierzon, dans la traversée des
communes de Saint-Jean-le-Blanc et Saint-Cyr. L'évaluation des
travaux montait à 207,588 f. 93.

Le décompte, qui leur fut présenté à la fin des travaux, donna
lieu, de leur part, à deux réclamations, qui se réduisirent à une
seule, et qui consistait en une demande en remboursement du
supplément de prix qu'ils avaient été obligés de payer pour indemnités de terrains occupés. Le prix de ces terrains était fixé,
par le devis, à 0 fr. 20 par mètre superficiel sur la commune de
Saint-Jean-le-Blanc, et à 0 fr. 05 id., sur la commune de Saint-
Cyr. La réclamation des entrepreneurs s'élevait, de ce chef, à
20,145 fr. 16.

Cette réclamation, rejetée d'abord par le ministre, fut portée
devant le conseil de préfecture du Loiret, qui rendit, le 23 mai
1847, l'arrêté suivant :

« Attendu que, suivant le devis joint au cahier des charges pour l'adjudication des travaux du chemin de fer d'Orléans à Vierzon, les indemnités à payer aux propriétaires des terrains destinés à être enlevés pour remblais sur le chemin, ou à recevoir en dépôt des déblais, ont été évalués, par mètre de superficie, savoir : dans la commune de Saint-Jean-le-Blanc à 20 cent., ce qui portait l'hectare de terrain à 2,000 fr., et dans la commune de Saint-Denis-en-Val à 5 cent., ce qui donnait 500 fr. par hectare ;

« Attendu que, lors de l'exécution des travaux, il a été reconnu que les terrains nécessaires à l'établissement du chemin ne pourraient être obtenus par l'administration, au chiffre des évaluations faites lors du projet, et que, par lettre du 8 septembre 1843, M. le secrétaire d'État au département des travaux publics a approuvé un rapport de M. l'ingénieur en chef Floucaud, proposant d'acquérir des terrains au prix de 7,200 fr. l'hectare dans la commune de Saint-Jean-le-Blanc, et au prix de 1,830 fr. dans la commune de Saint-Denis-en-Val, en autorisant même à dépasser ces limites d'un cinquième à l'égard des propriétaires qui auraient refusé des offres au-dessous des prix qui viennent d'être indiqués ;

« Attendu qu'il est résulté des divers traités faits au nom de l'administration, sur les indications de MM. les ingénieurs pour l'achat des terrains destinés à l'établissement du chemin, que le prix moyen a été de 6,011 fr. par hectare dans la commune de Saint-Jean-le-Blanc, et de 2,236 fr. dans la commune de Saint-Denis-en-Val ;

« Attendu qu'il résulte également des traités faits par les entrepreneurs pour enlèvement ou dépôts de terres sur des propriétés voisines du chemin de fer, que le prix moyen par hectare, a été de 3,546 fr. dans la commune de Saint-Jean-le-Blanc, et de 2,366 fr. dans celle de Saint-Cyr-en-Val ;

« Attendu qu'il est dès lors constant et même reconnu, dans les rapports de MM. les ingénieurs, que les entrepreneurs ont subi une différence très-considérable entre les prix portés aux devis, et celui qu'ils ont payé aux propriétaires, différence qu'ils portent, dans leurs conclusions, à la somme de fr. 20,145, 15 c. ;

« Attendu que la réclamation des entrepreneurs, maintenant soumise au conseil, se trouve ainsi justifiée sous le rapport de l'équité, qu'alors il convient de l'examiner sous lo point de vue légal ;

« Attendu que la recevabilité de cette action est contestée par

MM. les ingénieurs qui, dans leurs rapports, fondent leurs opinions sur les dispositions des articles 9, 11 et 39 du cahier des clauses et conditions générales, annexé à la circulaire de M. le directeur général des ponts et chaussées, en date du 25 août 1833, ainsi que sur la disposition de l'article 24 du devis et cahier des charges pour l'adjudication des travaux dont il s'agit ;

« Attendu qu'il y aurait une rigueur excessive à donner, à l'art. 11 du cahier des charges générales des adjudications pour travaux publics, une interprétation telle qu'il faudrait repousser une réclamation fondée même sur une erreur de fait qu'un entrepreneur n'aurait pas pu vérifier avant l'adjudication ; le § 1er de cet article permet même de penser que le rédacteur du cahier dont il s'agit a eu en vue des matériaux proprement dits, bois, fers, pierres, qu'il est facile de se procurer dans le commerce à un prix que tout entrepreneur doit connaître, tandis que lorsqu'il s'agit de parcelles de terrain à acquérir sur une ligne étendue, il n'y a guère que les premières négociations avec les propriétaires qui puissent éclairer sur les prix à payer ;

« Enfin, il est même à remarquer que l'art. 24 des conditions spéciales, en mettant à la charge des entrepreneurs l'obligation de régler avec les propriétaires les indemnités pour emprunts ou dépôts de terre, ne reproduit pas l'énoncé du § 3 de l'article dont il s'agit.

« Attendu que l'art. 39 du même cahier prouve clairement l'intention de former, dans les adjudications, qui sont de véritables contrats de louage, un contrat commutatif entre l'administration et les entrepreneurs, puisqu'il accorde également à l'administration et aux entrepreneurs le droit de faire résilier l'adjudication lorsque, dans le cours de l'entreprise, les prix viennent à subir une augmentation ou une diminution notable ;

« Attendu qu'il résulte de tous les documents de l'affaire, que le prix qu'il a fallu, en définitive, accorder aux propriétaires pour enlèvement ou dépôt de terres, a été imprévu même de la part de MM. les ingénieurs, puisqu'on ne peut admettre qu'ils auraient sciemment abaissé, à plus de moitié, le chiffre des indemnités à payer aux propriétaires;

« Attendu que cette différence entre le chiffre des indemnités à payer et celui que les entrepreneurs ont été obligés de subir, a été si notable qu'ils auraient eu le droit, conformément à l'art. 39 des conditions générales, de faire prononcer la résiliation de l'adjudication ;

« Attendu qu'il y aurait de l'injustice à les repousser maintenant par une fin de non recevoir, puisque, s'ils n'ont pas donné suite à l'action qui leur appartenait, c'est à raison de l'espérance qui leur a été donnée d'une indemnité gracieuse lorsque, comme préliminaire à cette action, ils ont demandé, à la date du 12 mai 1843, une estimation des terrains dont ils devaient s'emparer ;

« Attendu qu'il y aurait également peu de justice à leur opposer qu'ils avaient la faculté de faire régler les indemnités par le conseil de préfecture : que d'abord leur demande, dont on vient de parler, était encore un préalable nécessaire et de prudence pour pouvoir utilement attaquer les propriétaires, et qu'ensuite on ne peut pas supposer qu'en présence des traités faits par les ingénieurs pour achats de terrains nécessaires à l'établissement du chemin et des décisions du jury lorsque les propriétaires ont refusé les offres de l'administration, il eût été possible, pour les entrepreneurs, d'obtenir, devant le conseil de préfecture, des prix au-dessous de ceux qu'ils ont payés par suite de traités amiables ;

« Attendu que ces prix ont été de plus de 1,100 fr. par hectare, au-dessous de ceux payés par l'administration ; qu'il est vrai que le fonds des terrains a été laissé aux propriétaires, mais dans un tel état de dégradation et d'infertilité qu'il demeure encore constant que les prix payés par les entrepreneurs n'ont certainement pas dépassé ceux payés par les ingénieurs, si on fait acception des 11,000 fr. payés en moins par ces entrepreneurs ;

« Attendu que, si l'espérance qui leur a été donnée d'une indemnité gracieuse a dû déterminer les entrepreneurs à ne pas intenter l'action en résiliation de l'adjudication, il est juste, maintenant, que cette indemnité a été refusée, de les rétablir dans leurs droits primitifs, non pas pour résilier l'adjudication, ce qui n'est plus possible, mais pour, au moins, leur accorder un dédommagement égal à la perte qu'ils voulaient éviter sur le prix des terrains.

« Attendu que cette perte, telle qu'elle est exprimée dans les conclusions des réclamants, n'est point contestée dans son chiffre par MM. les ingénieurs, au moins quant à la plus-value qui a été payée ; qu'elle résulte d'ailleurs de documents qui méritent toute confiance ; mais qu'on ne peut ajouter à cette plus-value deux sommes qui font partie des réclamations des entrepreneurs, savoir : celle de 1,740 fr. 59 c. pour frais d'expertise, et celle de 1,700 fr. pour des récoltes qui auraient existé sur ces terrains, sans qu'il existe à cet égard des preuves suffisantes ;

« Qu'il résulte de ces dernières observations que la plus-value des terrains payée par les entrepreneurs doit se réduire à 16,698 fr. 36 c.

« Arrête :

« Il sera ajouté à la somme de 187,585 fr. 87 c., montant du décompte des travaux faits par les sieurs Leluc et Fougeu, sur le chemin de fer d'Orléans à Vierzon, la somme de 16,698 fr. 56 c., pour plus-value des terrains que ces entrepreneurs ont été obligés d'emprunter sur les terres voisines du chemin de fer, pour déblais et remblais, et en conséquence le décompte définitif est fixé à la somme de 204,284 fr. 43 c.

Le 26 juillet 1845, le ministre des travaux publics s'est pourvu au conseil d'État contre cet arrêté ; il a fait valoir, à l'appui de son pourvoi, les considérations suivantes :

Le conseil de préfecture ne pouvait, sans excéder les limites de sa compétence, se préoccuper de questions d'équité allant à l'encontre des clauses du marché contenues notamment dans l'art. 24 du devis de l'entreprise, et dans l'art. 11 des clauses et conditions générales.

L'art. 24 du devis de l'entreprise était ainsi conçu :

« *Tous les terrassements, quel que soit la nature des terres, seront payés aux prix des sous-détails. . . . . Il demeure bien entendu, d'ailleurs, que tous les dommages causés aux propriétés riveraines pour emprunts ou dépôts de terre, pour passages, etc., resteront au compte de l'entrepreneur.* »

Un prix unique, continue le ministre, était fixé pour le mètre cube de terrassements ; ce prix contenait les indemnités pour occupation de terrains ; le sous-détail expliquait dans quelles proportions ces indemnités étaient entrées dans la composition des prix ; dans cette position, l'art. 11 excluait évidemment toute réclamation.

Peu importait au conseil de préfecture qu'il lui parût y avoir rigueur extrême à appliquer cet article ; la question était seulement de savoir s'il y avait ou non nécessité légale de l'appliquer.

Quant à la distinction qu'on a voulu établir en prétendant que l'art. 11 des clauses et conditions générales ne s'occupe que des matériaux, rien ne la justifie; l'article 11 est absolu dans ses termes, et le mot *matériaux* embrasse indistinctement tous les objets qui peuvent être compris dans un sous-détail.

Enfin l'art. 24 du devis, plus haut cité, s'opposait plus nettement encore, s'il était possible, à l'admission de la réclamation des entrepreneurs.

Le ministre a conclu à l'annulation de l'arrêté du conseil de préfecture.

Les entrepreneurs ont répondu qu'en droit, l'art 11 n'était pas applicable à l'espèce, puisqu'il ne prévoyait que l'achat, la fourniture, le transport, etc., de *tous les matériaux.* Or, les indemnités de terrains ne sont pas des matériaux. Ce qui le prouve, c'est que le devis, article 24, a eu besoin d'une disposition particulière suppléant à l'insuffisance de l'art. 11, et qui, sans cela, ferait double emploi avec ce dernier. Mais cet article 24 n'interdit pas, comme l'art. 11, aux entrepreneurs, le droit de réclamer contre les prix du devis pour erreur ou omission; c'est pourquoi, nonobstant l'art 11, les entrepreneurs ont été en droit de présenter, et le conseil de préfecture d'admettre la réclamation susdite, puisque l'art. 24, seul applicable dans l'espèce, ne contient pas la clause rigoureuse de l'art. 11. En droit donc, l'arrêté du conseil de préfecture est inattaquable.

En fait, la réclamation des entrepreneurs ne pouvait être sérieusement contestée. En effet, l'administration a reconnu elle-même l'erreur de sa première estimation, puisqu'elle a, en faisant l'acquisition des terrains nécessaires à l'établissement du chemin de fer, payé ces mêmes terrains 3,903 fr. l'hectare, c'est-à-dire le double de ce qu'elle allouait, pour le même objet, aux entrepreneurs. Elle n'a, d'ailleurs, jamais contesté, en fait, le mérite de la réclamation des entrepreneurs, et elle a elle-même concouru à en élever le chiffre, en attribuant, par ses propres opérations, aux terrains, une valeur bien supérieure à celle qu'elle leur fixait dans le devis.

En fait donc, comme en droit, ont dit, en terminant, les entrepreneurs, la décision du conseil de préfecture est fondée et il y a lieu de la maintenir.

Le conseil d'État, après avoir entendu MM. Lucas et Dumartroy, maîtres des requêtes, en leurs rapport et conclusions, a rendu le 4 mai l'arrêté suivant :

« Considérant que, dans la composition des prix portés au devis qui a servi de base à l'adjudication passée aux sieurs Leluc et Fougeu, était comprise l'indemnité à payer aux propriétaires pour emprunt de terre ou occupation de terrains ; qu'aux termes de l'art. 11 des clauses et conditions générales, l'entrepreneur ne peut, sous aucun prétexte d'erreur ou d'omission, dans la composition des prix de sous-détail, revenir sur les prix par lui consentis ;

« Considérant d'ailleurs qu'aux termes de l'art. 24 du devis, tous les dommages causés aux propriétés riveraines pour emprunts ou dépôts de terres, pour passage, etc., devaient rester au compte de l'entrepreneur ; que, dès lors, c'est à tort que le conseil de préfecture a accordé aux sieurs Leluc et Fougeu une indemnité pour plus-value des terrains empruntés pour l'exécution des travaux dont ils étaient adjudicataires ;

« Décide :

« Art. 1er. L'arrêté du conseil de préfecture du Loiret, en date du 23 mars 1847, est annulé. »

Séance du 14 juin 1851.

Pourvoi de M. Grandidier, architecte à Neufchâteau, contre un arrêté du conseil de préfecture des Vosges, du 29 août 1846. — Déchéance du pourvoi comme ayant été formé plus de trois mois après la notification administrative.

Vers la fin de 1841, la municipalité de la commune de Grand voulant faire élever une halle et une maison d'école, s'adressa à M. Grandidier, architecte à Neufchâteau, pour avoir, de lui, un projet de construction.

Ce projet, dressé en janvier 1842, fut successivement approuvé par le Conseil général des bâtiments civils, par le ministre de l'intérieur, et les travaux, mis en adjudication, furent, le 4 janvier 1843, adjugés aux sieurs Étienne (J.) et Régnier, entrepreneurs.

A l'expiration des travaux, et sur la demande formée, par les entrepreneurs, en règlement définitif, diverses difficultés s'élevèrent relativement à la manière dont les travaux avaient été exécutés, et notamment aux proportions données à la toiture.

Ces difficultés furent portées devant le Conseil de préfecture des Vosges, qui rendit, le 29 août 1846, un arrêté par lequel le sieur Grandidier, architecte, était condamné à rétablir, à ses frais, la pente de la toiture, en reconstruisant la charpente et en lui donnant une flèche de 3^m 10, ainsi que l'exigeait le devis.

Le 24 septembre 1847, M. Grandidier s'est pourvu en Conseil d'État contre cet arrêté.

Il a développé plusieurs considérations desquelles résultait, selon lui, la décharge de toute responsabilité pour lui-même, en même temps qu'elles impliquaient celle des entrepreneurs.

Ceux-ci ont répondu en invoquant une fin de non-recevoir, tirée de ce que le pourvoi aurait été tardivement formé. En effet, ont-ils dit, l'arrêté attaqué a été notifié administrativement au sieur Grandidier le 14 septembre 1846 ; or, le délai pour se pourvoir étant fixé à 3 mois par l'art. 11 du décret du 22 juillet 1806, le pourvoi aurait dû être formé, au plus tard, le 15 novembre suivant ; or, il ne s'est produit que le 24 septembre 1847; il y a donc déchéance.

Ils ont, en outre, présenté des moyens au fond.

M. le ministre de l'intérieur, appelé à donner son avis sur le pourvoi, a soulevé la même fin de non-recevoir ; au fond, il a, d'ailleurs, par divers motifs, conclu à ce que l'arrêté annulé fût maintenu.

Le sieur Grandidier, dans sa réplique, a dit que la fin de non-recevoir ne lui devait pas être appliquée, attendu que la notification de l'arrêté, à lui faite, n'était pas régulière, n'ayant pas été faite par huissier ; que ce n'était donc pas à cette première notification qu'il fallait s'arrêter, mais bien à une seconde, faite judiciairement par la commune, le 25 juin 1847; or, du 25 juin 1847 au 24 septembre suivant il n'y a pas trois mois.

Le Conseil d'État a statué en ces termes :

« Considérant que l'arrêté sus-visé du Conseil de préfecture des Vosges, du 29 août 1846, a été notifié au sieur Grandidier le 14 septembre suivant ;

« Qu'ainsi le pourvoi dudit sieur Grandidier, introduit seulement le 24 septembre 1847, a été formé hors du délai de 3 mois, fixé par l'art. 11 du décret du 22 juillet 1806 ;

« Décide :

« Art. 1er. — La requête du sieur Grandidier est rejetée.

« Art. 2. — Le sieur Grandidier est condamné aux dépens. »

Séance du 21 juin 1851.

Pourvoi du préfet du Pas-de-Calais contre un arrêté du conseil de préfecture de ce département, du 4 novembre 1848, rendu en faveur du sieur Leloir. — Déchéance du pourvoi comme ayant été formé plus de trois mois avant la connaissance acquise de l'arrêté attaqué.

Le 13 juin 1837, M. Leloir, entrepreneur de travaux publics, fut déclaré adjudicataire des travaux de reconstruction de l'hôtel et des bureaux de la préfecture d'Arras, détruits par un incendie.

Le règlement de ces travaux donna lieu à des difficultés sur lesquelles intervint, le 4 novembre 1848, un arrêté du conseil de préfecture du Pas-de-Calais dont il serait inutile de rapporter les termes.

Le 24 avril 1849, cet arrêté fut déféré au conseil d'État par le préfet du Pas-de-Calais, à ce autorisé par le conseil général du département.

L'entrepreneur se défendit d'abord sur le fond et forma lui-même un pourvoi incident, puis, par un dernier mémoire produit en juin 1851, il fit valoir, contre le pourvoi du préfet, une fin de non-recevoir tirée de la tardiveté du pourvoi.

En effet, a-t-il dit, il résulte de la délibération du conseil général qui a autorisé le préfet à se pourvoir, que l'arrêté attaqué était connu de ce fonctionnaire le 30 novembre 1848 ; or le pourvoi n'ayant été formé que le 23 avril 1849, il y a évidemmeut, d'après la jurisprudence du conseil d'État, déchéance par expiration du délai.

Le conseil d'État après avoir entendu MM. de Bussière et Cornudet, maîtres des requêtes, dans leurs rapport et conclusions, a admis ce système en ces termes :

« Considérant qu'il résulte de la délibération ci-dessus visée du conseil général du Pas-de-Calais, qu'à la date de 30 novembre 1848 ledit conseil avait connaissance pleine et entière de l'arrêté du conseil de préfecture du 4 novembre précédent; que le pourvoi du préfet du Pas-de-Calais n'a été enregistré que le 24 avril 1849, par conséquent hors du délai prescrit par l'art. 11 du réglement susvisé, et que, dès lors, il n'est point recevable.

« En ce qui touche le pourvoi incident du sieur Leloir ;

« Considérant que la recevabilité du recours incident est subordonnée à celle du pourvoi principal ;

« Décide :

« Art. 1er. Le pourvoi du préfet du Pas-de-Calais ès-noms, et le pourvoi incident du sieur Leloir contre l'arrêté du conseil de préfecture du Pas-de-Calais du 30 novembre 1848, sont rejetés.

« Art. 2. Les dépens sont compensés entre les parties. »

Comme on le voit, le conseil d'État persiste avec ardeur dans la jurisprudence, à notre sens regrettable, qu'il a malheureusement adoptée. Peu importe que la partie défenderesse ait elle-même notifié la décision attaquée postérieurement à l'époque où celle demanderesse en a pu avoir connaissance, reconnaissant par là que cette connaissance ou n'a pas existé, ou n'a pas été suffisante ; peu importe encore que la partie, qui pourrait avoir intérêt à invoquer ces fins de non-recevoir, ne le fasse pas, le conseil ne s'arrête à aucune de ces considérations et prononce d'office, indistinctement et avec une incroyable rigueur, les déchéances dont l'application forme à elle seule presque la moitié de tous les arrêts rendus par le conseil. Cette méthode est prompte et expéditive sans nul doute puisqu'elle dispense d'examiner le fond, mais elle

ne nous semble satisfaire ni à l'esprit ni au texte de la loi, ni aux
intérêts légitimes des justiciables. L'abus de cette jurisprudence
commence à se produire et frappe tous les yeux ; espérons que la
sagesse du conseil et son amour pour la justice l'amèneront à mé-
diter de nouveau sur cette importante question et à modifier une
jurisprudence dont les résultats sont désastreux autant pour l'État
que pour les particuliers.

———

Séance du 28 juin 1851.

Pourvoi du ministre des travaux publics contre un arrêté du conseil de préfecture de Tarn-et-Garonne du 13 avril 1849, rendu en faveur du sieur Gausserand. — Déchéance du pourvoi comme ayant été formé plus de trois mois après la connaissance acquise de l'arrêté attaqué.

M. Gausserand, entrepreneur du pont-canal de Moissac, sur le
canal latéral à la Garonne, souleva, lors du règlement des travaux, des difficultés qui furent appréciées, le 13 avril 1849, par
le conseil de préfecture de Tarn-et-Garonne, dont il serait inutile
de rapporter l'arrêté.

Le 14 octobre de la même année, le préfet fit notifier cet arrêté
à l'entrepreneur ; plus tard, le ministre des travaux publics ayant
jugé convenable de se pourvoir au conseil d'État contre ce même
arrêté, forma son pourvoi, qui fut enregistré au greffe le 1er mai
1850.

Il prétendait que le conseil de préfecture de Tarn-et-Garonne
avait violé la loi du 28 pluviôse an VIII, en accordant une indemnité à l'entrepreneur en dehors des clauses de son marché.

Ce dernier s'est défendu en invoquant une fin de non-recevoir
tirée de ce que le ministre aurait laissé écouler plus de trois mois
entre la notification faite à lui, entrepreneur, le 14 octobre 1849,
et l'introduction du pourvoi formé seulement le 1er mai 1850.

Le conseil d'État, après avoir entendu MM. Louyer-Villermay et Dumartroy, maîtres des requêtes, dans leurs rapport et conclusions, a accueilli ce système dans les termes suivants :

« Considérant qu'il est reconnu, par le ministre des travaux publics, que le préfet du département de Tarn-et-Garonne, agissant au nom de l'État, a fait notifier le 14 octobre 1849, au sieur Gausserand, l'arrêté rendu le 13 avril précédent par le conseil de préfecture dudit département ;

« Considérant que le ministre des travaux publics ne s'est pourvu contre ledit arrêté que le 1er mai 1850 ; que, dès lors, ledit pourvoi a été formé hors du délai de trois mois fixé par l'art. 11 du décret réglementaire du 22 juillet 1806 ;

« Décide :

« Art. 1er. Le pourvoi du ministre des travaux publics est rejeté.

« Art. 2. L'État, en la personne du ministre des travaux publics, est condamné aux dépens. »

* * *

Séance du 5 juillet 1851.

Pourvoi du ministre des travaux publics contre un arrêté du conseil de préfecture de la Haute-Saône du 16 mars 1847, rendu sur la requête des sieurs Paillotet et Vivet. — Régie. — Excès de pouvoir.

Le 6 janvier 1845, les sieurs Vivet et Paillotet ont été déclarés adjudicataires des travaux de construction d'une écluse avec perrés, sur le canal de Savoyeux (Haute-Saône).

L'administration ayant cru devoir se plaindre de la construction défectueuse des perrés, ainsi que de plusieurs autres infractions aux conditions de l'entreprise, un arrêté du préfet de la Haute-Saône, en date du 25 septembre 1846, enjoignit aux entrepreneurs, sous peine de mise en régie, de démolir les perrés mal exécutés, d'achever, dans un délai déterminé, certaines portions de travaux en retard, et, enfin, de renvoyer dans les vingt-quatre heures, des chantiers de l'écluse, le sieur Gayet, leur agent.

Ces prescriptions n'ayant pas été remplies, la mise en régie eut immédiatement lieu. Les sieurs Vivet et Paillotet, contestant les dires des ingénieurs et la légalité des mesures prises à leur égard, saisirent le Conseil de Préfecture de leurs réclamations.

Le 16 mars 1847, ce conseil rendit un arrêté préparatoire par lequel, considérant que les parties n'étaient pas d'accord sur les points de fait, il ordonna qu'il serait procédé, par un expert désigné dans l'arrêté même, à la visite et reconnaissance des travaux, afin de constater si les portions de ces travaux, dont les ingénieurs avaient provoqué la démolition, étaient ou non conformes aux prescriptions des devis et des plans.

L'arrêté portait en outre « *qu'il ne serait rien changé à l'état de* « *choses actuel, quant aux perrés et à leurs enrochements, jusqu'à* « *la décision à intervenir.* »

Le ministre des travaux publics s'est pourvu contre cette dernière disposition de l'arrêté du Conseil de Préfecture.

Il a fait observer que, par cette mesure, le Conseil de Préfecture avait prononcé la suspension des travaux de la régie. Or la mise en régie est un acte purement administratif de la compétence exclusive des préfets, et qui ne peut être soumis à la critique des Conseils de Préfecture. La compétence de ces conseils, en pareille matière, se borne à l'examen des conséquences que les mises en régie peuvent avoir vis-à-vis des entrepreneurs, mais elle ne va pas au delà. Le ministre en a conclu que le Conseil de Préfecture avait commis un excès de pouvoir, et qu'il y avait lieu d'annuler son arrêté dans celle de ses dispositions qui prescrivait la suspension des travaux de la régie ordonnée par l'arrêté du préfet.

Dans leur mémoire en défense, les sieurs Vivet et Paillotet ont soutenu, au contraire, que le Conseil de Préfecture avait pu prononcer ainsi qu'il l'a fait, sans commettre aucun excès de pouvoir, ni violer aucune loi. Sans doute, ont-ils dit, les Conseils de Préfecture, tribunaux administratifs, ne peuvent pas, plus que les tribunaux ordinaires, s'immiscer dans les opérations administratives et entraver l'action des préfets ; mais il est des cas où la loi, les constituant juges entre l'administration et les entrepreneurs de travaux publics, leur confère nécessairement le pouvoir d'examiner la légalité des actes sur lesquels repose le litige. Ils pourraient déclarer illégale ou irrégulière la mise en régie qui aurait été ordonnée contrairement aux clauses du contrat administratif, ou sans l'observation des formes prescrites, d'où il suit qu'ils peuvent aussi, quand il y a nécessité d'éclairer préalablement des faits contestés, ordonner que la mesure arguée d'illégalité n'aura pas d'exécution jusqu'à ce qu'il ait été statué sur sa valeur. Or l'arrêté attaqué n'a rien fait de plus. Les défendeurs ont conclu en conséquence à son maintien.

Le conseil d'État, après avoir entendu MM. de Bussière et Dumartroy, dans leurs rapport et conclusions, a statué en ces termes :

« Considérant que, si le Conseil de Préfecture était compétent pour décider qu'il ferait procéder par un expert à la visite et reconnaissance des travaux exécutés par les sieurs Paillotet et Vivet, il n'a pu, sans excéder ses pouvoirs, ordonner qu'il ne serait rien changé aux constructions dont la démolition avait été prescrite par l'arrêté ci-dessus visé du préfet :

« Décide :

« Art. 1er. L'arrêté du Conseil de Préfecture de la Haute-Saône, en date du 16 mars 1847, est annulé, pour excès de pouvoir, dans celle de ses dispositions portant « *qu'il ne sera rien changé à l'état* « *des choses actuel, quant aux perrés et à leurs enrochements, jus-* « *qu'à décision à intervenir.* »

D'après l'art. 21 des clauses et conditions générales, le préfet peut, sur la demande des ingénieurs, prendre un arrêté de mise en demeure, arrêté qui, selon les circonstances, peut être suivi d'une mise en régie. Cette disposition du règlement a été prise pour le cas où il deviendrait nécessaire de faire faire directement ce que l'entrepreneur refuse ou néglige de faire, refus ou négligence qui peut entraver la meilleure ou la plus prompte exécution des travaux. Dans cette occurrence, le Conseil d'État a pensé que soumettre à l'appréciation des Conseils de Préfecture l'opportunité de l'exécution des travaux à faire en régie, c'était soumettre à des lenteurs funestes la perfection d'ouvrages souvent urgents. Il a donc pensé qu'il fallait que toujours, et en tous cas, les travaux de la régie fussent exécutés, tous droits réservés, et quitte à l'entrepreneur à réclamer plus tard tant contre ce que la régie lui ferait perdre que contre ce que son établissement lui ferait manquer de gagner. Dans notre espèce, le Conseil de Préfecture s'était immiscé, en les suspendant, dans l'exécution elle-même des travaux en régie, il s'était mis par là en contradiction avec la jurisprudence du Conseil d'État. Aussi l'arrêté a-t-il été réformé.

———

Séance du 14 juin 1851.

Pourvoi du sieur Bodin, fermier du péage du pont de la Roche-de-Glun, contre un arrêté du Conseil de Préfecture de la Drôme du 11 août 1849. — Règlement d'indemnité pour dépossession d'un droit de péage avant le terme du bail. — Rejet du pourvoi.

Le 30 septembre 1844, M. Bodin fut déclaré fermier du péage du pont de la Roche-de-Glun, sur l'Isère, moyennant une redevance annuelle de 53,000 fr. ; le bail devait partir du 1er janvier 1845 et se prolonger jusqu'au 5 août 1847; il ne contenait aucune clause résolutoire au profit de l'État.

Le 4 février 1847, le préfet de la Drôme invita le sieur Bodin à cesser toute perception, attendu que, par décision du 27 janvier précédent, le ministre des finances avait supprimé le péage.

Le pont de la Roche-de-Glun fait partie de la route nationale n° 7, de Paris à Antibes, la voie la plus importante et la plus fréquentée de Marseille à Paris, et on voulait faciliter le passage des immenses convois de grains qui se dirigeaient alors des ports de la Méditerranée vers le nord de la France.

Restait à régler l'indemnité due au sieur Bodin pour le temps de perception qui lui restait à courir. Les demandes par lui faites s'élevaient à 52,000 fr., puis descendirent à 46,200 fr. et enfin s'arrêtèrent à 38,500 fr.

Les ingénieurs proposèrent une indemnité de 25,500 fr. qui fut élevée par un arrêté préfectoral à 31,000 fr.

Rédigé sur la demande du ministre des travaux publics, un second rapport des ingénieurs conclut à une indemnité de 27,966 fr., puis le ministre des finances offrit 33,000 fr., somme acceptée par Bodin mais refusée par le pouvoir législatif.

Croyant devoir alors s'adresser à l'autorité judiciaire, Bodin saisit le tribunal civil de Valence de sa réclamation, mais le préfet de la Drôme fit admettre l'exception d'incompétence et l'affaire fut déférée au Conseil de Préfecture de la Drôme, lequel rendit, le 11 août 1849, l'arrêté suivant :

« Considérant que l'indemnité à allouer au fermier évincé doit être égale à la somme des bénéfices dont il a été privé pendant les six mois dont la jouissance du péage lui a été retirée sans son consentement ;

« Considérant que pour arriver, sous ce rapport, à une appréciation exacte, il eût fallu, contradictoirement avec le fermier évincé, faire constater, immédiatement après la suppression du péage et jusqu'à l'expiration du terme du bail, à l'aide d'un comptage journalier, la somme des produits dont la perception aurait été faite si le péage avait été continué pendant cette période de temps ;

« Considérant qu'il est à regretter que cette précaution n'ait pas été prise alors, mais qu'il serait inopportun et même inutile aujourd'hui de recourir à de nouvelles preuves pour déterminer d'une manière précise le montant des bénéfices que le fermier aurait réalisés si le bail eût été pleinement exécuté ;

« Considérant qu'il résulte de l'instruction qu'à l'appui de ses assertions et de ses calculs, le sieur Bodin ne justifie de la tenue d'aucune comptabilité qui puisse en constater l'exactitude, et que l'énorme disproportion existant entre les différentes prétentions qu'il a émises, démontre évidemment qu'il ne les a établies que sur des données vagues et incertaines auxquelles il n'est pas possible d'ajouter foi ;

« Considérant que les propositions des ingénieurs reposent, au contraire, sur un mode de comptage opéré et revisé avec soin, et présentant des éléments d'appréciation peu contestables ; qu'en supposant d'ailleurs que quelques omissions, sans doute d'une minime importance, eussent pu être commises dans ce travail, l'on peut, avec raison, en compenser les conséquences avec l'accroissement de circulation, qui, quoique compris dans le comptage, a

pu être seulement causé par le fait même de la suppression du
péage, dont le résultat a été certainement d'imprimer dès lors un
mouvement de transport beaucoup plus considérable parmi les
populations des localités voisines du pont ;

« Considérant que le Conseil appelé à prononcer un jugement
sur la fixation de l'indemnité ne saurait admettre le terme moyen
qui a servi de base au règlement déjà intervenu par forme de transaction ; qu'un tel système serait en effet irrationnel, en ce qu'il
entraînerait des conséquences essentiellement variables et exclu-
sives de toute fixité, en droit comme en équité ;

« Considérant que le sieur Bodin, par suite de ses nouvelles
prétentions, a implicitement renoncé au bénéfice de l'offre qui lui
avait été faite ;

« Considérant qu'il s'agit, dans l'espèce, de la réparation du
préjudice causé par l'inexécution des clauses d'un contrat de bail,
et non de la dépossession d'une propriété pour cause d'utilité publique, et que, par conséquent, le sieur Bodin n'est pas fondé à
soutenir que l'indemnité dût être préalable comme en matière
d'expropriation ;

« Considérant que, selon les règles du droit commun, l'intérêt,
non stipulé dans une obligation, ne doit courir qu'à dater du jour
de la demande en justice ;

« Arrête :

« L'indemnité dont le trésor public est redevable envers le sieur
Bodin, ou son mandataire, par suite de la résiliation du bail du
péage sur le pont de la Roche-de-Glun, prononcée par la décision
ministérielle du 27 janvier 1847, est liquidée à la somme de
27,966 f. 19 c., productive d'intérêt au taux légal, à partir du 2 novembre 1847, jusqu'au payement effectif. »

Le 13 novembre suivant, le fermier s'est pourvu au Conseil
d'État contre cet arrêté.

Il a fait observer que le Conseil de Préfecture avait adopté sans
contrôle le calcul des agents de l'administration, calculs faits avec
partialité, au hasard, contenant un grand nombre d'omissions et
offrant de grandes inexactitudes, n'ayant porté que sur neuf
jours dans l'espace de six mois. Il signalait, par exemple, qu'on
avait omis de tenir compte des voyageurs en voiture et des bes-

tiaux. Il a fait remarquer encore que les causes qui avaient fait abolir la perception du pont expliquaient que le transit aurait été bien plus considérable dans la première moitié de 1847 que dans les années précédentes, et il a conclu, revenant à sa primitive demande, à ce qu'il lui fût accordé une indemnité de 52,000 fr.

Il a, de plus, réclamé, à partir du 5 février 1847, les intérêts que le Conseil de Préfecture ne lui allouait qu'à partir du 2 novembre de la même année.

Pour justifier cette dernière demande, le sieur Bodin a prétendu que la mesure dont il avait été l'objet devait être considérée comme une véritable dépossession pour cause d'utilité publique, et que l'État, regardé comme un possesseur momentanément illégitime, devait être tenu d'indemniser des fruits perçus depuis la dépossession, sans qu'il ait été besoin, pour en assurer la restitution, d'une demande judiciaire.

Le ministre des finances, auquel le pourvoi a été communiqué, a répondu en produisant un mémoire émané du directeur général des contributions indirectes, mémoire auquel il a déclaré se référer.

Dans ce mémoire on a fait valoir les considérations suivantes : c'est à tort et sans y avoir suffisamment réfléchi qu'on a émis la pensée que les agents de l'administration n'avaient pas montré, dans leurs opérations de comptage, la plus complète impartialité ; ils ont, en cette circonstance, comme dans les autres, rempli leur mission avec loyauté. Les calculs qu'ils ont présentés sont dignes de confiance, et M. Bodin est mal venu à les contester quand il ne peut produire aucun document qui puisse faire naître des doutes sur leur exactitude.

Les omissions qu'il signale n'existent pas, les voyageurs en voiture n'ont pas été omis, puisqu'ils figurent dans le compte pour 36,200 fr., ni les bestiaux puisqu'ils y sont portés pour 5,366 fr. ; enfin des moyennes ont été prises sur des jours bons comme sur des jours mauvais pour le fermier ; il y avait donc lieu de s'arrêter, comme l'a fait le Conseil de Préfecture, aux documents positifs fournis par l'administration, les seuls, au reste, qui aient été produits dans la cause, puisque le fermier s'est renfermé dans de vagues assertions.

Quant aux intérêts, il n'y a nulle analogie, a dit M. le directeur des contributions indirectes, entre la privation des bénéfices d'une exploitation et une expropriation pour cause d'utilité publique ; et, partant, nul motif pour ne point rentrer dans le droit commun ; au reste, cette analogie eût-elle existé, la prétention du sieur Bodin n'y gagnerait guère, car la loi du 7 juillet 1837, sur l'expropriation, ne fait courir les intérêts qu'à partir de l'expiration du délai de six mois à partir du jugement d'expropriation.

C'est donc avec raison que, s'en référant aux principes ordinaires, le Conseil de Préfecture n'a accordé des intérêts qu'à partir du jour de la demande. M. le directeur des contributions indirectes a donc conclu à ce que l'arrêté attaqué fût maintenu dans toutes ses parties.

Le Conseil d'État, après avoir entendu M. de Saint-Aignan, conseiller d'État, en son rapport, et M. Dumartroy, maître des requêtes, en ses conclusions, a statué en ces termes :

« Considérant qu'il résulte de l'instruction, notamment des constatations faites par les soins de l'administration, que le Conseil de Préfecture, en fixant à la somme de 27,966 francs 09 centimes l'indemnité à allouer au sieur Bodin pour retrait forcé, à partir du 4 février 1847, de la jouissance des droits de péage du pont de la Roche-de-Glun qui lui avaient été concédés jusqu'au 5 août suivant, a fait une juste appréciation des droits du sieur Bodin à ladite indemnité ;

« En ce qui touche le point de départ des intérêts de l'indemnité :

« Considérant qu'aucune loi ne fait, dans l'espèce, courir les intérêts de plein droit ; qu'ils ne résultent non plus d'aucune obligation ; que, dès lors, c'est avec raison que le Conseil de Préfecture ne les a fait partir que du 2 novembre 1847, date de la demande,

« Décide :

« Article premier. La requête du sieur Bodin est rejetée. »

Séance du 5 juillet 1851.

Pourvois des sieurs Fermont, Fauconnet et Cᵉ et du ministre des travaux publics, contre un arrêté du Conseil de Préfecture du Rhône du 17 août 1849. — Chose jugée. — Ouvrages non prévus. — Régie.

Le 31 juillet 1846, MM. Fermont, Fauconnet et Cᵉ, furent déclarés adjudicataires des travaux de rectification des rampes de Limonest, route nationale, n° 6, de Paris à Chambéry. En 1848, à l'époque de la révolution, l'entreprise fut résiliée sur la demande des entrepreneurs, et le décompte dressé par les ingénieurs et montant, en tout, à 171,936 fr. 07 c., donna lieu à plusieurs réclamations s'élevant ensemble au chiffre de 91,262 fr. 75 c. dont les entrepreneurs demandaient l'adjonction au décompte. Ces réclamations se divisaient en quatre chefs différents, et résultaient principalement de ce qu'en cours d'exécution, le tracé de la route avait été complétement modifié.

Les entrepreneurs réclamaient 1° 76,454 fr. 25 c. pour déblais d'un roc dur dit *gorre*, qu'ils avaient rencontré dans l'exploitation du nouveau tracé ;

2° 6,000 fr. pour extraction de souches et racines d'arbre, nécessitée aussi par l'exploitation du nouveau tracé ;

3° 6,717 fr. 01 c. pour supplément de prix aux chaussées d'empierrement ;

4° 2,070 fr. pour diverses insuffisances plus minimes et signalées dans le décompte.

Les ingénieurs prétendaient qu'en vertu de l'art. 3 des clauses et conditions générales, il n'y avait lieu de modifier aucun prix, mais seulement à régler des différences en plus ou en moins dans les quantités d'ouvrage ; ils offraient d'en opérer le règlement, et en outre proposaient d'allouer aux réclamants une indemnité *gracieuse* de 16,415 fr. Ces offres furent refusées par les entrepreneurs, et la difficulté fut portée devant le Conseil de Préfecture du Rhône, qui rendit le 5 janvier 1849 un arrêté interlocutoire dont il est intéressant de connaître les termes :

Sur le 1er chef. — « Considérant en fait, que les sieurs Fermont et C°, articulent, ce qui n'est point contesté par l'administration, que le tracé primitif de la rectification des côtes de Limonest, en considération duquel les adjudicataires ont fait leur soumission, a été complétement changé ;

« Qu'en effet et selon les prétentions des adjudicataires, par le tracé primitif, la route devait traverser les clos, prairies et terres de MM. Fleur de Lys et Charrin, tandis que, par le second tracé, cette route a été reportée et établie dans un bois de haute futaie, où l'on aurait rencontré du gorre et du roc, pour l'extraction duquel il a fallu faire usage de la mine ;

« Que les adjudicataires expliquent que, pour ce nouveau tracé, aucun prix n'a été fixé pour les dépenses qu'il devait entraîner, puisque le piquetage ne s'est fait qu'au fur et à mesure de l'avancement des travaux ; ce qui indique qu'il n'a pas été possible de dresser préalablement un devis estimatif et analytique du prix ;

« Considérant que les entrepreneurs prétendent qu'ils ont exprimé à l'ingénieur en chef leur intention de ne pas entreprendre les travaux de ce nouveau tracé qui devait les entraîner à des dépenses extraordinaires et hors de proportion avec le prix fixé pour le tracé primitif ; et que, s'ils ont entrepris ces travaux, ce n'est qu'en suite de l'assurance, verbale à la vérité, de l'ingénieur en chef, qu'il leur serait tenu compte de l'excédant des dépenses qu'ils seraient obligés de faire ;

Que sur ce point, l'ingénieur en chef articule n'avoir promis que de faire payer aux entrepreneurs la quantité de mètres supérieurs à celle que présentait le premier tracé ;

« Considérant, en droit, qu'il est de règle que, dans les conventions, on doit rechercher quelle a été la commune intention des parties plutôt que de s'arrêter au sens littéral des termes ; de même que lorsqu'une clause est susceptible de deux sens, on doit plutôt l'entendre dans celui avec lequel elle peut avoir quelque effet, que dans le sens avec lequel elle n'en pourrait produire aucun. Que du reste, dans le doute, il est de principe que la convention s'interprète contre celui qui a stipulé et en faveur de celui qui a contracté l'obligation ;

« Considérant que l'article 7 des clauses et conditions générales imposées aux entrepreneurs, qui soumet ces derniers à suivre la direction donnée par l'ingénieur, renvoie à l'article 3 des mêmes conditions, lorsqu'il est fait un changement au projet dans le cours des travaux, et que cet article 3 dit positivement : « Qu'en cas de changements, au moment de l'adjudication, il sera fait à l'entrepreneur état de la valeur de ces changements, soit en plus, soit en moins, au prorata du prix de l'adjudication, sans qu'il puisse, en cas de réduction, réclamer aucune indemnité à raison des prétendus bénéfices qu'il aurait pu faire sur les fournitures et la main-d'œuvre ;

« Considérant qu'il suit de ces stipulations que, en cas de changements ordonnés par l'ingénieur et exécutés par l'entrepreneur, on doit faire une appréciation et une estimation, eu égard au prix de l'adjudication, en tenant compte des difficultés et des dépenses en plus ou en moins, mais on ne doit pas entendre l'article 3 en ce sens qu'il sera fait une simple diminution ou une augmentation de quantité ; car l'article ainsi interprété, comme la déclaration de M. l'ingénieur en chef, n'aurait aucun sens, tandis que, autrement, l'article 3 est clair et juste ;

« Considérant qu'il est encore de principe constant que toutes les clauses des conventions s'interprètent les unes par les autres, en donnant à chacune le sens qui résulte de l'acte entier ;

« Or, en visant le 6e § de l'article 9 du cahier des charges, il est dit : que, en cas de changement de carrières, les ingénieurs établiront de nouveaux prix d'extraction et de transport, d'après les éléments d'adjudication ; pourquoi n'y aurait-il pas parité de raison quand il s'agit d'un changement complet de tracé qui modifie entièrement et la nature des travaux et les difficultés d'exécution ?

« Considérant, en outre, que ce qui laisse présumer que les ingénieurs dans les bordereaux des prix de l'entreprise ne se sont pas occupés de déterminer les prix de l'extraction des masses de rocher difficiles à extraire, c'est qu'il a été alloué au sieur Chevalier, qui a pris la suite de l'entreprise, un prix considérablement supérieur à celui indiqué pour indemnité par l'article 22 du bordereau ;

« Que, d'un autre côté, les ingénieurs eux-mêmes reconnaissent que les entrepreneurs ont éprouvé une perte importante et pensent qu'il est équitable de leur accorder une indemnité *gracieuse* qu'ils ne portent pas à moins d'une somme de 16,415 fr. ;

« Considérant qu'il n'existe dans le devis aucune série de prix pour l'extraction du roc et du gorre, à la mine et des bois de haute futaie ; que dès lors il devient indispensable d'établir de nouveaux prix suivant la nature des travaux, les difficultés d'exécution et les dépenses que le nouveau tracé a entraînées, s'il est vrai que la nature des terrains de ce nouveau tracé soit si différente de ceux du tracé primitif, ce qui reste à vérifier ;

« Considérant que, sous un autre point de vue, l'administration et les entrepreneurs sont contraires en fait, sur la quantité de mètres extraits et que c'est aussi le cas de faire cuber les travaux d'extraction.

Sur le 2ᵉ chef. — « Considérant que, dans le premier tracé, il paraît que le parcours de la route ne devait pas rencontrer de bois de haute futaie ; car on ne voit nulle part, dans le devis, qu'il ait été établi deux prix pour l'enlèvement de bois de cette espèce et l'extirpation des souches ; que, dès lors, ces travaux particuliers doivent être estimés.

Sur le 3ᵉ chef. — « Considérant que, pour les travaux faits à la journée, les entrepreneurs ont droit, conformément au cahier des charges, à un vingtième de faux frais pour la fourniture des outils et la surveillance, et à un dixième de bénéfices, sans rabais ; le rabais ne pouvant s'appliquer qu'aux travaux payés à la mesure.

Sur le 4ᵉ chef. — « Considérant que, sur treize ponceaux indiqués au devis par les ingénieurs, huit seulement ont été construits, et que s'il est vrai que les entrepreneurs ont fait préparer les matériaux nécessaires pour treize, il est juste que l'administration leur fasse compte de la valeur des pierres préparées pour les cinq ponceaux non édifiés, fait qui demeure à vérifier.

« *Sur les autres chefs de réclamation des entrepreneurs,* considérant qu'ils ne sont point justifiés et ne sauraient être accueillis ;

« Arrête :

« Avant que le décompte des sieurs Fermont et Cᵉ puisse être définitivement arrêté, il sera fait, dans le délai de deux mois, à compter de ce jour, par les sieurs Rollin, géomètre et adjoint de la commune de Limonest ; Denoufaux, ancien voyer, demeurant à Lyon, rue du Commerce, et Vingtrinier, ancien entrepreneur, experts à ces fins nommés : 1° Vérification et indication de la nature des terrains que devait parcourir le premier tracé et comparaison de ces terrains avec ceux du second tracé exécuté ; 2° estimation et fixation de la différence des prix d'extraction que les deux natures de terrain présentaient, eu égard aux difficultés d'exploitation ; 3° cubage général de tous les déblais opérés par ces entrepreneurs, payés à la mesure ; 4° estimation des dépenses que la traversée du bois de haute futaie et l'extirpation des souches ont dû occasionner ; 5° ils s'assureront si les pierres nécessaires aux cinq ponceaux non exécutés ont été préparées et ils en constateront l'existence ;

« Pour ensuite de leur rapport, qui sera déposé à la préfecture, être le décompte des sieurs Fermont et Ce définitivement arrêté sur les bases qui seront fixées par l'opération des experts et par le présent arrêté. »

Par suite de cet arrêté, l'expertise qu'il ordonnait eut lieu, et le rapport des experts, rédigé le 5 mai 1849, présenta, pour conclusion, la proposition d'ajouter au compte des entrepreneurs une somme de 90,000 fr. environ. L'affaire revint devant le Conseil de Préfecture du Rhône, augmentée d'un nouveau chef de réclamation soulevé par les entrepreneurs, et par lequel ils soutenaient que les travaux faits en régie pour mettre, lors de la résiliation, les ouvrages de l'entreprise en état de réception, avaient été conduits avec une grande négligence ; qu'on avait confié les travaux à des ouvriers des ateliers nationaux qui n'avaient fait que point ou peu de besogne, d'où il résultait que des travaux qui n'auraient pas dû coûter plus de 11,120 fr. en avaient coûté 18,420 fr.; ils demandaient à être déchargés de ce surcroît de dépense.

Le 17 août 1849, intervint un second arrêté du Conseil de Préfecture du Rhône, ainsi conçu :

« Considérant quant aux opérations géométriques faites par les experts, qu'elles ne sont qu'approximatives, puisqu'ils n'ont levé aucun profil en long, et seulement quarante profils moyens en travers, là où les ingénieurs en ont relevé trois cent soixante ; sans compter que, lorsqu'ils ont opéré, la route était entièrement déblayée, et que rien n'indiquait d'une manière certaine l'état dans lequel Fermont et C⁰ avaient laissé les lieux à l'entrepreneur qui leur a succédé, tous travaux de mise en état de réception terminés;

« Considérant que, dans toute adjudication, s'il y a des prix désavantageux, il y en a d'avantageux qui les compensent, et qu'ainsi on renverserait l'économie d'un marché, si, en dehors des chances prévues, on augmentait considérablement les travaux dont les prix sont onéreux, sans augmenter proportionnellement ceux dont les prix sont avantageux ; qu'ainsi il y a lieu de rechercher les chances à courir imposées par les clauses d'un marché, et que si l'on reconnaît que les chances prévues par l'une des clauses ont été dépassées, il y a lieu de considérer comme imprévus les travaux qui dépassent lesdites chances;

« Considérant que le cahier des charges contient un article supplémentaire dont un paragraphe est ainsi conçu : « En outre, l'en« trepreneur est prévenu que le tracé, tel qu'il est indiqué en plan « et en élévation, est susceptible de *quelques variations,* il devra « se conformer, pour l'exécution, au piquetage définitif qui sera « régulièrement opéré après l'accomplissement de toutes les for« malités d'enquête.

« Après la notification de ce piquetage, et pendant le délai in« diqué à l'art. 58, les calculs de terrasse pourront être révisés, « soit à la diligence de l'administration, soit à la requête de l'en« trepreneur. »

Que si, tenant compte de ce paragraphe, on peut dire qu'une partie du tracé n'a été que simplement modifiée, on doit dire que le reste a été complètement changé ; qu'ainsi il y a un motif de plus pour rechercher les travaux imprévus.

« *Sur le 1ᵉʳ chef. Extraction de gorre.* — Considérant que le devis et l'avant-métré portent 18,000 mètres cubes de gorre à extraire, pour lesquels, quel que soit le mode d'extraction, (art. 4 du détail des prix) il doit être payé, en sus des prix alloués comme déblais ordinaires, une indemnité de 40 centimes par mètre cube;

« Considérant que d'après les métrés et profils levés en cours d'exécution, les entrepreneurs ont extrait 25,000 mètres cubes, au lieu de 18,000 mètres, soit 7,000 mètres cubes en sus des prévisions du devis ;

« Considérant que le chiffre de 28,000 réclamé par les entrepreneurs, outre qu'il n'est pas admissible à raison des dispositions des art. 3, 22, 32 des clauses et conditions générales imposées à tout entrepreneur de travaux publics, et 58 et 59 du cahier des charges, n'est, au dire des ingénieurs, qu'un avant-métré fait sur l'ordre de M. Auguste Jordan, ingénieur ordinaire, avant-métré dont il faut déduire le gorre extrait par l'entrepreneur qui a succédé à Fermont et Cᵉ, toute mise en état de réception terminée ; que ce gorre s'élevant à plus de 3,000 mètres, il n'en reste que 25,000 au plus au compte de Fermont et Cᵉ, la même observation s'appliquant au compte des experts qui ont opéré lorsque la route était entièrement déblayée ;

« Considérant que le cube total des déblais ordinaires extraits par Fermont et Cᵉ ne dépasse que de 10,000 mètres cubes le cube total prévu par le devis, et que c'est sur cette augmentation qu'il faut imputer les 7,000 mètres cubes de gorre ;

« Considérant que rien ne prouve que les 3,000 mètres restant soient de nature à donner des prix pouvant compenser même en partie la perte résultant des 7,000 mètres cubes de gorre ci-dessus, et que ces 3,000 peuvent être considérés comme répondant aux chances prévues par l'acte supplémentaire ci-dessus visé ;

« Considérant toutefois qu'un cube de 18,000 mètres cubes de gorre suppose que la roche sera entaillée par sections, et assez profonde pour qu'on attaque des roches dures et non désagrégées par les influences de l'atmosphère, et que d'ailleurs il résulte de l'inspection des lieux que la roche la plus dure se trouve sur la partie où le tracé, à raison de l'article supplémentaire du devis, peut être considéré comme n'ayant été que modifié ; qu'ainsi il est certain que les 18,000 prévus au devis comprenaient des roches dures identiques à celles qui ont été concentrées ; que dès lors le conseil de préfecture ne peut, pour ces 18,000 mètres, que recommander les entrepreneurs à la bienveillance de l'administration ;

« Considérant que les ingénieurs reconnaissent eux-mêmes l'insuffisance des prix et indemnités alloués pour l'extraction du gorre, puisqu'ils proposent d'allouer aux entrepreneurs une somme de 16,415 fr. par voie d'indemnité *gracieuse ;*

« Considérant qu'ils basent cette indemnité gracieuse sur deux séries : une première, pour 5,000 mètres cubes de gorre, qu'ils évaluent à 2 fr. 86 ; une deuxième, de 20,000 mètres cubes, à 0,65 par mètre cube ;

« Considérant que les entrepreneurs, dans une requête adressée, le 4 mars 1848, au commissaire de la République, à Lyon, réclamaient une indemnité de 2 fr. 25 c. par mètre cube pour 12,000 mètres cubes ; que ce n'est que le 18 octobre 1848 qu'ils ont réclamé 86,474 fr. 25 c. pour 28,000 mètres, soit 3 fr. 08 c. par mètre cube ;

« Considérant que les experts donnent plusieurs séries de gorre dont les prix varient de 2 fr. 25 c. à 3 fr. 50 c., mais que ces prix comprennent, outre les frais de transport, un bénéfice proportionné à celui de 19,760 fr. 90 c. qu'ils accordent sur le total de leur décompte ; le rabais, en outre, supprimé.

« *Sur le* 2e *chef.* — Considérant que les numéros 1, 2 et 3 du détail estimatif des prix sont ainsi intitulés : « *Fouilles comprenant l'essartement des bois, épines, haies,* etc.; » mais qu'il n'y a au devis aucune autre désignation ;

« Considérant que les deux tracés traversent des bois de même nature, mais que le tracé nord exécuté n'eût traversé que 770 mètres de longueur de bois taillis, et 1,150 mètres de longueur de haies et lisières de bois très-fourrées, tandis que le tracé exécuté traverse 1,480 mètres de longueur de bois taillis, ce qui, attendu que la route a 50 mètres de large, plus 2 mètres pour fossés, plus 4 mètres pour talus, et en admettant que les haies et lisières très-fourrées, représentant 3 mètres de largeur de bois, donne une surface de 7,900 mètres carrés à arracher en plus, sur le tracé exécuté, que sur le tracé abandonné ;

« Considérant que les experts ont proposé sur cet article une indemnité de 0,10 c. le mètre carré, et qu'il y a réellement surcroît considérable de travail et de dépense sur les prévisions du devis.

« *Sur le* 3e *chef.* — Considérant que pour toutes difficultés de métrés entre les art. 3, 22, 32 des clauses, et 58 et 59 du cahier des charges, il existe au dossier, des pièces, signées par Fermont et Ce, qui reconnaissent l'entière exactitude des métrés des ingénieurs ;

« Considérant que le chiffre de 2 fr. 64 c. alloué par les ingénieurs, par mètre cube de cailloux non cassés, est conforme aux bases du détail, numéro 5, des prix du devis;

« Considérant que, quant à la carrière de Murat, elle ne se trouve qu'à 537 mètres du tracé exécuté, et à moins de 600 mètres du tracé non exécuté, tandis que, d'après le devis, elle eût pu être prise jusqu'à 1,200 mètres, aucune carrière ouverte ou à ouvrir n'étant d'ailleurs spécialement et exclusivement désignée.

« *Sur le 4° chef.* — Considérant pour tous articles autres que 7 et 8, 2, 2 *bis* et 16 du décompte des ingénieurs :

« 1° Que les différences de quantités accusées par les entrepreneurs ne sont pas justifiées, conformément aux art. 3, 22, 32 des clauses et 57 et 58 du cahier des charges ;

« 2° Que les prix portés pour ces articles par les ingénieurs sont ceux du devis, ou sont calculés, conformément à l'article 22 des clauses et conditions générales, au prorata des prix de ce devis ;

« Considérant, sur les art. 7 et 8, bois pour pieux et pour moises, travaux non prévus au devis, et pour lesquels aucun prix n'y est porté, que, d'après les renseignements positifs recueillis par le Conseil, il y a lieu d'allouer une indemnité de 10 fr. par mètre cube, attendu que les prix doivent être ceux de l'époque où les travaux ont été exécutés, et non ceux de l'époque où le décompte a été dressé.

« *Sur les numéros* 2, 2 *bis,* 16. — Considérant qu'aucun ordre d'approvisionnement n'est produit par Fermont, et que spécialement pour les pierres dont les experts avaient mission de vérifier l'approvisionnement, et pour lesquelles ils allouent aux entrepreneurs 264 fr., il résulte de ce rapport même que les pierres sont au chantier du sieur Bergeron, aux Brotteaux, c'est-à-dire qu'elles n'ont jamais été approvisionnées aux termes de l'art. 40 des clauses et conditions générales.

« *Sur la régie.* — Considérant que Fermont et Cᵉ ne refusent de solder que les travaux faits sous la direction immédiate des ingénieurs, lesquels s'élèvent à 12,538 fr. 56 c. ;

« Considérant que la résiliation a été demandée et sollicitée par Fermont et Cᵉ, et qu'elle ne leur a été accordée que sous la condition expresse que les travaux seraient mis en état de réception au moyen d'une régie, et que cette condition a été reconnue et acceptée par Fermont et Cᵉ ;

« Considérant que la régie est une peine dont les risques et périls sont à la charge de l'entrepreneur mis en régie, qui, aux termes de l'art. 21 des clauses et conditions, ne peut même profiter des avantages dont la régie pourrait être la cause;

« Considérant, du reste, qu'il est régulièrement justifié par états de journées et de fournitures, et pour des quantités de travaux faits, de l'emploi de la somme de 12,538 fr. 56 c.; que, d'ailleurs Fermont et Cᵒ ne disent pas qu'il n'y a eu aucuns terrassements ou aucuns travaux d'arts de fait, mais qu'ils allèguent que ces travaux ont été faits par des ateliers nationaux payables sur des fonds spécialement à ce affectés par le gouvernement;

« Considérant que cette allégation d'ateliers nationaux n'est pas fondée, et que s'il y a eu quelques désordres sur les chantiers de régie, Fermont aurait, moins que tout autre, le droit de s'en plaindre; que d'ailleurs ces désordres ont eu très-peu de durée.

« Arrête :

« L'indemnité de 0,40 c. par mètre cube de gorre est portée à 3 fr. net pour 7,000 mètres cubes considérés comme imprévus, soit 21,000 fr. à substituer dans le décompte des ingénieurs aux 2,800 fr. qui y sont portés.

« Il est alloué 10 c. d'indemnité par mètre carré pour les 7,910 mètres de bois arrachés en sus des prévisions du devis, soit 791 fr. à ajouter au décompte des ingénieurs.

« Il est alloué 10 fr. d'indemnité par mètre cube de bois de sapin pour pieux et moises, soit pour 50 mètres 80, la somme de 508 fr. 90 c. à ajouter au décompte des ingénieurs.

« Toutes autres demandes et réclamations présentées par Fermont, Fauconnet et Cᵉ, au sujet du décompte général des travaux, et en ce qui concerne la régie, sont rejetées.

« Le rabais de l'entreprise n'est pas applicable aux indemnités ci-dessus portées, et l'indemnité à allouer aux experts à titre d'honoraires est réduite à 900 fr., payables moitié par l'État, moitié par les entrepreneurs. »

Le 2 janvier 1850, les entrepreneurs se sont pourvus au Conseil d'État contre cet arrêté; ils ont présenté d'abord une fin de non-recevoir tirée de l'autorité de la chose jugée; ils ont prétendu que l'arrêté du 5 janvier 1849 avait admis, en fait, que le premier projet avait été entièrement modifié; en droit, qu'il y avait lieu de modifier les prix ; que l'expertise n'avait été ordonnée que pour déterminer les indemnités résultant de la reconnaissance du fait et du principe admis, fait et principe dont il ne devait pas être désormais permis de s'écarter ; qu'enfin en revenant sur ce qu'avait décidé, en n'en suspendant que l'application, l'arrêté du 5 janvier 1849, celui du 7 août avait méconnu l'autorité de la chose jugée.

Au fond, abandonnant les 3e et 4e chefs de leur première réclamation, ils ont fait observer sur les 1er et 2e chefs (extraction du roc dit gorre, et des souches d'arbre), que la modification du premier projet et le changement complet de tracé avaient amené des opérations complétement imprévues qui demandaient évidemment l'établissement de nouveaux prix. Le nouveau tracé, ont-ils dit, a nécessité des fouilles plus profondes, et le rocher devenait plus dur à mesure qu'on s'enfonçait davantage ; il n'y avait pas plus de raison d'appliquer le prix de 3 fr. aux 7,000 mètres cubes, auxquels s'est arrêté le conseil de préfecture, qu'aux 18,000 m. exploités dans les mêmes conditions. Quant à la compensation des prix entre eux, établie par l'arrêté attaqué, elle ne se justifie pas, puisque cette compensation avait dû déjà être prise en considération par les entrepreneurs, lorsqu'ils ont visité les pièces de l'adjudication. Mêmes observations pour les extractions de souches et racines d'arbres.

En ce qui concerne les dépenses de régie, les entrepreneurs ont fait valoir les considérations que nous avons déjà rapportées, en établissant, par des comptes basés sur les prix de l'analyse, que la régie avait dépensé plus des deux tiers en sus de la valeur réelle des travaux.

Le ministre des travaux publics, auquel la requête a été communiquée, a répondu le 11 mars 1850.

Sur la fin de non-recevoir, le ministre a fait observer qu'il suffisait de lire le dispositif de l'arrêté du 5 janvier 1849, pour se convaincre qu'il ne s'agissait que de simples mesures d'instruction, do données pour éclairer le débat, sans qu'il y ait lieu de tirer avantage de cette disposition pour y voir une consécration définitive des réclamations des entrepreneurs.

Au fond,

Sur le 1er chef, *exploitation du roc dit Gorre,* non-seulement le ministre a conclu à ce que la requête des entrepreneurs fût repoussée de ce chef, mais, il a formé, à cet égard, un pourvoi incident tendant à ce que l'arrêté du 7 août 1849 fût annulé dans celle de ses dispositions qui allouait, de ce chef, un supplément de prix.

Le ministre a soutenu que le Conseil de Préfecture n'était pas en droit de distinguer entre les 18,100 mètres pour lesquels il a refusé toute indemnité et les 7,000 pour lesquels il en a accordé une, et qu'il y avait lieu, dans l'espèce, de s'en référer aux art. 3, 7 et 39 des clauses et conditions générales. Les entrepreneurs devaient, si les nouvelles exploitations ne leur convenaient pas au prix de 40 cent. le mètre cube, user du bénéfice de l'art. 39; s'ils ne l'ont pas fait, ils sont, en droit, supposés avoir accepté les travaux aux conditions de l'analyse du prix, et il n'y a pas à y revenir.

Le Conseil de Préfecture, a ajouté le ministre, n'avait le droit de prendre en considération, ni les pertes qu'il pensait avoir été éprouvées par les entrepreneurs, ni l'indemnité gracieuse proposée par les ingénieurs ; il devait s'en tenir à l'application rigoureuse du marché.

Les mêmes considérations s'appliquent au chef concernant l'extraction des souches, chef auquel le ministre étend son pourvoi incident.

En ce qui concerne la régie, le ministre, après avoir établi qu'il n'avait pas été organisé d'atelier national proprement dit sur les travaux, a prétendu que les allégations des entrepreneurs manquaient, à cet égard, d'exactitude ; il a été reconnu, en effet, que la plupart des prix payés par la régie, se rapprochaient, à peu près, de ceux payés par les entrepreneurs eux-mêmes à leurs tâcherons.

Le ministre a donc conclu au rejet du pourvoi des entrepreneurs et à l'annulation de la décision du Conseil de Préfecture du Rhône sur les 1er et 2e chefs de réclamation.

Le conseil d'État, après avoir entendu MM. Pascalis et Dumartroy, maîtres des requêtes, en leur rapport et conclusions, a rendu l'arrêté suivant.

« Sur le moyen préjudiciel tiré de ce que l'arrêté attaqué au-

rait violé la chose jugée par un précédent arrêté du 5 janvier
1849 ;

« Considérant que l'arrêté du 5 janvier 1849, en ordonnant une
expertise qui devait porter sur les bases et sur le chiffre de l'indemnité à accorder, s'il y avait lieu, aux requérants, n'a eu pour
but que de prescrire une mesure d'instruction, ce qui ne faisait
pas obstacle à ce que le Conseil de Préfecture pût ultérieurement
statuer au fond sur le mérite de leurs réclamations ;

« Au fond :

« Sur le chef relatif à l'extraction du gorre et à l'extirpation des
souches de bois ;

« Considérant qu'il résulte de l'instruction que le tracé de la
rectification de route adjugée aux requérants a été complétement
modifié après l'adjudication ; que, par le fait de ce changement, les
entrepreneurs ont eu à extraire 7,000 mètres cubes de gorre, et à
arracher 7,910 mètres carrés de bois en sus des quantités prévues,
et que ces nouveaux travaux, par suite de la nature du sol sur lequel ils ont été effectués, ont présenté des difficultés imprévues à
raison desquelles il était juste de déterminer de nouveaux prix,
tandis que, pour le reste de l'entreprise, les conditions du devis
demeuraient applicables ;

« Qu'ainsi le Conseil de Préfecture, en attribuant, pour lesdits
travaux, 3 fr. par mètre cube de gorre, et 10 cent. par mètre carré
de bois, et en maintenant, pour le reste, les prix fixés au devis,
a fait une juste appréciation des circonstances ;

« Sur le chef relatif aux frais de régie ;

« Considérant que la résiliation de l'entreprise a été accordée
aux requérants sous la condition acceptée par eux, que les travaux seraient mis en état de régie à leurs frais (1), et qu'ils
ne justifient pas qu'il se soit fait sur les chantiers de la régie, des
dépenses sans utilité ;

« Que, dès lors, c'est avec raison que le Conseil de Préfecture a
laissé à la charge des entrepreneurs les frais de la régie ;

---

(1) Cette rédaction résulte sans doute d'une erreur. Il nous semble qu'elle doit
être rectifiée ainsi :

« *Que les travaux seraient mis en état de réception au moyen*
« *d'une mise en régie établie à leur frais.* »

« Décide :

« Art. 1er. — Les requêtes des sieurs Fermont, Fauconnet et Cᵉ, et le recours incident du ministre des travaux publics, sont rejetés. »

Séance du 12 juillet 1851.

Pourvoi des syndics de la faillite Lespinasse contre un arrêté du conseil de préfecture de Lot-et-Garonne du 19 mars 1844. — Décisions diverses. — Indemnité après résiliation. — Retenue de garantie.

En août 1839, le sieur Lespinasse, entrepreneur, fut déclaré adjudicataire des travaux des 9ᵉ et 10ᵉ lots du canal latéral à la Garonne. Pendant le cours des travaux, par suite de la fuite et de la faillite de l'entrepreneur, la résiliation de l'entreprise fut prononcée et les travaux provisoirement continués par les syndics de la faillite jusqu'au règlement de la dépense faite. Le premier décompte qui fut présenté aux syndics donna lieu, de leur part, à diverses réclamations ; rectifié en partie, il fut de nouveau présenté aux syndics, qui persistèrent dans celles de leurs réclamations qui n'avaient pas été écoutées.

L'arrêté du Conseil de Préfecture rendu sur ces réclamations, le 19 mars 1844, et qui est précédé d'un exposé des demandes, fera connaître à la fois en quoi elles consistaient et la première décision dont elles ont été l'objet.

1ᵉʳ CHEF.

Inégalité entre le cube des remblais et des déblais.

Les syndics se plaignent que l'ingénieur ait fait relever les profils des travaux faits, sans qu'on ait procédé contradictoirement à cette opération qui devait servir de base à l'appréciation du cube des travaux exécutés ; que le décompte présente une différence entre le cube des déblais et des remblais, et qu'on a omis d'appliquer le prix des fouilles qui doit être attribué à l'extraction des matériaux compris sous les n°s 4, 5, 6, 7, 8, 9, 10, 14 et 15 des premier et deuxième paragraphes du décompte général du 9ᵉ lot ; ils demandent que ce prix soit ajouté aux prix spéciaux qui sont déjà alloués sur la quantité de 34,664 m. 36 c. cubes.

2ᵉ CHEF.

Tuf, provenant du déblai, employé en enrochement.

Les syndics demandent qu'on ajoute au décompte 50 c. par mètre cube, sur 4,700 mètres cubes de pierres employées en enrochement dans la Garonne. Ils prétendent que cette dépense est constatée par les états mensuels, et qu'elle ne figure pas dans le décompte de l'entrepreneur.

3ᵉ CHEF.

Cube des enrochements employés au 10ᵉ lot.

Les pétitionnaires réclament l'application du prix de 6 fr. 04 à 1,938 mètres 34 centimètres de pierres employées en enrochement, au lieu de 618 mètres 50 centimètres qui figurent au décompte définitif.

4ᵉ CHEF.

Cube de moellon ordinaire approvisionné sur les chantiers.

Ils demandent qu'on leur tienne compte d'une quantité de 371 mètres 10 centimètres de moellons approvisionnés sur le chantier, en sus de celle qui figure au décompte, attendu qu'on porte au compte de la faillite le prix du transport de ces matériaux.

5ᵉ CHEF.

Cube de matériaux employés aux risbermes et aux perrés.

Les syndics demandent que M. l'ingénieur fasse figurer au décompte 1,454 m. 35 c. de moellons employés en maçonnerie sèche de la risberme et des perrés sur le 9ᵉ lot, et 5,768 mètres cubes 24 centimètres sur le 10ᵉ.

6ᵉ CHEF.

Approvisionnements existant en carrière.

Les syndics font observer qu'il existe des matériaux dans la carrière du Port-Sainte-Marie, pour une somme considérable ; que l'entrepreneur Michel, qui a succédé à Lespinasse, en avait fait l'acquisition pour la somme de 11,500 fr. sans emmétrage ; que ce marché a été résilié, parce que l'administration des Ponts et Chaussées voulait en faire figurer le prix sur le décompte de l'entrepreneur en faillite, et que cette combinaison nuisait aux intérêts des créanciers, parce que le prix des travaux exécutés par Lespinasse était inférieur aux sommes qu'il avait reçues. Les syndics demandent que tous les matériaux déposés dans la carrière soient levés à des prix convenablement fixés, ou qu'on reconnaisse leurs droits à une indemnité, conformément à l'art. 40 des clauses et conditions générales.

7e CHEF.

Retenue de garantie.

Les syndics se plaignent, dans l'intérêt des créanciers de la faillite, que l'administration n'ait pas retenu, comme garantie, le 10° du montant des travaux exécutés. Ils prétendent que ce 10° sert de gage aux bailleurs de fonds, et que la retenue est pour eux un point de sécurité ; ils se croient autorisés à fournir à l'administration l'état des sommes dues aux propriétaires pour indemnité de carrière et de chemin de service, et que l'État acquittera les sommes qui leur sont légitimement dues, parce qu'elles sont le prix d'avances faites dans l'intérêt des travaux.

DISPOSITIF.

1er CHEF.

« Considérant qu'il résulte du rapport de M. l'ingénieur, chargé de la direction des travaux, que les profils des terrassements pour fixer le cube des remblais et des déblais, ont été relevés contradictoirement par les agents des Ponts et Chaussées qui ont procédé, concurremment avec le sieur Cassé, que le syndic Dumas avait délégué à cet effet ; que cette opération a été vérifiée par les syndics, et qu'il est impossible aujourd'hui de rectifier par un nouveau métré les erreurs qui auraient pu être commises dans l'appréciation de ces travaux ; que, d'ailleurs, les allégations des pétitionnaires ne sont pas suffisamment justifiées, et que le Conseil ne saurait admettre une réclamation qui n'est appuyée d'aucune preuve qui la puisse raisonnablement faire admettre.

2e CHEF.

« Considérant que les 4,700 mètres 97 centimètres sont com-

pris dans les 11,833 mètres cubes qui figurent au décompte, et
que le mémoire des syndics n'offre que des conjectures, sans présenter aucune assertion positive, et assez clairement établie, pour
infirmer le témoignage des ingénieurs, en signalant l'erreur dont
ils se plaignent, de manière à rendre leur réclamation admissible ;
qu'on ne saurait procéder à un nouvel emmétrage, pour la constatation de la visite, puisque les matériaux dont on réclame le prix
sont déposés en enrochement dans le lit de la Garonne.

3e CHEF.

« Considérant que les syndics en réclamant l'application du prix
de 6 fr. 04 à 1,938 mètres cubes 34^c, au lieu de 618 mètres 50^c
portés au décompte, offrent la constatation du premier chiffre, par
des décomptes mensuels et le jaugeage quotidien des bateaux employés au transport des matériaux destinés aux enrochements ; que
le tassement des enrochements et leur entraînement par les crues
de la Garonne ne sauraient justifier la réduction, à 618 mètres 50,
du chiffre de 1,938 mètres 34, constaté par des procédés dont on
est forcé de reconnaître l'authenticité par la difficulté d'en justifier
l'erreur. Le conseil admet le chiffre total de 1,938 mètres 34 centimètres, au prix de 6 fr. 04, d'après l'avis de M. l'ingénieur, ce
qui constitue une augmentation de 7,931 fr. 97 c. qui sera portée
au décompte du sieur Lespinasse.

4e CHEF.

« Considérant qu'il résulte du rapport de M. l'ingénieur que la
confusion des matériaux du sieur Lespinasse avec ceux de son suc-
cesseur, ne permettait pas d'établir, d'une manière positive, le cube
de ceux que réclament aujourd'hui les créanciers de la faillite ; que
l'incertitude qu'offre le jaugeage des bateaux ne permet pas à l'administration d'établir une réduction dont les pétitionnaires soient
forcés de s'accommoder, et que le déchet invoqué par M. l'ingénieur est une base bien équivoque pour une appréciation positive ;

« Considérant que la réclamation actuelle, qui a pour objet d'a-
jouter au décompte définitif le prix de 371 mètres 10 centimètres
est appuyée sur un fait dont M. l'ingénieur n'a pas contesté la vérité dans son rapport, et qu'il a été impossible de vérifier dans les
pièces qui composent le dossier, savoir : que, dans les états de

régie, figure le prix de transport, au compte de la faillite, des 371 mètres 10 de moellons dont les syndics réclament le prix ;

« Par ces motifs la quatrième réclamation est admise pour une somme de 2,241 fr. 24 c. résultant de 371 mètres cubes, à 6 francs 4 centimes.

5e CHEF.

« Considérant que le métré du cube des matériaux employés aux perrés et aux risbermes a été fait contradictoirement avec le sieur Cassé, délégué et payé par les syndics de la faillite ; que les syndics eux-mêmes ont refusé de procéder à une vérification du métré, et que ce refus permet de présumer qu'ils étaient convaincus de la régularité et de l'exactitude de l'opération primitive ; qu'il est positivement établi par le rapport de M. l'ingénieur, qu'à la suite de conférences qui ont eu lieu dans ses bureaux, et par une espèce de transaction qui avait pour objet la régularisation des opérations faites, le cube de perrés a été augmenté et celui des risbermes diminué ; que cette combinaison n'offrait aux syndics aucun inconvénient, parce qu'il y avait similitude dans ses prix ; et qu'il n'est pas permis de revenir aujourd'hui contre des conventions réciproquement acceptées.

6e CHEF.

« Considérant qu'il résulte du rapport de M. l'ingénieur, du 27 juin 1843, que les syndics de la faillite et le sieur Michel évaluèrent, d'un commun accord, tous les matériaux appartenant au sieur Lespinasse, dans les dépôts ou dans les carrières, à une somme de 11,500 fr. ; que cette somme, portée dans le décompte du sieur Lespinasse, sera distraite du décompte du sieur Michel, qui sera censé avoir employé, sans distinction, ses propres matériaux ; que cette combinaison proposée par M. l'ingénieur doit être sanctionnée par le Conseil, parce qu'il y a confusion dans les matériaux des deux entrepreneurs, et que l'inexactitude des cubes ne pourrait être vérifiée par un métrage nouveau ; qu'on ne peut pas contester l'identité du chiffre qui figure au décompte avec le chiffre indicatif de la valeur des matériaux acceptée et ratifiée par les syndics, et que l'opération primitive doit être maintenue parce qu'une partie des matériaux de la faillite a été employée et confondue avec les matériaux extraits par le sieur Michel ; que le troisième paragraphe de l'art. 40, invoqué par les pétitionnaires, n'impose pas à l'administration l'obligation d'allouer une indemnité à l'entrepreneur, puisqu'il décide que les matériaux qui ne seraient pas déposés sur les travaux, resteront à son compte, et qu'il pourra lui être alloué une indemnité fixée par l'administration.

7e CHEF.

« Considérant que l'administration n'exerce la retenue du 10e de garantie que dans l'intérêt des travaux ; qu'elle peut modifier cette mesure dans son application ou exercer dans toute son étendue le droit que lui attribuent les clauses et conditions générales ; qu'en affranchissant le sieur Lespinasse de la retenue du 10e, elle lui a offert le moyen de se mettre à l'abri des intérêts usuraires qu'on pouvait exiger de lui, mais qu'elle était toujours libre et indépendante dans son action, sans autoriser les créanciers de la faillite à lui adresser le reproche de leur avoir soustrait une garantie sur laquelle ils n'étaient pas autorisés à compter ; par ces motifs, le Conseil arrête :

« Art. 1er. Il sera ajouté au décompte du sieur Lespinasse une somme de 10,173 fr. 21 c., savoir, celle de 7,931 fr. 97 c. sur la troisième réclamation et sur la quatrième celle de 2,241 fr. 24 c.;

« Art. 2. Toutes les autres réclamations sont rejetées. »

Le 22 février 1845, les syndics, ès-noms qu'ils agissaient, se sont pourvus contre les cinq dispositions de cet arrêté qui leur étaient contraires. Nous exposerons sommairement leurs moyens.

§ 1er. — CUBE DES TERRASSEMENTS.

Les entrepreneurs ont demandé que le cube des terrassements fût augmenté. A l'appui de cette demande, ils ont produit trois motifs : 1° ils ont soutenu que les métrés n'avaient pas été contradictoires ; 2° ils ont rappelé que, dans un premier règlement, rédigé en 1841 (les travaux avaient été continués jusqu'en juillet 1842), le cube des terrassements du 9e lot avait été fixé à 132,316 m. 8 c., et celui du 10e à 107,059 m. 12 c. ; que, dans un premier décompte du 5 décembre 1842, le cube du 9e lot avait été réduit à 111,024 m. 81 c., et celui du 10e porté à 145,356 m. 35 c. ; que, dans un deuxième décompte du 22 du même mois, ces cubes, modifiés de nouveau, avaient été fixés à 123,406 m. 15 c. pour le 9e lot, et à

132,975 m. 1 c. pour le 10ᵉ ; qu'enfin, le 20 mai 1843, un troisième décompte avait encore changé ces chiffres, en portant le
cube des terrassements du 9ᵉ lot à 123,912 m. 11 c., et celui du
10ᵉ à 133,482 m.

Ils soutenaient que, depuis l'établissement des premiers comptes,
les travaux avaient pu augmenter, puisqu'on avait continué à travailler, mais non diminuer ; ils demandaient, en conséquence, l'at-
tribution des chiffres les plus élevés, soit 132,316 m. 8 c. pour le
9ᵉ lot, et 145,356 m. 36 c. pour le 10ᵉ.

Subsidiairement, ils faisaient remarquer que, se fondant sur ce
que le chiffre des déblais était fixé, pour les deux lots, à 305,225 m.
80 c., et celui des remblais à 362,768 m. 16 c.; différence :
57,542 m. 48 c. en plus de remblais, on avait, sur cette différence, déduit le prix de fouille spécial aux déblais ; ils ont demandé à ne pas supporter cette réduction, puisque, nécessairement, le chiffre des déblais devait être égal à celui des remblais ;
qu'il y aurait donc, au moins, lieu de rétablir ce prix, soit 0 fr. 33 c.
par mètre cube sur lesdits 57,542 m. 48 c.

Le ministre des travaux publics a répondu, sur ce premier chef,
que la différence des chiffres des décomptes provenait de ce qu'on
avait d'abord porté sur le 9ᵉ lot des mouvements de terres qui
avaient été reconnus plus tard devoir être attribués au 10ᵉ ; qu'en
somme, les entrepreneurs n'avaient pas à se plaindre, puisque le
total adopté, soit 257,394 m. 71 c., était le plus élevé.

Quant à la différence entre les déblais et les remblais, différence
qui est seulement de 44,627 m. 17 c., et qui, au contraire de ce
que prétendent les requérants, s'applique, non aux remblais, mais
aux déblais, elle s'explique, a dit le ministre, par ce fait, qu'en
cours d'exécution, une partie des remblais a été enlevée par les
crues de la Garonne.

§ 2. — TUF EMPLOYÉ EN ENROCHEMENTS.

A cet égard, la demande des syndics a varié. Dans leur première
requête au Conseil d'État, ils avaient demandé qu'on réparât une
omission de 4,700 m. de tuf, employé dans les enrochements ; le
ministre ayant répondu que ces 4,700 m. étaient contenus dans le
cube total de 11,833 m., les entrepreneurs parurent, dans leur

réplique, à laquelle le ministre ne fut pas appelé à répondre, modifier leur prétention et réclamer 0 fr. 50 c. par mètre sur 4.700 m. cubes d'enrochements, comme supplément à eux dû pour plus grandes difficultés dans l'exécution.

§ 3. — MATÉRIAUX DES RISBERMES ET PERRÉS.

(5e *article de l'arrêté du conseil de préfecture.*)

Les entrepreneurs, réclamant contre les cubes du décompte, demandaient que 1,454 m. cubes de moellons employés aux risbermes, 9e lot, et 5,767 m. des mêmes matériaux, 10e lot, fussent ajoutés au compte ; ils soutenaient que le métrage n'avait pas été fait contradictoirement, qu'il contenait des inexactitudes attestées par les décomptes antérieurs, et qui devaient être rectifiées.

Le ministre a répondu que les métrés avaient été contradictoires, et que, bien que faits et bien faits une première fois, on aurait consenti à les recommencer si les syndics eux-mêmes ne s'y étaient refusé, déclarant s'en rapporter aux premières opérations. S'il a existé, dans les décomptes provisoires, d'autres chiffres que ceux contenus au décompte définitif, cela tient, a dit le ministre, à ce qu'on avait porté sur les risbermes ce qui devait être porté aux perrés ; le décompte définitif, en rétablissant les choses comme elles devaient l'être, a fait varier les chiffres sans modifier la somme ; si on admettait la réclamation des entrepreneurs, il y aurait double emploi.

§ 4. — APPROVISIONNEMENTS EN CARRIÈRE.

(6e *article de l'arrêté du conseil de préfecture.*)

Des matériaux, approvisionnés par Lespinasse, avaient été vendus, par l'administration, à M. Michel, l'entrepreneur qui avait remplacé ce dernier ; mais ce marché, conclu pour la somme de 11,500 fr., fut résilié comme non accepté par M. Michel. Cependant on avait fait figurer ce prix de 11,500 fr. dans le décompte ; les syndics, soutenant que ce prix était bien inférieur à la valeur desdits matériaux, demandaient qu'aux termes de l'art. 40 des clauses et conditions générales, ils fussent rachetés moyennant un prix qui serait déterminé par une expertise contradictoire.

Le ministre a répondu que c'était par les syndics eux-mêmes que ces matériaux avaient été vendus pour 11,500 fr. au sieur Michel ; qu'on n'avait donc pu mieux faire que de s'en rapporter

à la valeur qu'ils avaient eux-mêmes attribuée auxdits matériaux ;
que la circonstance que, plus tard, ce marché avait été résilié,
était indifférente ; qu'enfin, il n'y avait lieu, dans l'espèce, d'appliquer l'art. 40 invoqué, puisque la résiliation, provenant du fait
de l'entrepreneur, avait été prononcée à la suite de sa mise en
faillite. Le ministre s'en est référé, d'ailleurs, aux considérants du
Conseil de Préfecture.

§ 5. — RETENUE DE GARANTIE.

(7ᵉ article de l'arrêté du Conseil de Préfecture.)

Ce quatrième et dernier chef présentait une question de principe
plus intéressante que les difficultés qui précèdent.

D'après l'art. 35 des clauses et conditions générales, l'administration est dans l'usage de conserver, sous le nom de *retenue de garantie*, le dixième du montant des travaux exécutés. Ce dixième,
sur lequel les créanciers de Lespinasse auraient pu, s'il avait été
réservé, exercer un recours, avait été remis à Lespinasse dans le
but de venir à son secours et de conjurer la catastrophe qui néanmoins, plus tard, termina son entreprise. S'armant de cette dérogation aux dispositions des clauses et conditions, les syndics, prétendant que, par là, l'administration avait diminué leur gage,
entendaient la rendre responsable du tort que cette mesure avait
pu causer aux créanciers. Le ministre a répondu, non sans raison,
que la faculté donnée à l'administration de retenir une quotité déterminée sur la valeur des travaux exécutés, était stipulée en sa
faveur, et qu'elle pouvait, quand elle le jugeait convenable, s'en
départir dans telles conditions qui lui paraissaient garantir ses intérêts ; qu'en conséquence, en aucun cas, elle ne pouvait avoir à
répondre des lésions que l'exercice fait, par elle, de cette faculté,
avait pu causer à des intérêts engagés dans l'entreprise.

Les entrepreneurs concluaient, en somme, à l'annulation des
dispositions du Conseil de Préfecture contraires à leurs premières
demandes ; le ministre, au contraire, concluait à sa confirmation
pure et simple.

Le Conseil d'État, après avoir entendu MM. Jouvencel, conseiller
d'État, en son rapport, et Reverchon, maître des requêtes, en ses
conclusions, a statué en ces termes :

« En ce qui touche les terrassements portés aux décomptes dés deux entreprises du sieur Lespinasse ;

« Sur le grief tiré de ce que les profils qui ont servi de base à ces décomptes n'auraient pas été levés contradictoirement ;

« Considérant qu'il résulte de l'instruction que ces profils ont été levés contradictoirement avec le sieur Casse, délégué des syndics et revêtu ensuite de l'acceptation de l'un de ces derniers ; que d'ailleurs, soit à raison des travaux effectués par l'entrepreneur qui a succédé au sieur Lespinasse, soit à raison du laps de temps qui s'est écoulé depuis l'époque où le sieur Lespinasse a exécuté les terrassements dont il s'agit, la vérification dés profils sur le terrain, vérification qu'au surplus les syndics ne demandent pas, ne serait plus aujourd'hui possible ;

« Sur le grief résultant de ce que, dans un état dés travaux au 31 décembre 1841, les terrassements du 9e lot auraient été portés à un chiffre plus élevé que dans le décompte final de l'entreprise ;

« Considérant que la différence qui fait l'objet de la réclamation des syndics s'explique par une rectification de la limite séparatoire de 9e et du 10e lot, et par le rétablissement, au compte du 10e lot, d'une partie de terrassements portés d'abord, par erreur, au compte du 9e ; que les syndics ne justifient pas que l'état du 31 décembre 1841, dont ils excipent et qu'ils n'ont pas produit à l'appui de leur mémoire, ait acquis, à l'égard de l'entrepreneur, un caractère définitif, et qu'enfin, suivant les syndics eux-mêmes, le total est formé de la réunion des terrassements indiqués aux deux états des 9e et 10e lots du 31 décembre 1841 ;

Sur le grief résultant de ce que le cube des remblais portés, soit au décompte du 9e lot, soit à celui du 10e lot, excéderait celui des déblais, et de ce que ce serait seulement sur le moindre de cés cubes, dans chaque lot, que le décompte aurait été établi ;

« Considérant que les syndics font erreur lorsqu'ils allèguent que, soit dans le décompte du 9e, soit dans celui du 10e, le cube des remblais excède celui des déblais ; qu'au contraire, et par suite de l'enlèvement d'une partie des remblais par la Garonne, enlèvement dont il est d'ailleurs tenu compte à l'entreprise Lespinasse, le cube des déblais excède celui des remblais, et que c'est sur le cube des déblais que le compte de l'entreprise a été établi ;

« En ce qui touche la réclamation relative aux 4,700 m. 97 c. de tuf extraits des déblais par le sieur Lespinasse ;

« Considérant que, dans leurs réclamations primitives, les syndics se bornaient à demander qu'il fût tenu compte à l'entreprise Lespinasse, et ce au prix de 50 c. le mètre cube, de cette quantité de tuf ; que, sur la réponse des ingénieurs qu'elle était comprise dans les quantités plus considérables de tuf qui figurent aux décomptes, les syndics, modifiant leur réclamation, demandent aujourd'hui qu'il leur soit accordé, par mètre cube de tuf dont il s'agit, 50 c. en sus des prix déjà alloués ;

« Considérant que cette demande d'allocation d'un prix supplémentaire ne repose sur aucun motif ;

« En ce qui touche les quantités de matériaux employés en risbermes et perrés dont il est fait compte à l'entreprise Lespinasse ;

« Considérant que les syndics ne produisent pas les états dont ils excipent et qui, suivant eux, donneraient, pour les matériaux employés en risbermes, des quantités plus considérables que celles portées aux décomptes ; que, d'ailleurs, les états mensuels ne sont d'ordinaire dressés qu'approximativement et dans le seul but de permettre aux ingénieurs d'apprécier, par aperçu, quels à-compte il peut être convenable, dans le cours de l'exercice, d'allouer aux entrepreneurs ; qu'enfin, il résulte de l'instruction que les syndics ont refusé de faire contradictoirement, avec les ingénieurs, la vérification du métré des matériaux employés en risbermes et perrés, vérification facile, puisque ces matériaux étaient régulièrement disposés en maçonnerie sèche ou pavage sur le talus extérieur du canal ;

« En ce qui touche le compte qui a été tenu des matériaux existant en carrière ou amenés à pied d'œuvre lors de la cessation de l'entreprise ;

« Considérant qu'il est établi, par les documents joints au dossier, que, par suite de circonstances particulières à l'entreprise Lespinasse et par dérogation aux dispositions de l'art. 15 des clauses et conditions générales, les ingénieurs avaient admis comme approvisionnés les matériaux préparés par l'entrepreneur, dans la carrière et dès avant leur transport au chantier, et par suite, payé au sieur Lespinasse des à-compte sur la valeur de ces matériaux comme sur ceux qui étaient à pied d'œuvre ; que l'administration avait, dès lors, le droit de garder lesdits matériaux, après la résiliation de l'entreprise, sauf à tenir compte, aux représentants de l'entrepreneur, du surplus, non encore payé, de leur valeur ; qu'elle a fixé cette valeur d'après le prix auquel les syndics eux-mêmes avaient cédé ces matériaux au sieur Michel, entrepreneur, et que les syndics ne justifient pas que ce prix soit inférieur à la valeur véritable desdits matériaux ;

« En ce qui touche la demande tendant à ce qu'une indemnité soit accordée à l'entreprise, par application de l'art. 40 des clauses et conditions générales ;

« Considérant que l'art. 40 des clauses et conditions générales est spécial au cas de cessation des travaux d'une entreprise par suite de circonstances étrangères à l'entrepreneur et prévues aux art. 36 et 39 des mêmes clauses et conditions, et que, dans l'espèce, la cessation des travaux n'a eu lieu que par la faute de l'entrepreneur, et ne rentre dans aucun des cas prévus aux articles précités ;

« Sur le grief résultant de ce que les ingénieurs, en ne retenant pas à l'entrepreneur en cours d'exécution le dixième du montant de ses travaux, auraient porté préjudice aux créanciers du sieur Lespinasse ;

« Considérant que la retenue du dixième de garantie n'est stipulée que dans l'intérêt de l'administration, et que si l'administration en a dispensé l'entrepreneur dans l'espèce, les syndics sont sans droit et sans qualité pour faire de cette circonstance, la base d'une réclamation par la voie contentieuse ;

« Décide :

« Art. 1er. — La requête des syndics de la faillite du sieur Lespinasse est rejetée. »

Séance du 19 *juillet* 1851.

Pourvoi des sieurs Lavaud et Mayé, entrepreneurs, contre un arrêté du Conseil de Préfecture de la Gironde, du 31 décembre 1846. — Régie. — Production de pièces inexactes au Conseil de Préfecture. — Annulation de l'arrêté.

MM. Lavaud et Mayé, entrepreneurs de travaux publics, furent, tant en leur nom que comme cessionnaires du sieur Philippon, déclarés, le 30 juin 1840, adjudicataires des travaux à faire pour la restauration des deux débarcadères de la place royale à Bordeaux, et pour la construction de pavage d'échantillon sur le terreplein du port, entre la place Richelieu et la place Laîné.

L'article 19 du devis de l'entreprise avait été primitivement ainsi rédigé :

« Les pavés d'échantillon seront extraits des carrières de Bergerac « ou des carrières de l'Ile-Longue, située dans la rade de Brest... « Les moellons devront être d'un grain dur et sec... *On ne tolérera* « *pas plus de* 0,007^m *d'aspérité à la tête.* »

Sous cette condition rigoureuse, plusieurs mises en adjudication furent successivement tentées, mais sans résultat. L'ingénieur en chef alors, afin de rendre l'entreprise plus abordable, crut devoir modifier la dernière clause de l'art. 19 que nous venons de rapporter, et étendit la tolérance à 0,015^m d'aspérité au lieu de 0,007^m. C'est postérieurement à cette modification que les sieurs Lavaud et Mayé furent déclarés adjudicataires.

Cependant, par des motifs indiqués par les entrepreneurs comme complétement étrangers aux intérêts de l'administration, les ingénieurs sollicitèrent et obtinrent, le 3 septembre 1840, du préfet de la Gironde, une mise en régie, fondée principalement sur ce fait : que les pavés, fournis par les entrepreneurs, ne remplissaient pas les conditions déterminées par l'ar-

14

ticle 19 du premier devis, c'est-à-dire présentaient plus de $0,007^m$ d'aspérité à la tête.

Comment a-t-il pu se faire que la religion du préfet ait été ainsi surprise, et comment ce fonctionnaire ne chercha-t-il pas à s'édifier sur la légalité de la mesure qu'on sollicitait de lui? C'est ce qui ne paraîtra étrange qu'à ceux qui ne savent pas combien est malheureusement passif le rôle dans lequel MM. les préfets croient devoir se renfermer en pareille circonstance, et combien il est entré dans les habitudes administratives d'accepter et de consacrer sans contrôle, la plupart des déterminations prises envers les entrepreneurs par MM. les agents des ponts et chaussées.

Les intéressés réclamèrent contre cette régie, et le débat, porté devant le Conseil de Préfecture de la Gironde, fut suivi, le 31 décembre 1846, de l'arrêté dont voici la teneur :

« Vu le renvoi fait au Conseil par M. le préfet ;

« Considérant que les sieurs Mayé et Lavaud, contestent, d'abord, que l'administration ait été fondée, en fait et en droit, à établir, à leurs frais, risques et périls, la régie des travaux dont ils étaient adjudicataires, et qui a été ordonnée par les arrêtés de M. le préfet ci-dessus visés ; qu'ils critiquent ensuite le décompte définitif des travaux de leur entreprise qui a été dressé par l'administration ; qu'il y a lieu d'examiner leurs demandes dans ce même ordre ;

« *Sur la mise en régie.* — Considérant que la cause première des difficultés survenues entre l'administration des ponts et chaussées et les entrepreneurs Mayé, Lavaud et Philippon, est l'inexécution, de la part de ces derniers, de l'article 19 du devis et du cahier des charges ; qu'aux termes de cet article, les pavés à fournir devaient être taillés de telle manière qu'indépendamment de toutes autres dimensions et formes prescrites par ce même article, *ils n'eussent pas plus de $0,007^m$ d'aspérité à la tête ;*

« Considérant qu'il est allégué par MM. les ingénieurs, que les pavés que les entrepreneurs avaient fait extraire des carrières et transporter à Bordeaux pour y être employés aux travaux dont ils étaient adjudicataires, ne satisfaisaient pas en très-grand nombre, et sous ce dernier rapport surtout (les aspérités de la tête), aux prescriptions dudit article 19 ; que ce fait est même reconnu constant par les entrepreneurs ;

« Considérant que pour en détourner les conséquences contre eux, ils se bornent à soutenir qu'il avait été dérogé à la rigueur de cette obligation par l'administration , qui avait jugé à propos (disent les entrepreneurs), après avoir inutilement tenté trois adjudications pour la fourniture desdits pavés, de stipuler, par dérogation audit article 19, qu'il serait toléré 0,015^{m} d'aspérité à la tête des pavés, au lieu de 0,007^{m} primitivement portés au devis ;

« Considérant que cette dérogation au devis primitif *est formellement déniée par l'administration dans ses défenses ci-dessus visées du 23 juillet 1842 ; qu'elle insiste au contraire sur l'application à faire des dispositions dudit article 19 du cahier des charges, notamment en ce qui a trait à la tolérance d'aspérité à la tête des pavés, qui a toujours dû être de 0,007^{m}, et non de 0,015^{m}, ainsi que le prétendent les entrepreneurs ;*

« Considérant que ces défenses ont été communiquées aux entrepreneurs, qu'ils n'ont rien opposé aux dénégations, sur ce point, de MM. les ingénieurs , et qu'ils ne prouvent , en aucune façon la dérogation , par eux alléguée, dudit article 19 du cahier des charges ;

« Considérant qu'il est même à remarquer que, dans une lettre écrite par les entrepreneurs, le 26 octobre 1840, à MM. les ingénieurs, et ci-dessus visée, qui avait pour but de se plaindre des exigences de l'administration dans la réception des pavés, et du rebut considérable qu'elle en faisait , ils n'articulent pas même l'existence de cette prétendue dérogation au devis primitif; qu'ils se bornent à invoquer les difficultés de leur entreprise et de satisfaire à la rigueur de leurs obligations; qu'il ne tombe pas sous les sens que tel eût été leur langage si les exigences de l'administration , dans la réception des pavés, eussent eu pour fondement, ainsi qu'ils le prétendent, une stipulation contenue en l'article 19, à laquelle il eût été dérogé, et qui eût porté la tolérance des aspérités de tête des pavés de 0,007^{m} à 0,015^{m}, qu'au surplus et en fait, *l'administration déniant cette dérogation* à l'article 19, c'était aux entrepreneurs qui l'allèguent, à le prouver, ce qu'ils n'ont pas fait ;

« Considérant que, dans l'état, il est dès lors constant qu'aux premiers jours de l'entreprise, les sieurs Mayé, Lavaud et Philippon n'ont pas rempli leurs obligations comme ils le devaient, que vainement ils ont été mis en demeure de les remplir ; qu'il ne restait d'autres mesures à prendre par l'administration pour la confection des travaux laissés en souffrance et pour ainsi dire interrompus, que de recourir à l'établissement d'une régie que l'administration des ponts et chaussées était fondée à réclamer et qui a été conséquemment à bon droit ordonnée par les arrêtés de M. le préfet ci-dessus visés ;

« Considérant, au surplus, que cette régie a, dès le principe, en quelque sorte, été acceptée par les entrepreneurs qui ont même approuvé sans protestations ni réserves, le premier marché intervenu par suite et en exécution de ladite régie, entre l'administration et le sieur Pelin, le 23 novembre 1840, ci-dessus visé ; approbation qui résulte de ces mots écrits au bas dudit marché : *accepté par les entrepreneurs soussignés,* suivis de leurs signatures ; que s'ils étaient fondés, ce qui n'est pas, à contester l'établissement de ladite régie, ils n'y seraient *peut-être* pas recevables ;

« Considérant, ce premier chef des réclamations des entrepreneurs écarté, qu'il reste à examiner s'ils sont fondés ou non à demander le payement de la somme de 4,120 fr. 96 c., qu'ils prétendent leur être due pour solde de travaux par eux exécutés au moment de l'établissement de ladite régie ;

« Considérant que ce chef de réclamation des entrepreneurs s'appuie sur ce raisonnement : qu'au moment de l'établissement de la régie ils avaient, eux-mêmes, exécuté des travaux pour une somme de 36,620 fr. 96 c., suivant prix du devis et les métrés contradictoirement faits à cette époque. . . 36,620 fr. 96 c.

« Qu'ils n'ont reçu sur cette somme que celle de. 32,500

« Que dès lors il leur reste dû pour solde. 4,120 fr. 96 c.

« Considérant, sans qu'il soit besoin d'examiner si ce résultat est ou non exact, qu'il y a lieu de remarquer que ce mode de raisonner des entrepreneurs repose sur un oubli évident des principes et du droit en ces matières ;

« Considérant, en effet, que l'arrêté préfectoral qui établit une régie, ne résilie pas l'adjudication, aux clauses et conditions de laquelle l'entrepreneur adjudicataire ne satisfait pas ; que ce arrêté a principalement pour but d'autoriser l'administration des ponts et chaussées à exécuter aux frais, risques et périls et aux lieu et place de l'entrepreneur, les travaux qu'il s'est obligé à faire et qu'il ne fait pas ;

« Considérant qu'il n'y a pas lieu, en pareil cas, de payer à l'entrepreneur les travaux par lui directement faits au moment de la mise en régie, sans avoir égard aux suites et conséquences ultérieures de cette régie contre lui ; qu'il faut, au contraire, régler dans leur ensemble tant le prix des travaux exécutés directement par l'entrepreneur que ceux exécutés à ses frais, périls et risques en régie, pour déterminer le montant définitif de ce qui peut lui être dû après l'achèvement total des travaux, ou de ce qu'il peut devoir lui-même, si la régie n'a pu s'exécuter aux mêmes prix et conditions que l'adjudication avait fait aux entrepreneurs ;

« Considérant que c'est précisément ainsi qu'il a été procédé dans le décompte définitif des travaux de l'entreprise des sieurs Mayé, Lavaud et Philippon ;

« Considérant que, dans ce décompte définitif, l'ensemble des travaux exécutés par les entrepreneurs ou en régie, a produit une dépense totale de. . . . . 83,259 f. 63

« Que, sur cette somme, il a été directement payé aux entrepreneurs celle de 32,500 fr., ainsi qu'ils le reconnaissent. . . . . 32,500 »

« Et aux ouvriers ou tâcherons employés en régie une somme de 50,100 f. 20 c., ainsi qu'il résulte des huit états partiels ci-dessus visés. 50,100 20

Ensemble. . . . 82,600 f. 20 — 82,600 f. 20

« Ce qui détermine un solde définitif de. . . . 659 43

« Considérant enfin que les entrepreneurs ont été mis en demeure d'approuver ou de contester ce décompte définitif, qu'ils n'ont élevé aucune autre prétention que celles qui viennent d'être examinées et qui sont mal fondées ; qu'il y a lieu dès lors de fixer et arrêter le débet définitif de l'administration envers les entrepreneurs Mayé, Lavaud et Philippon, à ladite somme de 659 fr. 43 c. qu'elle a toujours offert de leur payer ;

« Arrête :

« Art. 1er. La demande d'une somme de 15,000 fr. formée par les entrepreneurs Mayé, Lavaud et Philippon, pour dommages intérêts résultant de la régie ordonnée par les arrêtés ci-dessus visés, est rejetée.

« Art. 2. La demande qu'ils ont formée d'une somme de 4,120 fr. 96 c. pour solde de travaux par eux définitivement exécutés, est rejetée.

« Art. 3. Le débet de l'administration envers lesdits entrepreneurs reste et demeure arrêté et fixé à la somme de 659 fr. 43 c. »

Il n'avait été produit devant le Conseil de Préfecture qu'une copie du premier devis, au lieu de celle du devis rectifié avant l'adjudication. En vain les entrepreneurs avaient-ils appuyé leur réclamation sur les modifications apportées préalablement par les ingénieurs, aux clauses trop rigoureuses du premier devis, modifications que les ingénieurs connaissaient mieux que personne ; en vain avaient-ils provoqué un examen des pièces : ils n'avaient pas été écoutés. D'un côté, les ingénieurs avaient taxé leur déclaration d'inexacte ; de l'autre, le Conseil de Préfecture, s'en rapportant trop légèrement, il faut le dire, à des dénégations qu'on n'osait pas supposer dénuées de vérité, n'avait même pas cru devoir prendre la peine de vérifier le fait sur les pièces originales déposées à la préfecture, et avait prononcé sur la foi des ingénieurs.

Le 31 avril 1847, les entrepreneurs se sont pourvus au Conseil d'État contre cet arrêté ; ils ont renouvelé les observations par eux produites devant le Conseil de Préfecture ; ils ont excipé des modifications contenues au devis de leur entreprise, et ont en conséquence demandé : 1° l'annulation de l'arrêté du Conseil de Préfecture de la Gironde ; 2° une somme de 15,000 pour réparer le préjudice à eux causé par la régie ; 3° enfin une somme de 4,120 fr. 96 c. pour solde de leur entreprise.

M. le ministre des travaux publics, auquel le pourvoi a été communiqué, a joint à ses observations un rapport de l'ingénieur ordinaire, du 14 septembre 1847. Ce fonctionnaire, cherchant à y expliquer ce que sa manière d'agir pouvait présenter d'étrange, et reconnaissant enfin l'exactitude des assertions des entrepreneurs, s'est prévalu de l'ignorance où il se serait trouvé des modifications introduites dans le devis. Les entrepreneurs ont répondu : 1° que cette prétendue ignorance n'avait jamais existé, et ils en ont fourni la preuve dans une lettre de cet ingénieur du 18 février 1842, lettre dans laquelle la tolérance de 0,015ᵐ d'aspérité était expressément mentionnée ; 2° qu'alors même que cette ignorance eût jamais existé, elle ne pouvait plus servir d'excuse dès lors que, par suite des réclamations produites, la religion de l'ingénieur, éveillée sur ce point, avait pu être aisément éclairée.

Du reste, M. le ministre, dont la haute loyauté ne pouvait accepter une plus longue discussion sur un pareil terrain, s'est empressé de reconnaître que « par suite d'une *erreur regrettable*, la « copie du devis soumise au Conseil de Préfecture de la Gironde, « à l'occasion de la réclamation des entrepreneurs, était une copie « du devis primitif, et ne reproduisait pas la modification intro- « duite *avant l'adjudication* par M. l'ingénieur en chef directeur. »

Il a conclu, en conséquence, à ce que l'arrêté du 31 octobre 1846 fût annulé, et que l'affaire fût renvoyée de nouveau au Conseil de Préfecture de la Gironde, en y joignant cette fois les véritables pièces de l'entreprise.

Le conseil d'État, après avoir entendu MM. Maigne et Cornudet, maîtres des requêtes, dans leurs rapport et conclusions, a statué en ces termes :

« Considérant qu'il résulte de l'instruction que les arrêtés de régie pris contre lesdits requérants, l'ont été par le motif qu'ils ne se seraient pas conformés aux prescriptions de l'article 19 du devis, relatif à la fourniture des pavés, en livrant des pavés qui présentaient plus de sept millimètres d'aspérité à la tête ;

« Considérant qu'il est allégué par les requérants et qu'il est reconnu par le ministre des travaux publics que le devis primitif avait été modifié avant l'adjudication prononcée à leur profit, et que le maximum d'aspérité, dans les limites duquel les entrepreneurs se sont maintenus, avait été porté de sept à quinze millimètres ;

« Que, dans ces circonstances, il y a lieu de décharger les requérants des conséquences desdites régies ;

« En ce qui touche les conclusions tendant au paiement : 1° du solde des travaux effectués par les requérants ; 2° d'une indemnité à raison du préjudice que leur aurait fait éprouver la mise en régie de leur entreprise ;

« Considérant que l'instruction ne fournit pas les éléments nécessaires pour fixer le chiffre dudit solde ;

« Que l'état de l'instruction ne permet pas non plus de reconnaître s'il est dû une indemnité aux requérants, et, en cas d'affirmative, quelle en devrait être l'importance ;

« Décide :

« Art. 1er. L'arrêté ci-dessus visé du Conseil de Préfecture de la Gironde, en date du 31 décembre 1846, est annulé ;

« Art. 2. Les travaux exécutés en régie pour l'achèvement de l'entreprise adjugée aux requérants, resteront au compte de l'administration ;

« Art. 3. Les sieurs Lavaud et Mayé sont renvoyés devant le ministre des travaux publics et, en cas de contestation, devant le Conseil de Préfecture de la Gironde, pour y être procédé : 1° à la fixation du solde des travaux exécutés par eux, avec intérêts tels que de droit ; 2° à la liquidation, s'il y a lieu, de l'indemnité à laquelle ils seraient reconnus avoir droit, à raison du préjudice qui leur aurait été causé par la mise en régie de leur entreprise ;

« Art. 4. L'État, en la personne du ministre des travaux publics, est condamné aux dépens ;

Nous aurons plus d'une fois à signaler dans le cours de ces compte-rendus les dangers que soulève et les abus qu'encourage la rédaction vague et arbitraire de l'art. 21 des clauses et conditions générales, en présence surtout du rôle passif adopté par MM. les préfets lorsqu'il s'agit de son application. Nous avons aujourd'hui à en fournir un exemple bien frappant. Grâce à l'élasticité de l'art. 21, grâce surtout à l'indifférence préfectorale, il a pu arriver qu'une mise en régie notoirement injuste, imméritée, illégale, a pu être demandée par les ingénieurs et prononcée par le préfet. Cette première injustice en a encouragé une autre, puisque ce n'est, sans doute, qu'en s'appuyant sur les actes émanés des ingénieurs et du préfet que le Conseil de Préfecture a pu, sans examen et sans enquête, adopter les résolutions annulées plus tard par le Conseil d'État. De pareils résultats sont assez graves pour appeler l'attention de l'administration supérieure, et pour frapper la haute intelligence du ministre que, dans l'intérêt général de la direction des travaux publics, nous voudrions conserver longtemps à la tête de ce département. Nous savons que, préoccupé des questions qui se rattachent à la révision du cahier des clauses et conditions générales, il fait préparer en ce moment une rédaction définitive des projets élaborés depuis longtemps et toujours ajournés ; nous voulons espérer que, dans le nouveau projet, l'art. 21 recevra les modifications profondes que l'équité commande et que l'expérience indique. Nous ne dirons rien de la conduite des ingénieurs dans cette affaire : il est dans l'ordre presque nécessaire des choses que des règlements arbitraires rencontrent parfois des exécuteurs injustes ou passionnés.

Séance du 26 juillet 1851.

Pourvoi du ministre des travaux publics contre un arrêté du Conseil de Préfecture du Cher, du 13 février 1849. — Point de départ du délai de garantie. — Responsabilité de l'entrepreneur. — Intérêts pour retard de paiement.

Avant 1847, M. Bitard Evrat, entrepreneur de travaux publics, fut déclaré adjudicataire des ouvrages d'art de la partie du chemin de fer de Vierzon à Châteauroux, comprise entre le point de bifurcation de la ligne de Bourges et la limite du département de l'Indre.

Le devis de l'entreprise portait « *la réception ne pourra être faite qu'autant que la totalité des travaux sera achevée. Les délais de garantie seront de douze mois pour les terrassements et pour les chaussées pavées, et de dix-huit mois pour les ouvrages d'art. Ces délais commenceront à courir à dater de la réception provisoire ; ils se prolongeront au-delà des durées qui leur seront respectivement assignées, si l'entrepreneur ne fait pas les réparations prescrites pour mettre les travaux en état de réception définitive.* »

La réception provisoire des travaux de M. Bilard-Evrat eut lieu le 1er juin 1847; les délais de garantie devaient donc expirer le 1er octobre 1848 pour les ouvrages d'art; mais, dans l'intervalle, et le 29 septembre 1848, des prétendues malfaçons dans les perrés furent signalées à l'entrepreneur, avec ordre de les réparer.

Celui-ci répondit que la Compagnie du chemin de fer du Centre ayant pris possession de ses travaux après les avoir acceptés sans réserve, il était déchargé par là de toute responsabilité; que ce n'était donc pas sur lui que devait incomber la charge de réparer les dégradations, si dégradations ou malfaçons il y avait; qu'enfin l'État lui devant le solde de son entreprise depuis le 1er octobre 1848, il avait droit aux intérêts de ce solde depuis la demande adressée par lui, en juillet 1848, à l'administration supérieure.

Les prétentions combattues par l'administration furent portées devant le Conseil de Préfecture du Cher, qui, par arrêté du 13 février 1849, les accueillit en ces termes :

« En ce qui touche la question de savoir si l'entrepreneur est en droit d'exiger le payement de l'excédant de la somme portée au décompte sur les à-compte à lui versés ;

« Attendu qu'il résulte des divers rapports de l'ingénieur, que la réception définitive des travaux et le payement du reliquat dû à l'entrepreneur étaient uniquement subordonnés à l'accomplissement de la condition que ces travaux seraient reçus sans réserve par la Compagnie du chemin de fer du Centre ;

« Que cette condition est accomplie, ainsi qu'il résulte de la lettre de M. Mourlhon, en date du 29 novembre dernier ;

« Qu'aujourd'hui, par conséquent, l'État est sans intérêt pour se plaindre des malfaçons qui pourraient exister; qu'ainsi il devient inutile d'examiner s'il existe réellement des malfaçons, et quelle peut en être l'importance ;

« En ce qui touche la question des intérêts ;

« Attendu qu'il résulte des rapports de M. l'ingénieur, que la réception définitive devait avoir lieu le 1ᵉʳ décembre 1848; qu'il était même disposé à procéder à ladite réception définitive, même avant cette époque, si les travaux étaient mis en bon état ;

« Attendu que s'il semble résulter de la lettre du 18 mars 1848, que les travaux du sieur Bitard ont été réellement terminés avant cette époque ; que le Conseil est donc obligé de se rattacher à la première date du procès-verbal de réception provisoire, c'est-à-dire au 1ᵉʳ juin 1847, pour la fixation du point de départ des délais de garantie prévus par le cahier des charges ;

« Attendu que ces délais ont été fixés à dix-huit mois pour les travaux d'art ; qu'ainsi donc ils doivent être considérés comme expirés au 1ᵉʳ décembre 1848 ;

« Attendu qu'aux termes de l'art. 34 des conditions générales, l'entrepreneur a droit à des intérêts, pour retard de payement, à l'expiration des délais de garantie ;

« Par ces motifs, le Conseil fixe définitivement à la somme de 404,837 fr. 42 c., le montant des travaux exécutés par le sieur Bitard-Evrat, et des dépenses par lui faites ; laquelle somme est déclarée exigible à partir du 1ᵉʳ décembre 1848 ;

« Décide que le reliquat qui était dû à cette époque au sieur Bitard, et s'élevait à 64,643 fr. 36 c. produira intérêt à 5 pour 100 au profit dudit entrepreneur, à partir dudit jour 1ᵉʳ décembre 1848;

« Dit que sur le montant de ce reliquat et des intérêts qu'il a produits, il sera fait déduction des à-compte qui ont pu être payés au sieur Bitard depuis sa demande ; et que les intérêts à lui dus décroîtront en proportion desdits à-compte et à dater des versements. »

Le 18 mai 1849 le ministre des travaux publics s'est pourvu contre cet arrêté. Il a d'abord relevé l'inexactitude, selon lui, de deux faits rapportés dans la décision attaquée.

C'est par erreur, a-t-il dit, qu'il a été avancé que les ingénieurs avaient soumis la réception définitive des travaux à la seule condition que les ouvrages seraient reçus sans réserve par la Compagnie; mais, le fait fût-il vrai, le Conseil de Préfecture n'aurait pas dû s'y arrêter, puisque les modifications apportées par les ingénieurs aux clauses du devis ne doivent avoir de valeur qu'autant qu'elles sont approuvées par l'administration supérieure.

C'est par erreur encore, continue le ministre, que le directeur de la Compagnie du chemin de fer du Centre reconnaît que les travaux du sieur Bitard-Evrat ne devaient donner lieu à aucune réserve de sa part, puisqu'une lettre de l'ingénieur de la Compagnie, du 30 juillet 1848, signalait, dans les travaux, les mêmes défectuosités que celles relevées plus tard par les ingénieurs du gouvernement.

C'est donc en s'appuyant sur des faits erronés que l'arrêté du Conseil de Préfecture du Cher a refusé de prolonger le délai de garantie jusqu'au moment où les réparations seraient terminées.

Le Conseil de Préfecture a cru que l'État était sans intérêt en présence de la réception sans réserve des travaux, par la Compagnie : c'est encore une erreur, car d'après l'art. 3 du cahier des charges, annexé à la concession, l'État est tenu de garantir les travaux pendant deux ans, à partir du jour de la livraison, et la lettre du directeur, sus-mentionnée, ne suffirait certainement pas pour décharger l'État de cette responsabilité.

D'ailleurs des stipulations, intervenues entre l'État et la Compagnie, doivent rester étrangères au sieur Bitard-Evrat. « Ce qu'il « s'agit d'examiner, disait en finissant le ministre, et d'appliquer, « ce sont les conditions du marché passé avec l'entrepreneur. Or, « ces conditions exigent, avant qu'il soit procédé à la réception « définitive et au paiement du solde, la réparation des malfaçons « signalées... Elle n'a pas eu lieu, l'arrêté du Conseil de Préfec- « ture a donc dénaturé le contrat, en fixant d'office, malgré l'inexé- « cution de la clause ci-dessus, l'époque de la réception défini- « tive, et en prescrivant le paiement des sommes dues à ladite « époque... »

En résumé, et par les motifs ci-dessus indiqués, le ministre a conclu à la réformation de l'arrêté du Conseil de Préfecture du département du Cher du 13 février 1849.

Selon l'entrepreneur, pour que l'ordre de faire des réparations ait eu pour résultat de prolonger les délais prévus de garantie, il aurait fallu :

1° Que les réparations demandées dussent retomber à la charge de l'entrepreneur ; or, les dégradations signalées, provenant des boursoufflements et vides survenus dans les perrés, doivent évi-

demment être attribués à l'affaiblissement des talus, et, par suite,
aux terrassements, travail dont M. Bitard n'était pas chargé ;

2° Que les ingénieurs qui demandaient les réparations fussent
en mesure de livrer les lieux à l'entrepreneur, et que, de son
côté, celui-ci pût y établir les ateliers nécessaires aux réparations
exigées.

Or, en novembre 1847, les travaux ont été livrés à la Compagnie, qui, les trouvant bien faits, les a reçus, agréés, et a commencé l'exploitation. Comment l'entrepreneur aurait-il pu réparer
les prétendues dégradations, lorsque la Compagnie ne les signalait pas et paraissait décidée à ne pas interrompre son exploitation pour laisser faire aux perrés des travaux peu importants et
qu'elle reconnaissait inutiles ? Fallait-il, malgré sa résistance, franchir les grilles, ébranler les terrassements, arrêter la circulation ?
Évidemment non ; et cette considération indique bien que, dès lors
que la Compagnie ne demandait pas de réparation et reconnaissait
les travaux, à elle livrés, comme étant en bon état, elle déchar-
geait l'État de toute responsabilité, et que dès lors, aussi, c'était
avec raison que l'arrêté du Conseil de Préfecture avait considéré
l'administration comme sans intérêt dans l'affaire.

Par ces motifs, l'entrepreneur a conclu à ce que l'arrêté attaqué
fût maintenu.

Le Conseil d'État, après avoir entendu MM. Pascalis et Reverchon, maîtres des requêtes, en leurs rapport et conclusions, a
statué en ces termes.

« Considérant qu'aux termes du cahier des charges de l'entreprise adjugée au sieur Bitard-Evrat, les délais de garantie étaient,
pour les ouvrages d'art, de dix-huit mois, à partir de la réception
provisoire, et que ces délais devaient se prolonger au-delà de cette
durée, si l'entrepreneur ne faisait pas les réparations prescrites
pour mettre les travaux en état de réception définitive ;

« Considérant qu'il résulte de l'instruction que, dans le cours
de l'année 1848, et avant que dix-huit mois se fussent écoulés depuis la réception provisoire, les ingénieurs ont prescrit au sieur
Bitard-Evrat diverses réparations qui leur paraissaient devoir être
faites aux perrés de certains ouvrages pour mettre les travaux en
état de réception définitive ;

« Qu'il appartenait à l'administration, sauf tout recours de droit, d'apprécier l'utilité et d'ordonner l'exécution desdites réparations, indépendamment de toute réclamation de la Compagnie du chemin de fer, et nonobstant toute acceptation des travaux par ladite compagnie ;

« Que le Conseil de Préfecture, méconnaissant ce droit de l'administration, décide que, par suite de la déclaration sus-visée du directeur de la Compagnie du chemin de fer, l'État était sans intérêt et sans droit pour exiger de l'entrepreneur les travaux prescrits par les ingénieurs, et, qu'en conséquence, le délai de garantie avait, par cela seul, pris fin au 1er décembre 1848 ;

« Qu'à la vérité, s'il était reconnu que les malfaçons signalées par les ingénieurs ne sont pas imputables au sieur Bitard-Evrat, l'existence de ces malfaçons et la nécessité de les réparer ne pourraient avoir pour effet de prolonger la durée du délai de garantie ; mais que le Conseil de Préfecture n'a pas procédé à l'examen de cette question et qu'il n'existe pas à cet égard dans l'instruction d'éléments d'appréciation suffisants ;

« Décide, avant faire droit :

« Art. 1er. Il sera, dans les trois mois, à partir de la notification de la présente décision, procédé, par les soins du ministre des travaux publics, et contradictoirement avec le sieur Bitard-Evrat, à une vérification à l'effet de constater si les malfaçons dont la réparation avait été prescrite à l'entrepreneur, provenaient d'une cause qui lui fût imputable. Les résultats de cette vérification seront produits au Conseil d'État pour être par lui statué ce qu'il appartiendra ;

« Art. 2. Les dépens sont réservés. »

Séance du 26 juillet 1851.

Pourvoi du sieur Emery, entrepreneur, contre un arrêté du Conseil de Préfecture des Bouches-du-Rhône du 22 juin 1848. — Rejet du pourvoi par application de l'article 32 des clauses et conditions générales, sauf en ce qui concerne les omissions.

Le 25 février 1843, le sieur Emery, entrepreneur de travaux publics, fut déclaré adjudicataire des travaux à exécuter pour la construction du chemin vicinal de grande communication, n° 7, partie comprise entre la route nationale n° 96, et le pont de Genouillet (Bouches-du-Rhône).

A l'expiration des travaux, et le 17 août 1846, le décompte définitif fut présenté au sieur Emery ; celui-ci refusa de l'accepter sans déduire les motifs de son refus, et ce ne fut qu'un an après, lors de la réception définitive faite en septembre 1847, qu'il produisit ses réclamations.

Repoussées par l'administration, par suite de l'application de l'article 32 des clauses et conditions générales, les observations de l'entrepreneur furent soumises au Conseil de Préfecture des Bouches-du-Rhône, qui rendit, le 22 juin 1848, l'arrêté suivant :

« Vu l'art. 32 des clauses et conditions générales imposées aux entrepreneurs :

« Attendu que le sieur Emery a non-seulement laissé expirer les dix jours prescrits, mais qu'il n'a réclamé qu'après le terme de garantie, c'est-à-dire plus d'un an après la réception provisoire des ouvrages ;

« Que, vainement, il allègue pour sa justification qu'à cette époque il était sous l'influence d'une grave maladie, et qu'il a dû croire que la présentation du procès-verbal n'avait rien d'officiel, et n'était qu'une formalité officieuse ;

« Attendu qu'il a signé son refus d'acceptation, ce qui témoigne de sa liberté d'esprit, ainsi que de l'absence d'un mal vraiment sérieux, et que, d'ailleurs, la communication qui lui était faite avait le caractère d'importance et de régularité propre aux actes de cette nature ;

« Que tous les raisonnements auxquels se livre l'entrepreneur et les hypothèses qu'il se plaît à imaginer, ne sauraient lui créer une exception qui n'existe pas dans la disposition réglementaire précitée, fixant un délai formel et absolu, hors des limites duquel toute réclamation est frappée de déchéance et se voit repoussée par une fin de non-recevoir insurmontable ;

« Par ces motifs, et sans qu'il soit besoin de s'occuper de la question au fond ;

« Arrête :

« La demande du sieur Emery est rejetée. »

Le 6 septembre suivant, l'entrepreneur s'est pourvu contre cet arrêté. Il a d'abord discuté la fin de non recevoir et a soutenu que, pour que l'article 32 fût applicable, il fallait que la présentation des pièces fût régulièrement effectuée; or, dans l'espèce, selon lui, cette présentation n'aurait pas été régulière puisqu'elle n'aurait pas été accompagnée d'un procès-verbal régulier constatant ladite présentation ; il invoquait, à l'appui de cette doctrine, un arrêté du conseil du 14 juillet 1830.

Il a ensuite exposé ses chefs de réclamation au nombre de quatre, signalant, dans le 4e chef, des omissions s'élevant ensemble à 1,500 fr.

Le ministre de l'intérieur a répondu, touchant la fin de non-recevoir, que le procès-verbal de présentation ne pouvait avoir pour but que de constater la remise effective des pièces à l'entrepreneur, or cette preuve devient inutile quand l'entrepreneur lui-même en a fourni une plus convaincante en signant lui-même, au bas du décompte, son refus d'acceptation, signature qui prouve et que les pièces ont été remises à l'entrepreneur, et que ce dernier en a eu connaissance ; il y a donc lieu, selon le ministre, d'appliquer l'article 32. Cette conclusion, a-t-il ajouté, le dispense d'entrer dans l'examen des réclamations de l'entrepreneur, qui ne doivent être prises en considération qu'en ce qui concerne les omissions qu'on est toujours admis à signaler. Or, selon le ministre, il y a lieu, à cet égard, de tenir compte au sieur Emery d'une somme de 74 fr. 64 c. pour la construction d'une conduite d'eau en poterie.

Le ministre a donc conclu à ce que les réclamations de l'entrepreneur fussent rejetées, sauf celle dont il vient d'être parlé.

Le conseil d'État, après avoir entendu MM. Maigne et Dumartroy, maîtres des requêtes, en leurs rapport et conclusions, a statué en ces termes :

« Considérant que, aux termes de l'art. 32 des clauses et conditions générales, les entrepreneurs doivent, à peine de déchéance, s'ils refusent d'accepter les procès-verbaux de réception des travaux par eux exécutés, déduire par écrit les motifs de leur refus dans les dix jours qui suivent la présentation desdits procès-verbaux ;

« Considérant qu'il résulte de l'instruction que le procès-verbal de réception provisoire des travaux exécutés par le sieur Emery, contenant le décompte desdits travaux, lui a été présenté le 17 août 1846 ; que le requérant a signé, à la suite dudit procès-verbal, son refus de l'accepter, et qu'il a laissé s'écouler plus d'une année avant d'élever aucune réclamation ;

« Que si ledit requérant a réclamé contre le procès-verbal de réception définitive qui lui a été présenté le 9 septembre 1847, dans les dix jours de cette présentation, il n'est pas contesté que ledit procès-verbal de réception définitive n'était que la reproduction du procès-verbal de réception provisoire, et que, dès lors, le sieur Émery n'était plus recevable à élever aucune contestation, si ce n'est pour cause d'omission, faux ou double emploi, ou toute autre erreur matérielle ;

« En ce qui touche les omissions signalées par le sieur Émery :

« Considérant qu'il résulte de l'instruction et des pièces produites qu'il ne lui a pas été tenu compte des frais d'établissement d'une conduite d'eau en poterie dont la dépense s'est élevée à 74 fr. 64 c.;

« Considérant que le sieur Émery ne justifie d'aucune autre omission commise à son préjudice ;

« En ce qui touche les dépens :

« Considérant que le sieur Émery succombe sur la plus grande partie de ses conclusions ;

« Décide :

« Art. 1er. — Il est alloué au sieur Émery, en sus du décompte de son entreprise tel qu'il a été dressé, une somme de 74 fr. 64 c., avec les intérêts tels que de droit ;

« Art. 2. — Le surplus des conclusions du sieur Émery est rejeté ;

« Art. 3. — Le sieur Émery est condamné aux dépens. »

———

Séance du 26 juillet 1851.

Pourvoi du sieur Sainte-Marie, entrepreneur, contre un arrêté du Conseil de Préfecture des Hautes-Pyrénées, du 31 août 1849. — Malfaçons. — Décisions diverses.

En 1842, le sieur Sainte-Marie, entrepreneur, fut déclaré adjudicataire des travaux à faire à l'église de Guizerits (Hautes-Pyrénées).

Lors de la livraison des travaux, des défectuosités nombreuses y ayant été signalées, la commune refusa son acceptation, et les parties n'ayant pu s'entendre à l'amiable, le débat fut porté devant le Conseil de Préfecture des Hautes-Pyrénées, qui rendit, le 31 août 1849, un arrêté par lequel l'entrepreneur fut condamné, pour réparation des malfaçons, à payer à la commune de Guizerits une somme de 9,076 fr. 53 c.

Le 1er décembre suivant, le sieur Sainte-Marie s'est pourvu au Conseil d'État contre cet arrêté. Il a prétendu que c'était à tort qu'on avait considéré comme défectueux des ouvrages exécutés selon les termes du devis ; il invoquait le rapport de M. Robaglia ingénieur des ponts-et-chaussées, lequel rapport concluait à ce que les travaux fussent reçus, sauf certains ouvrages de consolidation à mettre à la charge de l'entrepreneur.

La commune a soutenu l'arrêté attaqué, invoquant, de son côté, un rapport de M. Libaud, conducteur des ponts-et-chaussées faisant fonctions d'ingénieur, lequel rapport concluait aux fins adoptées par le Conseil de Préfecture.

Le ministre de l'intérieur, auquel le pourvoi a été communiqué, a été d'avis que l'arrêté attaqué fut maintenu.

Nous n'avons pas à entrer dans les détails, exclusivement de fait, de cette affaire, ni à exposer en quoi les différentes parties de l'édifice étaient prétendues défectueuses, cela n'étant de nature à instruire ni à intéresser nos lecteurs.

Le Conseil d'État, après avoir entendu M. Carteret, conseiller d'État, en son rapport, et M. Reverchon, maître des requêtes, en ses conclusions, a statué en ces termes :

« Considérant qu'il est établi par l'instruction que les ouvrages exécutés par le sieur Sainte-Marie, dans l'église de la commune de Guizerits, l'ont été avec des matériaux pour la plupart défectueux et d'une façon contraire aux prescriptions du devis, aux règles de l'art ;

« Qu'il résulte également de l'instruction que de simples réparations seraient insuffisantes pour donner à ces travaux la solidité qui leur manque, et qu'il sera nécessaire de les reconstruire en grande partie ;

« Que, dès lors, la commune de Guizerits était fondée à refuser de recevoir ces travaux et d'en confier la réfection au sieur Sainte-Marie lui-même ;

« Considérant que le décompte des sommes dues à l'entrepreneur pour ceux des travaux et des matériaux qui profitent à la commune a été fait exactement par le rapport du sieur Libaud ;

« Qu'il résulte de ce décompte que ledit entrepreneur a reçu au-delà de ce qui lui est dû, la somme de 9,076 fr. 53 c. ;

« Qu'en conséquence, c'est avec raison que l'arrêté attaqué a condamné le sieur Sainte-Marie à restituer ladite somme à la commune de Guizerits.

Sur les conclusions subsidiaires tendant à ce qu'il soit procédé à une vérification nouvelle dans laquelle il sera tenu compte à l'entrepreneur des quantités énoncées dans l'avant-métré ;

« Considérant que le marché conclu entre l'entrepreneur et la commune constituant un marché à forfait, non sur les quantités d'ouvrages ou de fournitures énoncées au devis, mais seulement sur le prix de chaque nature d'ouvrages ou de fournitures, l'entrepreneur ne peut réclamer que l'application de ce prix aux ouvrages qu'il a exécutés et aux fournitures qu'il a faites ;

« Que, dès lors, c'est avec raison que l'arrêté attaqué a pris pour base de ses évaluations, les métrés qui ont suivi l'exécution de travaux ;

« Décide :

« Art. 1er. La requête du sieur Sainte-Marie est rejetée ;

« Art. 2. Le sieur Sainte-Marie est condamné aux dépens. »

Séance du 26 juillet 1851.

Pourvoi du sieur Martin, fournisseur, contre une décision ministérielle du 10 novembre 1849. — Compétence du Conseil d'État pour l'appréciation de la régularité des formalités des adjudications publiques.

Bien que le procès qui a donné lieu à l'arrêté que nous allons rapporter ne se rattache pas à une question de travaux publics, nous avons cru devoir en rendre compte, parce que la décision qu'il a provoquée consacre un principe utile à faire connaître à nos lecteurs. Les occasions, dans lesquelles l'application peut en être demandée, doivent en effet se renouveler souvent.

Le 11 septembre 1849, devait avoir lieu, à Paris, l'adjudication de la fourniture des sangsues nécessaires pour le service, en 1850, des hôpitaux militaires. Au nombre des soumissionnaires figuraient les sieurs Martin et Vauchel. La soumission du premier était établie au prix de 160 fr. le mille de sangsues, celle du second portait le prix de 124 fr., mais sans indiquer si ce prix s'appliquait au mille ou au cent. Malgré l'irrégularité de cette dernière soumission, la commission militaire crut pouvoir, en l'absence même du sieur Vauchel, le proclamer, provisoirement, adjudicataire.

Le sieur Martin réclama auprès du ministre de la guerre qui, le 10 novembre 1849, lui fit parvenir la réponse suivante :

« Monsieur le ministre de la guerre, à qui vous avez écrit direc-
« tement pour vous faire adjuger la fourniture des sangsues néces-
« saires aux hôpitaux de Paris, pendant l'année 1850, au prix de
« 160 fr. le mille au lieu de 124 fr. prix d'adjudication, me charge
« de vous faire connaître qu'il n'a pu accueillir votre demande.
« Signé Martellière. »

Le 26 janvier 1850, le sieur Martin s'est pourvu au Conseil d'État contre cet arrêté ; il a soutenu que la soumission du sieur Vauchel étant irrégulière, la sienne seule aurait dû être admise; il a conclu, en conséquence, à l'annulation de l'approbation du ministre et à son admission comme adjudicataire.

Le ministre de la guerre, après avoir cherché à établir que la décision de la commission était conforme aux principes du droit civil et aux usages établis, a soutenu d'ailleurs que le sieur Martin était sans droit pour attaquer la décision ministérielle, mesure administrative qui ne pouvait, en aucun cas, être l'objet d'un pourvoi contentieux.

Le Conseil d'État, après avoir entendu MM. Daverne et Cornudet, maîtres des requêtes, en leurs rapport et conclusions, a statué en ces termes :

« Considérant que, si aux termes de l'art. 11 de l'ordonnance du 4 décembre 1836, sus-visée, un adjudicataire de fournitures ne peut obliger le ministre compétent, à approuver l'adjudication qui aurait été prononcée à son profit, il n'en a pas moins qualité pour se pourvoir contre toute décision ministérielle qui validerait une adjudication au profit de son concurrent, en violation des clauses du cahier des charges ;

« Que, dès lors, dans l'espèce, le pourvoi du sieur Martin est recevable ;

« Au fond,

« Considérant qu'il résulte de l'instruction que la soumission du sieur Vauchel contenait le plus fort rabais, et satisfaisait de plus à toutes les conditions du cahier des charges ;

« Que, dès lors, c'est avec raison que le ministre de la guerre a rejeté la réclamation du sieur Martin contre l'adjudication prononcée au profit du sieur Vauchel, son concurrent :

« Décide :

« Art. 1er. La requête du sieur Martin est rejetée.

« Art. 2. Le sieur Martin est condamné aux dépens. »

Nous appelons l'attention de nos lecteurs sur la première partie de cet arrêté. Il en résulte, en faveur des soumissionnaires à un marché de travaux ou fournitures publics, un droit dont nous allons indiquer l'exercice et les limites.

Si un ou plusieurs concurrents à une adjudication publique pensent reconnaître que la décision qui proclame l'un d'eux adjudicataire, n'est pas régulièrement intervenue, c'est-à-dire si, dans les pièces produites, dans la nature, la quotité et le versement du cautionnement, dans la teneur de la soumission, ou toute autre formalité préalable à l'adjudication, ils ont reconnu quelque infraction soit à l'affiche, soit au cahier des charges généraux ou particuliers, soit enfin aux ordonnances ou règlements concernant la matière, ils peuvent la signaler au ministre compétent dont l'approbation est nécessaire à la validité de l'adjudication. Si le ministre, reconnaissant l'exactitude des observations qui lui sont soumises, refuse son approbation, sa décision est sans appel, et l'adjudicataire évincé est sans droit pour la contester ou la combattre ; mais si, nonobstant ces dites observations, le ministre passe outre et approuve l'adjudication, chacun des concurrents a le droit de déférer, au Conseil d'État, dans les trois mois du jour où il en aura eu connaissance, la décision approbatrice. C'est ce dernier droit que, dans notre espèce, contestait le ministre de la guerre, et que le Conseil d'Etat a reconnu, tout en rejetant le pourvoi. Le Conseil n'a fait, au reste, que persister dans une jurisprudence établie déjà dans un arrêté du 28 janvier 1836.

On se demandera peut-être pourquoi il a plu d'accorder le droit de se pourvoir au contentieux contre une décision ministérielle qui approuve une adjudication, tandis que ce droit est refusé quand le ministre n'approuve pas. En ce qui concerne le refus d'approbation, la question est résolue, ainsi que l'indique l'arrêté que nous venons de rapporter, par l'art. 11 de l'ordonnance du 4 décembre 1836, qui décide que *les adjudications et réadjudications seront toujours subordonnées à l'approbation du ministre compétent.....* Cette disposition peut se justifier en ce sens qu'il aurait été souvent fâcheux d'obliger le ministre à publier les raisons qu'il peut avoir d'écarter tel ou tel concurrent des marchés publics, et qu'il était nécessaire de laisser à l'administration, en pareille circonstance, une certaine latitude d'appréciation et d'action. En cas d'approbation, au contraire, il n'existe ni ordonnance qui s'oppose à l'action du concurrent évincé, ni motif de suppléer au silence des règlements. Il n'y avait donc nulle raison de déclarer les recours non recevables.

En somme, on ne peut forcer l'administration à accepter l'entrepreneur dont elle ne veut pas; mais on peut lui défendre d'accueillir celui qui n'aurait pas satisfait aux conditions imposées par elle-même, ou par les lois et ordonnances concernant la matière.

———

Séance du 2 août 1851.

Pourvoi du sieur Desfosseux contre un arrêté du Conseil de Préfecture du Pas-de-Calais, du 30 juillet 1847. — Dégradations survenues après la réception définitive des travaux. — Malfaçons. — Responsabilité de l'entrepreneur.

Le 20 juillet 1838, le sieur Desfosseux se rendit adjudicataire des travaux à faire pour la construction d'une caserne de gendarmerie, dans la commune de l'Arbret (Pas-de-Calais),

Les travaux, terminés en 1840, furent réglés à 22,935 fr. 44 c.

par l'architecte chargé de leur direction. Le même dressa, le 15 septembre 1841, un procès-verbal de réception définitive.

Plus de deux ans après, des détériorations étant survenues aux murs de clôture et à la porte charretière, l'architecte, dans un rapport du 30 septembre 1843, signala ces dégradations à l'administration, et, le 14 novembre suivant, un arrêté préfectoral mit le sieur Desfosseux en demeure de les réparer.

À son refus, les travaux furent exécutés par les sieurs Lantoine et Hardy, dont les mémoires ont été réglés à 822 fr. 18 c.

Le préfet, agissant au nom du département, n'ayant pu déterminer le sieur Desfosseux à rembourser cette somme, le traduisit devant le Conseil de Préfecture, lequel a rendu, le 30 juillet 1847, un arrêté ainsi conçu :

« En droit, considérant qu'aux termes de l'art. 4 (du devis) ci-dessus visé, les travaux dans lesquels on aurait employé des matériaux défectueux, et ceux où l'on reconnaîtrait des imperfections, seront recommencés aux frais de l'entrepreneur;

« En fait, considérant qu'il résulte de l'instruction et des circonstances de la cause, que les reconstructions dont il s'agit ont été faites en pierres blanches de mauvaise qualité, qui ont éprouvé des avaries considérables après leur réception, dans l'hiver de 1841 à 1842, et qu'on a employé des fers également de mauvaise qualité; qu'il a été suffisamment établi qu'il était urgent de reconstruire les deux murs de clôture qui tombaient en ruines, et de rétablir la porte charretière d'une caserne habitée ; que dans ces circonstances et vu l'urgence, le préfet a dû prendre l'arrêté du 14 novembre 1843 ;

« Considérant qu'après des mises en demeure et le refus de l'entrepreneur d'opérer des réparations qui ne pouvaient être différées, le préfet a dû charger l'architecte de ce département de les faire faire aux frais de l'entrepreneur ; que ce dernier a eu évidemment tort de ne pas remplir ses obligations, ou de ne pas attaquer par les voies légales et en temps utile, l'arrêté du 14 novembre 1843 ;

« Considérant que les sommes réclamées par les sieurs Lantoine et Hardy ne sont pas exagérées ; que le sieur Desfosseux reconnaît tacitement qu'elles leur sont légitimement dues, puisqu'il n'élève aucune critique à cet égard ;

« Arrête :

« Le sieur Desfosseux, entrepreneur à l'Arbret, est condamné à payer la somme totale de 822 fr. 18 c.; savoir : au sieur Lantoine, 694 fr. 23 c., et au sieur Hardy celle de 127 fr. 95 c. »

Le 20 novembre 1847, Le sieur Desfosseux s'est pourvu contre cet arrêté ; il a invoqué à l'appui de son pourvoi les moyens suivants :

D'après le droit commun (art. 1792 et 2270 du Code civil), les entrepreneurs ne sont responsables, pendant dix ans, que des vices généraux de construction, vices de nature à amener la chute totale ou partielle des bâtiments, et non pas des simples détériorations, lesquelles, le plus souvent, ne sont que le résultat d'un défaut d'entretien.

Les articles du cahier des charges n'ajoutent rien à cet égard à la responsabilité prescrite par le Code civil.

Quant à l'argument tiré des termes de l'art. 4, qui exige spécialement l'emploi de bons matériaux, il est sans portée : 1° parce qu'en fait, le choix des matériaux employés a été conforme aux prescriptions du devis; l'architecte de l'administration l'avoue lui-même dans son rapport ; 2° parce que, en tous cas, la mauvaise qualité des matériaux employés constituerait un vice apparent, et qu'en droit la réception définitive affranchit les entrepreneurs de toute responsabilité pour les vices de cette nature. Mais c'est surtout en matière de travaux publics que ce principe doit recevoir son application.

D'une part, en effet, l'architecte est, pendant l'exécution des travaux, constitué juge de la qualité des matériaux. D'autre part, dans le cas où leur mauvaise qualité aurait échappé à cette première surveillance, l'administration trouve une garantie nouvelle dans la double réception. La première, qualifiée de provisoire, et qui a lieu immédiatement après l'entier achèvement des travaux, ne décharge pas encore l'entrepreneur, et fait seulement courir le délai, appelé à juste titre terme de garantie, durant lequel il reste chargé de l'entretien. Mais, ce délai écoulé, la réception définitive a lieu, et si, à ce moment, nulle plainte ne s'élève contre l'entrepreneur, il demeure déchargé relativement, à la qualité ou au bon emploi des matériaux ; c'est l'avis de tous les auteurs. (Voir notamment Armand Dalloz, Dict., v° Travaux publics, n°⁺ 240 et 241, et Husson, t. II, p. 333 et 334.)

Par ces motifs, le sieur Desfosseux a conclu à l'annulation de l'arrêté attaqué, et à être déchargé du payement des travaux exécutés en régie.

Le préfet du département du Pas-de-Calais a produit un mémoire en réponse au pourvoi.

Il résulte, suivant lui, des documents du procès, et notamment d'un rapport de l'architecte, en date du 3 juillet 1847, 1° que la réception du 15 septembre 1841, bien que qualifiée de définitive, n'était en réalité qu'un acte d'obligeance, ayant pour but de ne pas trop retarder le payement des sommes dont le sieur Desfosseux avait besoin, mais sans le dégager aucunement de sa responsabilité ; 2° que ce point fut alors si bien entendu, que, sur une première invitation de l'architecte, après l'hiver de 1841, le sieur Desfosseux ne fit aucune objection et se mit à l'œuvre ; seulement il le fit d'une manière dérisoire, et en dissimulant les vices de sa construction ; 3° que l'hiver de 1842 à 1843 ayant détruit cette insuffisante réparation, et l'architecte s'étant vu dans la nécessité de provoquer contre le sieur Desfosseux un arrêté préfectoral, ce dernier exécuta encore de nouveaux travaux, dont l'insuffisance força l'architecte de recourir en définitive à l'intervention des sieurs Lantoine et Hardy.

Au fond, le préfet conteste l'assertion du sieur Desfosseux, qu'il ne s'agissait dans l'espèce que de travaux d'entretien, dont un constructeur ne saurait être responsable.

Quand on signale, dit-il, si peu de temps après la construction d'un bâtiment, une porte charretière tombée, des murs menaçant ruine, des planchers qui se défoncent, évidemment des accidents semblables ne peuvent résulter que de malfaçon ou d'emploi de mauvais matériaux.

Ces vices, du reste, n'étaient pas de nature à se reconnaître par l'inspection qui a eu lieu le 15 septembre 1841. On ne pouvait pas voir alors que les pentures de la porte charretière étaient d'un mauvais fer. On ne s'en est aperçu que par l'examen des cassures ; on ne pouvait pas non plus deviner au seul aspect que les pierres des murs, lesquelles provenaient bien de la carrière indiquée au devis, avaient été extraites d'une couche trop rapprochée de la superficie. Il en est de même enfin pour les bois pourris et décomposés qui se trouvaient cachés dans les planchers.

L'impossibilité absolue de constater ces vices secrets, au moment de la réception, suffirait pour établir, à défaut des circonstances relatées par l'architecte dans ses rapports, que l'administration n'a jamais entendu décharger l'entrepreneur de la responsabilité que lui imposait le droit commun aussi bien que son cahier de charges.

Le préfet a conclu, en conséquence, à ce qu'il plût au Conseil de déclarer le sieur Desfosseux mal fondé dans son pourvoi, l'en débouter, et le condamner aux dépens.

Le ministre de l'intérieur, auquel le dossier a été communiqué, a présenté les observations suivantes :

Les art. 3 et 4 du cahier des charges portent que les travaux seront exécutés avec des matériaux de bonne qualité, et suivant les règles de la bonne construction ; qu'en conséquence, les travaux dans lesquels on aurait employé des matériaux défectueux, seraient recommencés aux frais de l'entrepreneur.

Or, il résulte du rapport de l'architecte, que c'est précisément en raison de la mauvaise qualité des matériaux, employés par le sieur Desfosseux, que les détériorations sont survenues. En outre, et à deux reprises différentes, cet entrepreneur a reconnu, au moins implicitement, sa propre responsabilité, puisqu'il a fait exécuter certains travaux de réparation.

Dans ces circonstances, l'arrêté attaqué paraît au ministre devoir être maintenu.

Le Conseil d'État a statué en ces termes :

« Considérant qu'aux termes de l'art. 1792 du Code civil, si l'édifice périt en tout ou en partie par le vice de sa construction, l'entrepreneur en est responsable pendant dix ans, et que l'art. 2 du cahier des charges sus-visé a spécialement déclaré l'adjudicataire responsable aux termes de la loi ; que, dès lors, la réception définitive des travaux n'a pu avoir pour effet d'affranchir le sieur Desfosseux de la garantie de droit commun ;

« Considérant qu'il résulte de l'instruction, d'une part, que le mur de clôture de la caserne est tombé en ruines par le vice de la construction ; et d'autre part, que les dégradations de la porte charretière ne peuvent être attribuées à un vice de cette nature ;

« Que, dès lors, si le Conseil de Préfecture a eu raison de condamner le sieur Desfosseux à payer 694 fr. 23 c. pour la reconstruction du mur de clôture, c'est à tort qu'il a mis à la charge dudit sieur Desfosseux la somme de 127 fr. 95 c. pour réparation de la porte charretière ;

« Décide :

« Art. 1ᵉʳ. L'arrêté du 30 juillet 1847 est annulé dans celle de ses dispositions qui condamne le sieur Desfosseux au payement de ladite somme de 127 fr. 95 c.

« Art. 2. Le surplus des conclusions dudit sieur Desfosseux est rejeté.

« Art. 3. Il sera fait masse des dépens, dont les trois quarts seront supportés par le sieur Desfosseux, et le dernier quart par le département du Pas-de-Calais. »

Nous devons signaler, touchant cette affaire, l'erreur dans laquelle est tombé le Conseil de Préfecture du Pas-de-Calais en reprochant à l'entrepreneur de n'avoir pas attaqué, en temps utile, l'arrêté préfectoral du 14 novembre 1848, qui prescrivait l'exécution en régie des travaux de réparations. Ainsi que nous avons eu déjà à le faire observer, ces arrêtés ne sont pas susceptibles d'un pourvoi contentieux (voir plus haut, page 176, l'arrêté Paillotet et Vivet); seulement, quand il s'agit d'établir à la charge de qui doivent tomber les dépenses qui en ont été la suite, l'entrepreneur a le droit de soutenir, comme l'a fait M. Desfosseux, que ces dites dépenses ne doivent pas être acquittées par lui. Le sieur Desfosseux a donc agi régulièrement en laissant passer sans observations l'arrêté préfectoral et en attendant, pour en contester la valeur à son égard, que les dépenses qui en ont été la suite, lui soient réclamées.

Séance du 9 *août* 1851.

Pourvoi du sieur Joly, entrepreneur, contre un arrêté du Conseil de Préfecture de la Loire-Inférieure, du 20 mars 1850. — Changement de carrières.— Articles 7 et 9 des clauses et conditions générales. — Chose jugée. — Excès de pouvoir.

Le 12 avril 1845, le sieur Joly, entrepreneur, se rendit adjudicataire de travaux à faire sur le chemin de fer de Tours à Nantes, entre Montrelaix et l'extrémité de la Boire-Torse, travaux évalués 1,023,298 fr. 42 c.

Divers travaux d'art et des perrés considérables devaient exiger l'emploi de 50,000 mètres de moellons, lesquels devaient être exploités dans les coteaux de la Loire. Mais ces carrières ayant été reconnues insuffisantes, on fit des recherches, et on en ouvrit de nouvelles sur les bords de la rivière d'Evre et à Anetz.

Les nouveaux prix à déterminer, en raison des nouvelles distances, furent établis par les ingénieurs, mais ils ne furent pas acceptés par l'entrepreneur, qui porta devant le Conseil de Préfecture de la Loire-Inférieure une demande tendant à ce qu'ils fussent établis suivant d'autres bases.

Sur cette demande, le Conseil de Préfecture rendit, le 22 juin 1849, un premier arrêté portant qu'en ce qui concernait les carrières d'Anetz, les prix ne seraient pas changés, mais qu'en ce qui concernait les carrières d'Evre, deux nouveaux sous-détails seraient établis : l'un pour les moellons fournis entre les profils 111 et 145, l'autre pour ceux fournis entre les profils 152 et suivants. Cet arrêté ne fut l'objet d'aucun recours, mais son interprétation donna lieu à de nouvelles difficultés qui, portées devant la même juridiction, furent l'objet d'un second arrêté, rendu le 30 mars 1850, et dont voici les termes :

« En ce qui concerne la partie des réclamations sus visées qui s'applique aux moellons employés entre les profils 78 et 111 ;

« Considérant que cette partie des travaux devait être approvisionnée par les carrières des côteaux de Varades ; considérant que, quand bien même il serait prouvé que l'une de ces carrières, la Madeleine, eût été interdite, cette carrière n'étant pas la seule des côteaux de Varades, prévue au devis, l'entrepreneur ne pourrait se fonder sur ce motif pour affirmer que toutes les carrières lui eussent été interdites ;

« Que dès lors, s'il a jugé à propos de transporter sur ses travaux des matériaux de l'Evre, il ne peut être admis à réclamer, à cette cause, un supplément de prix.

« Considérant qu'à cet égard si l'on avait d'abord compté au sieur Joly, dans un état de situation provisoire, coté n° 8 au dossier, une indemnité sur 6,000 mètres cubes de moellons de l'Evre entre 78 et 111, c'était à titre de règlement amiable dont le Conseil de Préfecture n'a pas à se préoccuper ;

« En ce qui concerne la partie de la réclamation qui s'applique aux matériaux employés entre les profils 145 et 152 ;

« Considérant que les travaux compris entre ces profils devaient être exécutés avec les moellons fournis par les carrières d'Anetz, mais qu'il résulte de différentes pièces que ces carrières ont été interdites à l'entrepreneur ;

« Considérant que M. Joly, nonobstant cette interdiction, a continué ses extractions dans lesdites carrières, de façon à enlever 7,366 mètres cubes ;

« Considérant toutefois qu'il résulte de certificats réguliers, que M. Joly a vendu ou cédé, pour diverses causes, 1,668 mètres cubes de ces moellons, ce qui réduit à 5,698 mètres cubes le total des moellons employés sur les travaux entre 145 et 152, chiffre inférieur de 971 mètres cubes à la quantité de moellons qui ont dû être employés entre ces profils ;

« Considérant que, par suite de l'interdiction des carrières d'Anetz, le sieur Joly a dû remplacer ces 971 mètres cubes par une quantité égale de matériaux de l'Evre ;

« Le Conseil de Préfecture après avoir délibéré,

« Arrête :

« Art. 1er. Il sera payé au sieur Joly, entre les profils 145 et 152, un cube total de 975 mètres cubes de moellons, aux prix fixés, par l'arrêté du Conseil de Préfecture du 22 juin 1849, pour les matériaux extraits des carrières de l'Evre.

« Art. 2. Le surplus des réclamations du sieur Joly est rejeté. »

Ainsi, par l'art. 1er de cette seconde décision, le Conseil de Préfecture modifiait un peu son arrêté du 22 juin 1849, puisqu'après avoir décidé que les prix ne devaient être modifiés qu'entre les profils 111 et 145, il admettait, dans le second arrêté, une indemnité à payer sur 975 mètres cubes de moellons fournis entre les profils 145 et 152, et, en conséquence, en dehors du premier périmètre.

Ce dernier arrêté a été attaqué par l'entrepreneur et par le ministre des travaux publics.

L'entrepreneur a conclu à ce que les prix, déterminés par l'arrêté du 22 juin 1849, fussent étendus aux moellons approvisionnés entre les profils 78 à 111, d'une part, et 145 à 152, d'une autre.

En ce qui concerne les moellons employés entre les profils 78 et 111, il a soutenu que là où il y avait même raison de décider, il ne pouvait subsister des solutions différentes ; que, puisque avant le profil 111 comme après il avait fallu avoir recours aux carrières d'Evre, il paraissait nécessaire que le prix fût le même avant comme après ce profil. Quant à la différence dans la distance, elle est, selon lui, insensible. On lui a objecté qu'il n'avait pas reçu d'ordre pour approvisionner, entre les profils 78 et 111, les matériaux venant d'Evre ; cette objection, selon lui, n'est pas fondée, car il résulte de rapports d'ingénieurs, d'états de situation et d'attachements qu'il produit, qu'il a reçu l'ordre d'abandonner les carrières des coteaux de la Loire pour exploiter les coteaux de l'Evre, et que ce n'est pas volontairement, comme on le prétend, qu'il a déserté les premières exploitations pour en commencer d'autres. Quant aux moellons employés entre les profils 145 et 152, l'entrepreneur s'est élevé contre la solution donnée par l'arrêté du 22 juin 1849, principes modifiés, il est vrai, par le second arrêté, et a cherché à établir que, pour ces profils, l'indemnité, insuffisamment accordée pour 975 mètres cubes de moellons, devait être étendue à tous les matériaux, aussi bien que dans les profils 111 et suivants.

En ce qui concerne cette dernière partie de la demande de l'entrepreneur, le ministre des travaux publics a demandé qu'elle fût rejetée comme s'attaquant aux dispositions de l'arrêté du 22 mai 1849, passé en force de chose jugée.

Sur la première demande, profils 78 à 111, le ministre a soutenu que l'entrepreneur n'avait été empêché de se servir des carrières d'Anetz que longtemps après qu'il en avait été extrait un cube bien suffisant pour les besoins du chemin de fer entre les profils 145 et 152 ; qu'en conséquence, c'est à tort qu'il prétendrait avoir employé, par ordre, dans ce périmètre, des matériaux de la carrière d'Evre.

En ce qui concerne les 975 mètres cubes provenant de cette dernière carrière, et relativement auxquels l'arrêté du 30 mars 1850 a prononcé un supplément de prix, le ministre a soutenu que l'allocation de cette indemnité constituait une infraction à l'art. 9 des clauses et conditions générales. D'ailleurs, a-t-il ajouté, rien ne prouve que les 1668 mètres cubes, cédés à des tiers, aient été remplacés par des moellons de l'Evre.

En conséquence, le ministre a conclu à la confirmation de l'arrêté, sauf en ce qui concerne l'allocation supplémentaire accordée au sieur Joly sur les 975 mètres cubes de moellons fournis entre les profils 145 et 152.

Le conseil d'État, après avoir entendu MM. Pascalis et Reverchon, maîtres des requêtes, a statué en ces termes :

« Sur le chef relatif aux moellons des carrières de l'Evre fournis entre les profils 78 et 111 ;

« Considérant que le sieur Joly ne justifie d'aucun ordre de l'administration en vertu duquel les carrières de l'Evre aient été substituées, pour les travaux effectués entre lesdits profils, aux carrières désignées aux devis ; que, s'il produit un état de situation du 20 avril 1849, duquel il résulterait que 6,337 mètres cubes de moellons des coteaux de l'Evre ont été fournis sur cette partie de l'entreprise, cet état, dressé par un conducteur des Ponts et Chaussées, n'a été délivré, par l'ingénieur ordinaire à l'entrepreneur, que sous toutes réserves quant à l'application des prix, et qu'en admettant que le sieur Joly ait jugé à propos de transporter les pierres de l'Evre sur les points où d'autres matériaux devaient être employés, il ne peut, pour cette cause, avoir droit à aucun supplément de prix ;

« Sur le chef relatif aux pierres des carrières d'Anetz et de l'Evre fournies entre les profils 145 et 152 ;

« Considérant qu'il résulte de l'instruction que le Conseil de Préfecture de la Loire-Inférieure, saisi une première fois de cette demande, a décidé, par l'arrêté sus-visé du 22 juin 1849, lequel n'a pas été attaqué, dans les délais légaux, devant le Conseil d'État, qu'une augmentation de prix n'était due qu'entre les profils 111 et 145 ; que, dès lors, le Conseil de Préfecture a excédé la limite de ses pouvoirs en statuant, de nouveau, sur une réclamation déjà examinée par lui ;

« Décide :

« Art. 1. La requête du sieur Joly est rejetée.

« Art. 2. L'arrêté du Conseil de Préfecture de la Loire-Inférieure, en date du 30 mars 1850, est annulé dans celle de ses dispositions qui étend à un cube de 975 mètres de moellons, l'augmentation des prix fixés par l'arrêté du 22 juin 1849.

« Art. 3. Le sieur Joly est condamné aux dépens. »

En matière d'administration comme en matière judiciaire, il est de principe que, hors le cas où il s'agit de statuer sur l'opposition, faite en temps utile, à une décision rendue par défaut, tout tribunal a épuisé ses pouvoirs dès lors qu'il a fourni sa décision définitive sur le point litigieux soumis à son appréciation. Il ne lui est donc plus permis, sous peine d'excès de pouvoir, de revenir sur cette décision et de la modifier, quand même cette modification se dissimulerait sous les apparences de l'interprétation.

Dans notre espèce, le Conseil de Préfecture de la Loire-Inférieure avait, dans son premier arrêté, décidé que les prix proposés par les ingénieurs, ne seraient pas modifiés quant aux travaux exécutés entre les profils 145 et 152 ; il ne pouvait revenir sur cette décision : c'est pourtant ce qu'il a fait en prononçant un supplément de prix sur 975 mètres de matériaux fournis entre ces mêmes profils ; aussi le Conseil d'État a-t-il dû, sur ce point, réformer sa décision.

Le ministre, dans ses observations, avait fait observer avec raison que l'entrepreneur, en demandant que le supplément de prix lui fût accordé, non-seulement sur 975 mètres cubes fournis entre les profils 145 et 152, mais sur tous les matériaux employés dans ce périmètre, voulait remettre en question ce qui avait été définitivement jugé par l'arrêt du 22 juin 1849 ; mais il avait omis de faire remarquer que l'arrêté du 30 mars avait commis, relativement aux 975 mètres sus-relatés, un excès de pouvoir identique à celui que provoquait la nouvelle demande de l'entrepreneur pour la totalité des matériaux fournis sur cette partie des travaux.

Le même reproche devait être fait à la décision et à la demande, et c'est pour cela que le Conseil d'État les a confondues dans le même rejet.

<hr>

Séance du 12 *juillet* 1851.

Pourvoi du sieur Préaubert, entrepreneur, contre un arrêté du Conseil de Préfecture du Morbihan, du 4 avril 1848. — Décisions diverses.

Le 6 janvier 1851, le sieur Préaubert fut déclaré adjudicataire des travaux à faire pour la construction de la tour de Quelven. La dépense, évaluée à 85,000 francs, devait être supportée par la commune du Guern. Cet ouvrage, continué pendant deux ans, fut arrêté faute de fonds, et l'entrepreneur, invoquant l'article du cahier des charges qui prévoyait cette circonstance, demanda sa résiliation. Un ingénieur et un architecte furent désignés pour le règlement des comptes, et évaluèrent la dépense faite à

42,828 fr. 15. D'après ce compte, l'entrepreneur, qui avait reçu 43,715 fr. 08, aurait été débiteur envers la commune d'une somme de 887 fr. 33.

Le sieur Préaubert n'ayant pas accepté ce compte, la difficulté fut portée devant le Conseil de Préfecture du Morbihan, lequel, par arrêté du 4 avril 1848, adoptant le rapport des agents ci-dessus désignés, arrêta le décompte du sieur Préaubert à 42,828 fr. 15, et le condamna, en conséquence, à restituer à la commune du Guern les 887 fr. 33 reçus en trop.

C'est contre cet arrêté que l'entrepreneur s'est pourvu au Conseil d'État. Sa réclamation se divise en neuf chefs que nous allons succinctement exposer :

§ I. *Démolitions et fouilles.* — L'arrêté, se basant sur le rapport dont nous avons parlé, n'accordait à l'entrepreneur, pour cet ouvrage, qu'un cube de 453 mètres, se fondant sur ce que le reste des déblais avait été opéré par les prestataires de la commune.

L'entrepreneur a prétendu que l'ouvrage fait par les prestataires avait été à peu près nul, et il a produit une note de l'architecte Richard qui attestait que 1152^{m}46^c de fouilles avaient été exploités par lui. Il a demandé que ce cube remplaçât celui de 453 ; la commune a répondu que les prestataires, dirigés et surveillés, non par M. Richard, mais par le maire de Guern, avaient bien exécuté les terrassements dont M. Préaubert réclame aujourd'hui le prix ; que la note qu'il produisait était sans valeur et que ce chef de réclamation devait être rejeté.

§ II. *Maçonnerie de taille et de remplissage.* — Le Conseil de Préfecture avait décidé que les maçonneries de pierre de taille entreraient dans l'ensemble du travail pour 2/5 ou 10/25, et celles de remplissage pour 3/5 ou 15/25 ; l'entrepreneur, contestant ces proportions, a produit un plan dressé par M. l'architecte Marsille, duquel plan il résultait, selon lui, que la maçonnerie de pierre de taille devait entrer dans la construction pour 17/25, et celle de remplissage pour 8/25 ; il a demandé que le décompte fût modifié, à cet égard, en ajoutant 7/25 au lot de la maçonnerie de pierre de taille et en diminuant d'autant celui de la maçonnerie de remplissage ; la commune a répondu que les proportions maintenues par le Conseil de Préfecture étaient celles du devis estimatif auquel, en l'absence d'ordre écrit et formel, l'entrepreneur ne devait pas être admis à proposer des modifications.

§ III. *Parements vus.* — L'entrepreneur s'est plaint de ce que le prix de 4 fr. 51, porté pour le prix du mètre carré de parements vus, avait été réduit à 3 fr. 81, pour la totalité des parements exécutés, tandis que la moitié au moins de ces parements avait été en entier terminée, et devait, en conséquence, recevoir la totalité du prix alloué.

Il a fait observer, en outre, que l'architecte s'était trompé dans ses comptes en portant seulement 1552^{m}06^c carrés, tandis que les états de situation dressés par l'entrepreneur en établissent 1696^m; il demandait le prix de cette différence, ou une expertise contradictoire destinée à l'établir ; la commune a répondu qu'en ce qui concernait le prix à attribuer aux parements vus, ce prix avait été convenablement arrêté par le Conseil de Préfecture, en rappelant surtout que ni les ragréements, ni les rejointoiements n'avaient été exécutés.

Quant au cube, il a été, selon la commune, exactement déterminé par M. Marsille ; les états produits par l'entrepreneur n'ont été qu'approximatifs et établis provisoirement pour voir à quels à-compte l'entrepreneur avait droit.

§ IV. *Parement de taille de sujétion.* — L'entrepreneur, par les mêmes raisons que ci-dessus, a prétendu qu'il lui était dû, non pas 275^{m}05^c carrés de ces parements, mais bien 448^{m}24^c.

Il a exposé, en outre, que c'était à tort que le prix de cette main-d'œuvre avait été réduit à 19 fr. 76 c. ; en effet, a-t-il dit, le ragréement seul n'a pas été fait ; or ce ragréement figure au sous-détail pour 1 fr. 75, lesquels, déduits du prix total : 23 fr. 50, établissaient le prix à payer, soit 21 f. 83. Ce prix lui doit être d'autant moins contesté que le défaut de fonds, défaut que le maire devait prévoir avant d'entreprendre les travaux, l'avait seul empêché de faire les ouvrages de ragréements et de moulures sur lesquels il aurait pu réaliser quelques bénéfices ; la commune a répondu, quant au métrage, qu'il avait eu lieu contradictoirement, et que l'entrepreneur l'avait reconnu exact puisqu'il n'avait produit aucune observation ; que, quant au prix, il avait été exactement déterminé, attendu que, non-seulement, les ragréements, mais même la taille des pierres, n'avaient été qu'ébauchés.

§ V. *Guirlandes pour ornement.* — Se fondant sur un état de situation dressé, le 17 mai 1843, par l'architecte dirigeant les travaux, l'entrepreneur demandait que le cube de ce travail fût porté à 178^m, payés 8 fr. le mètre, au lieu de 128^m, payés 5 fr. 50 ; même observation que ci-dessus de la part de la commune : les états, a-t-elle dit, dont excipe l'entrepreneur, n'ont été qu'approximativement dressés ; les prix sont bien suffisants puisque le travail n'a été qu'ébauché, et que beaucoup de pierres, provenant de l'ancienne tour, ont servi pour la nouvelle.

§ VI. *Marches d'escaliers.* — Le bordereau portait que les marches d'escaliers de 1^{m}70 de diamètre seraient payées 21 fr. 91 ; le Conseil de Préfecture avait décidé que les marches de l'escalier exécuté, lesquelles ont 1^{m}86 de diamètre, seraient payées 20 fr. seulement. L'entrepreneur a demandé que le prix fût élevé proportionnellement à la différence entre le diamètre prévu et celui réel, et fut porté, en conséquence, à 23 fr. 97. La commune a répondu que le prix devait être maintenu, parce que : la hauteur des marches avait été réduite de 0^{m}18 à 0^{m}15 ; et que, sur les 121 marches, 2 n'étaient pas posées, et 13 autres provenaient de l'ancienne tour.

§ VII. *Grande rosace.* — Cette rosace n'ayant pas été terminée, les pierres, approvisionnées pour son établissement, étaient restées déposées dans un jardin où, d'abord protégées par une clôture, elles furent ensuite, pendant les trois années qui s'écoulèrent entre la suspension des travaux et le règlement définitif, déplacées, écornées et brisées par les habitants du village, les bestiaux et surtout par les pèlerins des environs, qui viennent en foule visiter une chapelle de cette localité.

L'entrepreneur voyait là un cas de force majeure dont il ne devait pas être responsable, et demandait 1,200 fr. comme réparation du dommage causé. La commune a répondu que l'article 7 du cahier de l'entreprise mettait aux risques de l'entrepreneur les ouvrages non achevés, et à plus forte raison les matériaux approvisionnés et non employés ; qu'en conséquence la réclamation de l'entrepreneur, à cet égard, ne s'appuyait sur aucune base sérieuse.

§ 8. *Travaux divers.* — L'entrepreneur réclamait 280 fr. pour prix de têtes d'ornement, clochetons et trèfles à l'intérieur du porche, ouvrages non prévus au devis et que l'entrepreneur a prétendu n'avoir pas été compris au décompte. La commune a répondu que tous ces travaux étaient, comme on pouvait s'en assurer, portés au décompte, mais que les prix, s'appliquant à des ouvrages ébauchés seulement, avaient dû subir des réductions proportionnelles.

§ IX. *Transport des matériaux.* — D'après les conditions de l'adjudication, les matériaux devaient être déposés dans un rayon moyen de 50 mètres de distance de la tour. Cette condition, selon l'entrepreneur, n'aurait été que peu ou pas remplie, et il y avait lieu, selon lui, de déterminer, pour cet objet, une indemnité à fixer par experts. La commune a répondu que, dans l'exécution, la commune du Guern avait été plutôt au delà qu'elle n'était restée en deçà des obligations par elle prises.

Enfin, l'entrepreneur demandait les intérêts des sommes qui seraient reconnues lui être dues, à partir du règlement définitif.

La commune a fait observer, en terminant, que le décompte, tel que l'avait réglé le Conseil de Préfecture, s'établissait dans les proportions des dépenses prévues, dépenses qui seraient bien dépassées si les réclamations de l'entrepreneur étaient admises.

Le ministre de l'intérieur, auquel le pourvoi a été communiqué, a reproduit, sans y rien ajouter, les observations produites par la commune.

Le Conseil d'État, après avoir entendu MM. Pascalis et Reverchon, maîtres des requêtes, dans leurs rapport et conclusions, a statué en ces termes :

« En ce qui touche les démolitions et fouilles :

« Considérant qu'il est reconnu que le cube desdites démolitions et fouilles a dépassé celui de 453 mètres porté au métré ; que le cube de 1152^{m}46^c réclamé par le requérant est aujourd'hui constaté par un certificat de l'architecte qui a dirigé les travaux ; que ce chiffre n'est même pas contesté par la commune du Guern, au nom de laquelle il est seulement allégué qu'une partie non déterminée des démolitions et fouilles dont il s'agit, a été faite à ses propres frais ; mais que cette assertion n'est pas justifiée, et que, dès lors, il y a lieu de tenir compte au sieur Préaubert des 1152^{m}46^c cubes qui font l'objet de sa réclamation ;

« En ce qui touche la division des maçonneries de taille et de remplissage :

« Considérant qu'il a été déclaré par l'architecte que c'est par ses ordres et sous sa surveillance que le sieur Préaubert a changé la proportion établie par le devis entre la maçonnerie de remplissage et la maçonnerie de taille, et a exécuté une plus grande quantité de maçonneries de cette dernière espèce ;

« Qu'il est également établi par l'instruction que les pierres avaient la longueur de queue exigée par le cahier des charges ;

« Considérant qu'en appliquant, d'une part, aux quantités constatées de maçonnerie de pierre de taille neuve et de maçonneries de remplissage les prix qui les concernent respectivement et qui ne sont pas contestés, et, d'autre part, en appliquant à la quantité également constatée de maçonneries de pierre de taille provenant de la démolition de l'ancienne tour, le prix de 11 fr. 72 proposé par l'ingénieur, dans son rapport sus-visé, du 20 septembre 1850, la somme totale due au sieur Préaubert pour ces diverses maçonneries est de 20,039 fr. 55, au lieu de celle de 18,433 fr. 71 qui lui a été allouée dans le décompte approuvé par l'arrêté attaqué ;

« En ce qui touche les parements vus de taille ordinaire :

« Considérant qu'il résulte de l'instruction que, sur ce chef, le prix a été justement réduit, à cause des parties d'ouvrages non exécutées, de 4 fr. 54, à 3 fr. 81 par mètre ;

« En ce qui touche les parements vus de taille de sujétion :

« Considérant, d'une part, que la quantité de travail effectué a été convenablement évaluée à 275ᵐ5ᶜ ;

« Considérant, d'autre part, qu'à raison de l'état d'achèvement dudit travail, l'arrêté attaqué, en limitant ce prix à 19 fr. 16 par mètre, l'a réduit d'une manière exagérée, et qu'il y a lieu d'allouer la somme de 21 fr. 83 demandée par le sieur Préaubert ;

« En ce qui touche les guirlandes pour ornement :

« Considérant qu'il est établi, d'une part, que le chiffre de 128 mètres, admis par le Conseil de Préfecture, est exact ; d'autre part, que le travail n'est pas achevé, et qu'en fixant le prix à 5 fr. 50 par mètre, ledit Conseil a fait une équitable appréciation des droits du sieur Préaubert sur ce chef ;

« En ce qui touche les marches de l'escalier :

« Considérant qu'il est reconnu par l'architecte que les changements apportés aux dimensions et à la disposition de l'escalier, ont été effectués par son ordre ; que, dès lors, il y a lieu d'en tenir compte à l'entrepreneur ;

« Considérant que le prix des 108 marches neuves posées par le sieur Préaubert, doit être fixé à 2,386 fr. 80, et le prix des 13 anciennes marches qui ont été réemployées, à 171 fr. 60 ; qu'ainsi il y a lieu d'ajouter au décompte la somme de 138 fr. 40 sur ce chef ;

« En ce qui touche la grande rosace :

« Considérant qu'encore bien que les travaux fussent suspendus, la surveillance des matériaux amassés pour lesdits travaux n'en demeurait pas moins à la charge de l'entrepreneur jusqu'à la résiliation de son marché ; qu'ainsi, c'est avec raison que le Conseil de Préfecture a laissé au compte du sieur Préaubert ceux desdits matériaux qui ont été détériorés ou qui ont pu disparaître ;

« En ce qui touche les têtes d'ornement, clochetons et trèfles à l'intérieur du porche :

« Considérant qu'il a été tenu compte de ces objets au sieur Préaubert, mais qu'il y a lieu d'augmenter de 30 fr. le prix porté au décompte pour les têtes d'ornement ;

« En ce qui touche les frais de transport de matériaux :

« Considérant que la distance à laquelle les matériaux devaient être déposés n'était pas déterminée par le devis ; qu'il résulte d'ailleurs de l'instruction que la distance moyenne pour les matériaux employés par le sieur Préaubert n'a pas dépassé en fait celle de 50 mètres, et qu'il n'a pas lieu de se plaindre que cette distance ait été trop grande ;

« En ce qui touche les intérêts :

« Considérant qu'il n'est ni établi, ni même allégué par le sieur Préaubert qu'il en ait fait la demande devant le Conseil de Préfecture ; que, dès lors, il n'y a lieu, conformément à l'art 1153 du Code civil, de les lui allouer qu'à partir de la demande qu'il en a faite devant le Conseil d'État ;

« Décide :

« Art. 1. Il sera tenu compte au sieur Préaubert, en plus des sommes qui lui ont été allouées par l'arrêté attaqué, et y compris l'augmentation d'un 10ᵉ stipulé sur les prix du devis :

« 1° Sur le chef relatif aux démolitions et fouilles, d'une somme de 384 fr. 70 ;

« 2° Sur le chef relatif aux maçonneries de taille et de remplissage, d'une somme de 1,777 fr. 42 ;

« 3° Sur le chef relatif aux parements vus de taille de sujétion, d'une somme de 621 fr. 56 ;

« 4° Sur le chef relatif aux marches d'escalier, d'une somme de 152 fr. 24 ;

« 5° Sur le chef relatif aux têtes d'ornement et autres moulures, d'une somme de 33 fr.

« Art. 2. Les intérêts du solde qui restera dû au sieur Préaubert, après les additions à faire à son décompte, en exécution de l'article précédent, seront alloués audit sieur Préaubert à partir du jour de l'enregistrement de sa requête au secrétariat général du Conseil d'État. »

Séance du 9 août 1851.

Pourvoi du sieur Costes contre un arrêté du Conseil de Préfecture des Pyrénées-Orientales, du 22 novembre 1851. — Déchéance par expiration du délai de trois mois depuis la connaissance acquise du délai attaqué.

Le 24 novembre 1845, M. Costes, entrepreneur, fut déclaré adjudicataire des travaux à faire pour l'ouverture de la route nationale, n° 116, partie comprise entre le pied des Graüs et Fontpédrouse (Pyrénées-Orientales).

En cours d'exécution, des difficultés s'élevèrent relativement au prix à attribuer à l'exploitation des roches de la rive droite de la Tet, exploitation qui s'était rencontrée être près de six fois plus coûteuse que ne l'avait prévu le devis.

Saisi de la difficulté, le Conseil de Préfecture des Pyrénées-Orientales, par arrêté du 22 novembre 1847, repoussa la réclamation de l'entrepreneur par application de l'article 11 des clauses et conditions générales, tout en manifestant son regret d'être obligé d'appliquer ce règlement rigoureux, et en recommandant l'entrepreneur à la bienveillance du ministre.

Suivant la marche qui lui était indiquée, et le 30 avril 1848, l'entrepreneur adressa au ministre une demande tendant à ce que le prix porté au décompte, et qui avait été déjà, mais insuffisamment, élevé par l'administration, fût porté à un chiffre plus en rapport avec le prix réel du travail ; le ministre ne crut pas devoir modifier sa première détermination, et, le 13 octobre 1848, fit signifier à l'entrepreneur l'arrêté du 22 novembre 1847, afin que l'affaire, quelque temps suspendue par suite du nouveau recours administratif de l'entrepreneur, reprît son cours régulier. Le 9 janvier 1849, c'est-à-dire avant l'expiration du délai de trois mois depuis la notification faite par le ministre, l'entrepreneur se pourvut au Conseil d'État contre l'arrêté du Conseil de Préfecture du 22 novembre, et fit valoir en faveur de sa cause des observations qu'il est inutile de rappeler puisque sa requête a été rejetée par une fin de non-recevoir que le ministre des travaux publics n'avait pas invoquée, et qui fut soulevée d'office par le Conseil d'État.

Le Conseil, après avoir entendu MM. Pascalis et Cornudet, maîtres des requêtes, dans leurs rapport et conclusions, a statué en ces termes :

« Considérant qu'il résulte de l'instruction que, dans une pétition adressée, en mai 1848, au ministre des travaux publics, le sieur Costes se fondait sur les dispositions de l'arrêté du Conseil de Préfecture des Pyrénées-Orientales, du 22 novembre 1847, pour réclamer une indemnité par la voie gracieuse ; qu'ainsi, dès cette époque, il avait pleine connaissance dudit arrêté, et que plus de trois mois se sont écoulés depuis lors jusqu'à la date du pourvoi, enregistré au secrétariat général du Conseil d'État, le 9 janvier ; qu'en conséquence, le sieur Costes a encouru la déchéance prononcée par l'article 11 du décret du 22 juillet 1806 ;

« Décide :

« Art. 1ᵉʳ. La requête du sieur Costes est rejetée. »

C'est avec un véritable regret que nous enregistrons cette nouvelle manifestation de la jurisprudence adoptée par le Conseil d'État, relativement à l'interprétation de l'article 11 du décret du 22 juillet 1806. Nous avons déjà eu l'occasion de faire connaître à nos lecteurs en quoi consiste cette jurisprudence et les motifs que nous avons de la considérer comme l'interprétation la plus fausse et la plus funeste de la disposition réglementaire sus-relatée. (Voir les nos des 7 décembre 1850 et 12 juillet 1851.) Une circonstance semblait, dans le procès Costes, de nature à arrêter l'application de la déchéance. Nous voulons parler de la notification faite le 13 octobre 1848 par le ministre, notification qui devait, ce semble, fixer l'époque à partir de laquelle le délai de trois mois devait commencer. Puisque le ministre lui-même faisait opérer cette notification, c'est qu'il comprenait et entendait que, pendant le temps où, sur l'avis du Conseil de Préfecture, l'entrepreneur avait eu, de nouveau, recours à son équité, le cours du délai pour se pourvoir avait dû rester suspendu, et c'est dans cette conviction qu'il n'avait pas soulevé contre le pourvoi de l'entrepreneur, la fin de non-recevoir qui a été appliquée. Le Conseil d'État avait déjà décidé, nous ne saurions dire pour quel motif, dans d'autres affaires, que cette question de déchéance était *d'ordre public*, et devait, en conséquence, être soulevée d'office par le juge quand les parties intéressées ne s'en armaient pas. Dans une pareille voie, on peut aller fort loin, et on voit que le Conseil fait bon marché de difficultés qu'aucun tribunal ordinaire n'oserait franchir. Nous ne pouvons, pour notre part, que déplorer vivement une semblable jurisprudence et attendre que les abus excessifs que son application entraîne, éclairent enfin le souverain tribunal administratif sur l'irrégularité et le danger de son interprétation.

Séance du 15 *novembre* 1851.

Pourvoi des sieurs Hamelin et Jouin contre un arrêté du Conseil de Préfecture de l'Aisne, du 20 avril 1849. — Décisions diverses.

Le 5 juillet 1836, les sieurs Jouin et Hamelin, entrepreneurs, furent déclarés adjudicataires des travaux à faire pour la construction d'un hôtel de ville pour la ville de Laon.

Les travaux surveillés, tant par M. Bringol, architecte, depuis décédé, que par une commission de surveillance, furent terminés en 1838, et M. Gosset, architecte, qui avait fait les plans, procéda du 4 au 9 janvier 1849, à leur réception.

Des difficultés sérieuses s'élevèrent relativement à l'état de réception des constructions et aux travaux supplémentaires à y effectuer. Ces difficultés furent portées devant le Conseil de Préfecture de l'Aisne, lequel, par un premier arrêté du 22 septembre 1843, commit M. Malpièce, architecte à Paris, à l'effet de donner un avis motivé sur les points en litige. Sur le rapport de cet architecte, intervint, le 21 mai 1844, un arrêté définitif du même Conseil de Préfecture, qui condamnait les entrepreneurs et les héritiers Bringol, représentant le sieur Bringol décédé, solidairement, à faire tous les travaux nécessaires pour mettre l'hôtel de ville de Laon en état complet de réception définitive, conformément aux plans de la première adjudication. Sur le pourvoi dirigé contre cet arrêté, par les entrepreneurs et les héritiers Bringol, le Conseil d'État rendit, le 14 août 1846, une première décision, dont voici les termes importants à connaître :

« Au fond, considérant qu'il est établi par l'instruction que, dans les travaux par eux effectués pour l'édification de l'hôtel de ville de Laon, non-seulement les sieurs Hamelin et Jouin, ou leurs représentants, se sont écartés des prescriptions du projet à eux adjugé, et des ordres qui leur avaient été donnés par l'architecte ; mais que, par suite de malfaçons provenant de leur fait, des avaries considérables se sont manifestées dans la toiture, le comble, le plancher haut de l'une des salles, et diverses autres parties de l'édifice ; que, dès lors, c'est avec raison que le Conseil de Préfecture en a prononcé la non-recevabilité, et a condamné les entrepreneurs à le mettre en état complet de réception, en laissant, à leur charge, tous les ouvrages de reconstruction ou de réparation qui seraient reconnus nécessaires.

« Considérant, toutefois, que, par l'arrêté attaqué, le Conseil de Préfecture a ordonné l'exécution aux frais des entrepreneurs, du projet tel qu'il avait été arrêté lors de l'adjudication du 5 juillet 1836 ; mais qu'il résulte des circonstances de l'affaire, notamment de la délibération du 9 février 1841, que la ville avait accepté, sauf réserve des questions de responsabilité légale, les modifications introduites au projet primitif par ordre de l'architecte, et relatives notamment à la charpente du comble et au plancher haut de la salle des fêtes ; que, dès lors, le Conseil de Préfecture n'aurait dû déclarer les entrepreneurs tenus de livrer l'édifice en état complet de réception, conformément à leur adjudication, que sous la réserve des modifications précitées.

« Décide :

« Art. 1er. L'arrêté du Conseil de Préfecture du département de l'Aisne, en date du 21 mai 1844, est réformé en tant que ledit arrêté oblige les sieurs Hamelin et Jouin, et les sieurs Bringol, à livrer à la ville de Laon, en état complet de réception, un hôtel de ville conforme, en toutes ses parties, au projet adjugé le 5 juillet 1836. Les sieurs Hamelin et Jouin, et les héritiers Bringol, sont tenus seulement de livrer à la ville de Laon, un hôtel de ville conforme audit projet, avec les modifications résultant des ordres de l'architecte, approuvés par la délibération du 9 février 1841.

« Art. 2. Ledit arrêté est également réformé dans la disposition portant condamnation des sieurs Bringol, solidairement avec les sieurs Hamelin et Jouin, aux diverses réclamations énoncées audit arrêté. La ville de Laon ne pourra exercer de recours contre les sieurs Bringol, à raison de ladite condamnation, que subsidiairement, et en cas seulement d'insolvabilité des entrepreneurs. »

Le 25 septembre 1846, le Conseil de Préfecture de l'Aisne rendit un arrêté par lequel M. Gagnon, architecte, était autorisé à accomplir, de concert avec M. Cléempute précédemment nommé, une expertise à l'effet d'examiner les dégradations du bâtiment de l'hôtel de ville et les réparations à y faire. Ces deux architectes, plus celui désigné par les entrepreneurs, procédèrent à une visite et rédigèrent un rapport sur lequel de nouvelles difficultés s'étant élevées, il y fut statué, le 20 avril 1849, par un arrêté du Conseil de Préfecture de l'Aisne, dont nous ne rapportons que le dispositif.

Arrête :

« Ayant aucunement égard aux procès-verbaux des architectes commis par les arrêtés des 21 mai 1844 et 25 septembre 1846, notamment à ceux des 1er, 2 et 10 juin 1847.

« L'indemnité due à la ville pour la moins-value résultant tant des défectuosités de partie des parquets du premier étage de l'hôtel de ville, de la galerie de l'orchestre, des portes sous cette galerie, des plafonds du rez-de-chaussée, des pierres de la façade et de diverses pièces de bois de la charpente, que de la gêne dans l'usage du grenier, causée par le mode de restauration employé par les entrepreneurs, est déclarée de la même importance que l'indemnité due par la ville, pour les travaux d'entretien à sa charge et pour les différences entre le prix des bois et autres objets, fixé et réduit par la délibération du 9 février 1841, et le prix des objets de plus grande valeur qui ont remplacé les premiers, lors de la restauration ;

« En conséquence, les réclamations respectives ci-dessus énoncées, sont déclarées éteintes par compensation.

« Les entrepreneurs referont à neuf, à leurs frais, le plafond du laboratoire ;

« La ville leur payera le prix des deux descentes des cheneaux posées lors de la restauration ;

« Elle leur payera le reliquat, s'il en existe, qui pourrait résulter du décompte du prix de la construction, tel qu'il a été fixé par la délibération du 9 février 1841 ;

« Ces payements ne seront effectués qu'après la réception du plafond à refaire au laboratoire, et la justification de l'acquit des frais auxquels les entrepreneurs ont été condamnés par les décisions précédentes ;

« A défaut de payement par la ville, l'intérêt des sommes dues par elle courra à partir desdites réception et justification ;

« La garantie des entrepreneurs et de l'architecte est déclarée avoir commencé le 4 janvier 1839, pour toutes les parties de l'édifice autres que le plancher haut de la salle des fêtes et le comble ;

La garantie, quant à ces deux parties, est déclarée avoir commencé le 2 juin 1847 ;

« Il est déclaré que les entrepreneurs et les héritiers de l'architecte Bringol auront complétement satisfait à toutes les conditions portées contre eux par l'arrêté du 21 mai 1844, et l'ordonnance du 27 août 1846, lorsqu'ils auront justifié de l'acquit de tous les dépens et frais mis à leur charge par lesdits arrêté et ordonnance :

« En conséquence, après ladite justification, la ville sera tenue de donner mainlevée de l'hypothèque et de consentir la radiation des inscriptions existant, en vertu desdites décisions, contre les entrepreneurs et les héritiers Bringol ;

« En tant que de besoin, elle est autorisée à cet effet ;

« Les frais et dépens postérieurs à la signification de l'ordonnance du 27 août 1846, sont compensés ;

« Les parties sont mises hors de cause sur tous les autres chefs de leurs conclusions respectives. »

Les entrepreneurs se sont pourvus, dans les délais légaux, contre cet arrêté. Ils ont attaqué les quatre chefs sur lesquels cette décision n'avait pas fait droit à leurs réclamations.

§ 1er. Ils ont soutenu que la religion du Conseil d'État, en août 1846, et celle du Conseil de Préfecture, avait été trompée ; que le Conseil d'État avait motivé sa décision qui les condamnait à mettre l'hôtel de ville en état complet de réception, sur cette idée erronée qu'ils ne s'étaient pas conformés aux ordres à eux donnés ; que, depuis, il avait été prouvé que ces ordres avaient été suivis, qu'en conséquence la décision du Conseil d'État manquait du motif qui l'avait engendrée, et qu'on pouvait très-bien, sans attaquer une décision souveraine, prononcer à leur profit le payement des réparations dernièrement faites par eux, puisque les malfaçons qu'elles étaient destinées à faire disparaître devaient être attribuées aux ordres par eux reçus, et non à un fait qui leur fût personnel.

§ 2. Les entrepreneurs se sont élevés contre la compensation établie par l'arrêté attaqué, entre la somme totale de 4,227 fr. 98 réclamée par eux, et une pareille somme déclarée due, à la ville, à titre d'indemnité.

Ils ont soutenu que les procès-verbaux de réception constataient que les prétendues causes d'indemnité à la ville n'existaient pas, et qu'en conséquence il n'y avait pas de compensation à établir.

§ 3. Ils ont déclaré s'en rapporter à la sagesse du Conseil d'État relativement au payement de 5,949 fr. 25, pour travaux supplémentaires.

§ 4. En outre ils ont demandé que le reliquat des sommes à eux dues, leur fût immédiatement payé, les refaçons et frais, dont l'exécution avait retardé la réception des travaux, ne devant pas être regardés comme provenant de leur fait ; qu'enfin, les intérêts partissent du jour de la demande qu'ils en avaient faite et non du jour de la réception des travaux.

La ville de Laon s'est également pourvue contre l'arrêté du 20 avril 1849 ; elle a soutenu qu'une partie seulement des travaux prescrits par l'arrêté du Conseil d'État du 20 avril 1849, avait été exécutée ; qu'à l'égard des travaux eux-mêmes, la ville avait droit à une indemnité pour la dépréciation provenant des malfaçons; que d'autres indemnités devaient être accordées à la ville, à divers autres titres qu'elle détaillait, et dont elle imputait la charge aux entrepreneurs ; que la ville n'aurait pas dû être condamnée à payer, auxdits entrepreneurs, le prix de certains travaux prétendus d'entretien ou supplémentaires ; que les entrepreneurs devaient être tenus à certains menus travaux; que la responsabilité de ces derniers ne devait courir que du jour de la réception des derniers travaux à faire ou du payement de l'indemnité devant en tenir lieu, et non de la première réception.

Les héritiers Bringol sont intervenus pour demander le maintien de l'arrêté attaqué.

Le Conseil d'État, après avoir entendu MM. de Jouvencel, conseiller d'Etat, et Du Martroy, maître des requêtes, en leur rapport et conclusions, a statué en ces termes :

« Considérant que la requête des sieurs Hamelin et Jouin, et celle de la ville de Laon, tendent l'une et l'autre à la réformation du même arrêté, et qu'il y a lieu de les joindre pour y statuer par une seule et même décision ;

« En ce qui touche le payement, réclamé par les entrepreneurs, des deux descentes d'eau supplémentaires qu'ils ont établies par ordre de la ville, et les deux conduits dont la construction leur est demandée par la ville pour diriger, vers la citerne, les eaux provenant desdites descentes supplémentaires :

« Considérant que le devis ne prescrivait l'établissement que de deux descentes d'eau, et qu'il résulte de l'instruction que la nécessité d'en établir deux de plus n'est pas provenue d'un fait qu'il y ait lieu d'imputer aux entrepreneurs ; que, dès lors, les dépenses d'établissement, soit des deux descentes supplémentaires, soit des deux conduits à construire pour diriger, vers la citerne, les eaux arrivant par ces deux descentes, doivent demeurer à la charge de la ville ;

« En ce qui touche le bombement du mur de face et le fruit de la campanille : considérant que ces défectuosités sont à peine visibles ; qu'elles ne se sont pas aggravées depuis plusieurs années, et qu'il n'y a pas lieu d'en ordonner le redressement ;

« En ce qui touche la lézarde de la salle de l'Horloge : considérant que cette lézarde a été convenablement bouchée ;

« En ce qui touche les papiers de tenture du premier étage, le carrelage du grenier et l'espacement des feuillets de la couverture : considérant que ces divers objets ont été mis en bon et convenable état ;

« En ce qui touche le plafond du laboratoire : considérant que c'est par suite de sa mauvaise confection que ce plafond est tombé et que, dès lors, les dépenses à faire pour le rétablir doivent demeurer à la charge des entrepreneurs ;

« En ce qui touche les défectuosités des parquets et lambris du premier étage, de la galerie de l'orchestre et des deux portes sous cette galerie, des angles du vestibule et plafond, du rez-de-chaussée et de certaines pierres de la façade : considérant que les défectuosités dont il s'agit sont notables ; que la ville en réclamait le redressement, et que le droit qu'elle avait d'obtenir que les entrepreneurs effectuassent les travaux nécessaires pour faire dis-

17

paraître ces défectuosités, ne pouvait, sans violation du marché, être converti, par le Conseil de Préfecture, contre la volonté expresse de la ville, en de simples indemnités, dont la compensation avec d'autres indemnités, dues par la ville aux entrepreneurs, n'aurait pas dû d'ailleurs être prononcée par ledit Conseil, sans que le montant des unes et des autres eût été préalablement déterminé ;

« En ce qui touche le mode de consolidation du comble et la défectuosité des bois employés à cette consolidation ; considérant que le comble, construit dès l'origine par les entrepreneurs, dans un système différent du système prévu aux plans et projets primitifs, a été par eux consolidé autrement que ne le prescrivait la délibération du Conseil municipal du 9 février 1841, à laquelle les entrepreneurs avaient adhéré le 11 mars, même année, et dont l'ordonnance du 27 août 1846 avait autorisé l'exécution ; qu'il y a lieu, dès lors, à renvoyer les entrepreneurs à se conformer, pour la consolidation du comble, et, s'il y échet, pour sa reconstruction, aux dispositions soit de la délibération précitée, soit à celles des plans et projets primitifs, si mieux ils n'aiment accepter les offres de la ville, et traiter avec elle, sous les autorisations de droit, de la conservation du comble dans son état actuel, sauf à subir, s'il y a lieu, sur les sommes qui leur sont dues, telles réductions qu'il appartiendra ;

« En ce qui touche l'indemnité de 1,980 fr. réclamée par la ville pour soixante-six jours de retard, à raison de 30 fr. par jour, dans l'achèvement des travaux, mis à la charge des entrepreneurs, par l'arrêté du 21 mai 1844, et l'ordonnance du 27 août 1846 ; considérant que l'arrêté du 21 mai 1844, et l'ordonnance du 27 août 1846, en déterminant le délai dans lequel les entrepreneurs devaient avoir achevé les travaux de restauration de l'hôtel-de-ville mis à leur charge par ledit arrêté et ladite ordonnance, n'ont attaché aucune clause pénale au fait de non achèvement desdits travaux dans ledit délai ; que l'indemnité de 30 francs par jour de retard, prononcée par cet arrêté et cette ordonnance, est spéciale : 1° au cas où les entrepreneurs n'auraient pas commencé les travaux dans le délai qui leur était imparti ; 2° à celui où ils les auraient interrompus ; 3° enfin à celui où ils n'auraient pas employé la quantité d'ouvriers prescrite par l'architecte ; considérant que la ville ne justifie pas que les entrepreneurs se soient trouvés dans chacun de ces trois cas, ni que le retard de l'achèvement des travaux au delà du terme fixé, ait porté préjudice aux services municipaux, la plupart des salles de l'hôtel-de-ville étant d'ailleurs occupées déjà, depuis longtemps, par l'administration ;

« En ce qui touche l'indemnité réclamée par la ville pour frais de déménagement et détérioration de mobilier : considérant que la ville ne justifie pas que le préjudice qu'elle allègue avoir éprouvé soit imputable aux entrepreneurs ;

« Sur la disposition de l'arrêté attaqué, qui détermine le point de départ du délai de la responsabilité décennale des entrepreneurs ou de l'architecte : considérant que les entrepreneurs ou l'architecte n'opposaient aux réclamations de la ville aucune fin de non-recevoir tirée de l'expiration du délai de leur responsabilité décennale ; qu'aucune contestation d'un intérêt né et actuel ne rendait nécessaire la détermination du point de départ de ce délai, et qu'en l'absence de toute application immédiate à en faire au litige élevé entre elles, les parties auraient dû être déclarées par le Conseil de Préfecture, sur ce chef, purement et simplement non recevables, dans leurs fins et conclusions ;

« Sur la demande des entrepreneurs tendant à ce que les dépenses des travaux de restauration qu'ils ont effectuées, en exécution de l'arrêté du 21 mai 1844, et de l'ordonnance du 27 août 1847, demeurent à la charge de la ville ou des héritiers Bringol ; considérant que cette demande est en opposition directe avec les dispositions de l'arrêté et de l'ordonnance précités, dispositions aux termes desquelles les travaux dont il s'agit devaient être exécutés aux frais des entrepreneurs ; considérant toutefois que, lors du compte du 9 février 1841, des réductions ont été faites aux entrepreneurs, à raison de ce qu'ils avaient employé, dans l'exécution de certains ouvrages, des matériaux de moindre valeur ou dimensions que celles indiquées par le marché ; que les entrepreneurs allèguent avoir refait ou consolidé lesdits ouvrages, de manière à ce qu'il n'y eût plus lieu au maintien des réductions qu'ils ont subies ; qu'ils allèguent, en outre, avoir effectué, pour la ville, des travaux d'entretien s'élevant à 726 fr. 47, et que le Conseil de Préfecture, en admettant la compensation des sommes qui seraient dues par la ville aux entrepreneurs sur ces deux chefs de demande, avec celles que les entrepreneurs lui devraient eux-mêmes pour d'autres articles, n'en a pas déterminé le montant ;

« En ce qui touche la réclamation des entrepreneurs, relative à des travaux supplémentaires, au prix de 5,494 fr. 29, qu'ils auraient effectués dans les basses fondations : considérant qu'en acceptant, avec toutes ses clauses et obligations, l'arrêté de compte du 9 février 1841, lequel n'était proposé par la ville aux entrepreneurs que sous la condition expresse d'abandonner ce chef de demande, les entrepreneurs ont, par cela même, consenti à cet abandon ;

« Sur le surplus, tant des dispositions de l'arrêté attaqué que des conclusions des entrepreneurs : considérant que, de tout ce qui précède, il résulte que les entrepreneurs n'ont pas encore satisfait à toutes leurs obligations, et qu'il n'y a lieu, dès lors, de prononcer leur libération, ni de statuer sur les conséquences éventuelles de cette libération, relativement aux inscriptions hypothécaires prises par la ville ;

Décide :

« Art. 1er. L'arrêté ci-dessus visé du conseil de préfecture du département de l'Aisne, en date du 20 avril 1849 est réformé :

« 1° Dans la disposition qui alloue seulement des indemnités à la ville de Laon, pour les défectuosités des parquets et lambris du premier étage de l'hôtel-de-Ville, de la galerie de l'orchestre, des portes sous cette galerie, des plafonds du rez-de-chaussée, de certaines pierres de la façade, des bois employés à la consolidation ;

« 2° Dans la disposition qui prononce la compensation de ces indemnités, avec d'autres qui seraient dues par la Ville, aux entrepreneurs, pour prix de travaux d'entretien ou de consolidation ;

« 3° Et, par voie de conséquence, dans la disposition qui ordonne le payement du reliquat qui serait dû aux entrepreneurs, et dans celle qui, déclarant les entrepreneurs et les héritiers Bringol, quittes et libérés de toutes les condamnations portées contre eux par l'arrêté du 21 mai 1844 et l'ordonnance du 27 août 1846, après qu'ils auront justifié de l'acquit des dépens et frais mis à leur charge par l'arrêté et l'ordonnance précités, décide que la ville sera tenue de donner mainlevée des hypothèques, et de consentir la radiation des inscriptions existant en vertu desdits arrêté et ordonnance;

« 4° Enfin, dans la disposition qui détermine le point de départ du délai de responsabilité décennale des entrepreneurs et de l'architecte.

« Art. 2. Les sieurs Jouin et Hamelin, sous la responsabilité subsidiaire des héritiers Bringol, ainsi qu'il est prescrit par l'ordonnance du 27 août 1846, seront tenus :

« 1° Dans le délai de deux mois à partir de la signification de la présente décision, et sous la peine de 30 f. d'indemnité au profit de la ville pour chaque jour de retard, d'avoir réparé et fait disparaître les défectuosités des parquets du premier étage, de la galerie de l'orchestre, des deux portes latérales sous cette galerie, des angles du vestibule, des plafonds du rez-de-chaussée, des pierres de la façade et du plafond du laboratoire ;

« 2° Et dans le délai de quatre mois, à dater de la même signification et sous la même peine, d'avoir reconstruit le comble, suivant les plans et projets primitifs, sauf l'exécution des modifications résultant des ordres de l'architecte et acceptées par la délibération du 9 février 1841, si mieux ils n'aiment accepter les offres de la ville et traiter avec elle, sous les autorisations de droit, de la conservation du comble dans son état actuel.

« Art. 3. La ville de Laon et les sieurs Jouin et Hamelin sont renvoyés devant le Conseil de Préfecture pour, en présence des héritiers Bringol, y être statué :

« 1° Sur le règlement des travaux d'entretien qu'ils auraient effectués pour le compte de la ville ;

« 2° Sur le maintien partiel ou total des réductions par eux subies pour moins-value ou absence de matériaux, conformément à la délibération du 9 février 1841.

« Art. 4. Les conclusions des sieurs Jouin et Hamelin, celles de la ville de Laon et celles des héritiers Bringol sont rejetées pour le surplus.

« Art. 5. Les dépens sont compensés entre les parties.

'*Séance du* 22 *novembre* 1851.

Pourvoi du sieur Jacquot contre un arrêté du Conseil de Préfecture de la Haute-Saône, du 25 janvier 1848.— Composition des Conseils de Préfecture. — Procès-verbal de réception. — Article 35 des clauses et conditions générales.

Le 25 février 1841, le sieur Gaspard Jacquot, entrepreneur, fut déclaré adjudicataire des travaux à exécuter pour l'établissement d'un chemin de grande communication de Breurey-les-Saverney à la Haute-Marne, sur les territoires des communes de Contréglise et de Saponcourt (Haute-Saône).

Les travaux étaient entièrement terminés, et le chemin livré à la circulation, lorsque, le 24 mars 1847, il fut dressé par le sieur Philippe, agent-voyer, un procès-verbal de réception. Ce procès-verbal fixait la dépense à 76,644 fr. 28, sur lesquels l'entrepreneur avait déjà reçu 75,585 fr. 77.

L'administration pensa que les résultats constatés n'étaient pas conformes à la réalité, et, pour s'éclairer sur ce point, elle fit contrôler le travail du sieur Philippe par un autre agent-voyer, le sieur Leblond ; ce dernier opéra, le 28 août 1847, en l'absence du sieur Jacquot, et réduisit l'allocation de dépense à 61,027 fr. 44.

Muni de ce document, le préfet, agissant au nom des communes intéressées, provoqua l'examen de l'ingénieur en chef. Ce dernier, accompagné desdits sieurs Philippe et Leblond, d'un agent-voyer cantonal et de l'agent-voyer principal, en présence, cette fois, de l'entrepreneur, procéda, le 18 septembre 1847, à la contre-vérification officielle des travaux. Son décompte s'éleva à 65,550 fr. 11, soit 11,094 fr. 14 de moins que celui du sieur Philippe, et 4,523 fr. de plus que celui du sieur Leblond.

L'entrepreneur se trouvait ainsi avoir reçu de trop 10,035 fr. 66.
Mais il refusa formellement de restituer cette somme.

Appelé devant le Conseil de Préfecture, le sieur Jacquot, tout
en se réservant la faculté de défendre au fond, se retranchait derrière une fin de non-recevoir. Il soutenait que la réception de ses
travaux ayant été faite par le procès-verbal du sieur Leblond, et
cette réception ayant été acceptée par lui, l'administration se trouvait engagée par le fait de son agent, et ne pouvait pas, plus qu'il
ne le pourrait lui-même, surtout en présence de l'article 32 des
clauses et conditions générales, remettre en question les résultats
de cette réception devenue tout à fait définitive. Il citait l'ordonnance du Conseil d'État du 31 octobre 1833 (affaire Cayla).

Le Conseil de Préfecture, par arrêté en date du 25 janvier 1848,
a statué en ces termes :

« Attendu, sur la fin de non-recevoir proposée par le défendeur, que, sans rechercher quelle peut être en général la valeur
d'une réception faite par l'agent-voyer chargé de la direction des
travaux lorsque cette réception, acceptée par l'entrepreneur, n'a
point reçu l'approbation du préfet, il faut reconnaître que, dans
tous les cas, l'acte du 24 mars 1847 n'a pu avoir que le caractère
d'une réception provisoire, dont les résultats ; quant à la perfection des travaux, restaient subordonnés à l'épreuve d'une seconde
et définitive vérification, après le délai de garantie ;

« Qu'en effet, l'article 35 des clauses et conditions générales
cité par le sieur Jacquot dispose formellement que les travaux
exécutés seront toujours l'objet de deux réceptions : l'une qualifiée
de provisoire, qui a lieu à l'achèvement de l'entreprise, et l'autre
définitive à l'expiration de la garantie ; que la réception du 24
mars 1847, invoquée par l'entrepreneur, est la première opération de cette nature à laquelle il ait été procédé depuis l'entier
achèvement des travaux, qu'elle n'emporte donc qu'une reconnaissance préparatoire, incomplète, laissant indécises les questions
(notamment sur la bonne confection des ouvrages) qui peuvent se
reproduire utilement à l'époque de la réception définitive ; que,
considérer comme irrévocablement acquis, ainsi que le suppose le
défendeur, tout ce qui est constaté par la réception du 24 mars,
c'est annihiler la disposition de l'article 35, relative à la réception

définitive, laquelle serait complétement illusoire, si elle ne pouvait que confirmer les énonciations de la première opération ;

« Qu'en fait, le préfet usant d'un droit qui ne peut être révoqué en doute, a prescrit une seconde vérification des travaux dont il s'agit, dans le délai de la garantie ; qu'il en est résulté que le chemin n'a point la forme et les pentes prévues par le devis ; que généralement dans les parties en déblais, il est resté au-dessus du niveau qu'il devait atteindre, et qu'au contraire, il n'a point été amené à ce niveau dans les parties en remblais ; que ces faits touchant la confection des ouvrages, sont de la nature de ceux que la réception définitive est plus spécialement appelée à constater ; qu'ainsi le défendeur ne peut, pour éviter la discussion sur le nouvel état de l'affaire, se retrancher derrière la réception provisoire du 24 mars ; car, en admettant que tous les travaux eussent été, à cette époque, régulièrement exécutés et conformes au devis, il n'en serait pas moins tenu, à raison de la responsabilité qui n'a pas cessé de peser sur lui, de les reproduire tels et dans la même perfection au moment de la réception définitive, et ce, sans égard aux plus ou moins grandes quantités de terrassements exécutés en conformité des dispositions de l'art. 35 du devis ; enfin, que l'on ne peut tirer, pour apprécier la véritable nature de la réception du 24 mars, aucun argument sérieux de ce qu'elle a été qualifiée de définitive dans le procès-verbal de l'agent-voyer Philippe ; qu'une expression impropre conservée dans une formule imprimée, ne peut suffire pour changer le caractère de cet acte et lui attribuer une valeur que lui refusent les conditions de l'adjudication ;

« Par ces motifs ;

« Arrête :

« La fin de non-recevoir proposée par le sieur Jacquot est rejetée ; il lui est accordé un délai de dix jours, à partir de la notification du présent, pour faire valoir ses moyens de défense sur le fond de la contestation. »

Le sieur Jacquot s'est pourvu contre cet arrêté, tant pour vice de forme que pour mal jugé.

Il prétendait : 1° que l'arrêté attaqué contenait une violation de l'article 7 de la loi du 20 avril 1810, et de l'arrêté du 19 fructidor an IX, en ce qu'il n'avait été rendu que par deux conseillers de

Préfecture. Ils étaient assistés, il est vrai, d'un membre du Conseil général, mais la présence de celui-ci n'est expliquée ni justifiée; il n'est fait aucune mention de l'empêchement du troisième conseiller; par conséquent, le membre du Conseil général, dont il s'agit, n'avait point qualité légale pour concourir à la décision.

Le requérant soutenait 2° que le Conseil de Préfecture avait mal jugé, en ne reconnaissant pas un caractère définitif à une réception qui avait eu lieu deux ans après que la route avait été livrée à la circulation, et que l'administration y avait établi des cantonniers et fait des réparations à son compte; alors surtout que le règlement du décompte avait été accepté par l'entrepreneur, et soldé en grande partie par l'administration, sans retenue du dernier dixième, preuve évidente qu'elle considérait elle-même le délai de garantie comme expiré et la réception comme définitive.

Le sieur Jacquot ajoutait qu'en tous cas, la révision, opérée par l'ordre du préfet, serait non recevable comme tardive. Le délai de garantie n'était en effet que de six mois ; or, l'arrêté de mise en demeure, notifié depuis au sieur Jacquot, n'a été pris que le 6 novembre 1847 ; le délai fixé par le cahier des charges était donc expiré avant qu'aucune interpellation eût été faite à l'entrepreneur.

Par ces motifs, le requérant avait conclu d'abord à ce qu'il plût au Conseil :

Annuler l'arrêté attaqué; condamner le département aux dépens ;

Ordonner en outre qu'il serait sursis par le Conseil de Préfecture à toute décision au fond, jusqu'à ce qu'il eût été statué sur son recours.

Postérieurement, il a conclu à ce qu'il fût décidé que la fin de non-recevoir par lui proposée était fondée, et que l'administration ne pouvait plus revenir sur le décompte arrêté et soldé par suite de la réception du 24 mars 1847.

Le préfet de la Haute-Saône a présenté la défense des communes intéressées.

Sur le moyen de forme, il a répondu qu'à la vérité l'arrêté du 25 janvier 1848 avait été rendu et signé par deux conseillers de préfecture seulement; mais que l'adjonction d'un membre du Conseil général avait eu lieu conformément à l'arrêté du 19 fructidor an IX, et que sa présence était justifiée par sa signature, apposée non-seulement au bas de la décision dont il s'agit, mais de toutes celles qui ont été rendues dans la même séance du Conseil de Préfecture.

Relativement à la fin de non-recevoir, le préfet a soutenu que les formalités de l'article 35 des clauses et conditions générales avaient été observées, et que les deux réceptions, l'une provisoire, quoique la formule imprimée du procès-verbal porte les mots *reçus définitivement*, et non approuvée d'ailleurs par lui, l'autre réellement définitive, avaient eu lieu toutes deux dans les six mois ; que, si une partie du chemin avait été livrée antérieurement à la circulation pour faire jouir les populations des avantages de la route à mesure qu'elle s'était trouvée viable, cette prise de possession anticipée, consentie par l'entrepreneur, n'avait rien préjugé, même dans son esprit, quant à la réception des travaux, puisque c'est avec sa participation, et sans réserve de sa part, qu'il a été dressé pour la première fois, le 24 mars 1847, un procès-verbal pour consentir cette réception.

La non-retenue du dixième de garantie, et les avances de fonds faites à l'entrepreneur, ne prouvent rien non plus, si ce n'est la confiance dans sa solvabilité. D'ailleurs toutes ces avances sont antérieures au procès-verbal du 24 mars 1848. Elles ne peuvent donc être considérées comme une ratification du décompte contenu dans ce procès-verbal.

Enfin, si la mise en demeure de reverser la somme touchée en trop n'a été faite à l'entrepreneur qu'un certain temps après le dernier rapport sur le résultat de la contre-vérification, il ne faut pas perdre de vue que l'opération sur les lieux avait été terminée avant l'expiration des six mois.

Le préfet a terminé en réfutant une objection de l'entrepreneur, tirée de ce que le long usage du chemin ne permettait plus d'en faire une reconnaissance exacte. Il fait observer que l'usage ne peut avoir eu pour effet de relever le niveau du sommet des rampes. Or, s'il est constant aujourd'hui que ces niveaux n'ont point été abaissés, comme le prescrivait le devis, il faut en conclure que les travaux de terrassements sont incomplets.

Le préfet, ès-noms, a conclu, en conséquence, au rejet du pourvoi et à la condamnation du sieur Jacquot à tous les dépens.

Le ministre de l'intérieur, auquel le dossier a été communiqué, s'en est référé purement et simplement aux observations du préfet.

Le Conseil d'État, après avoir entendu MM. Daverne et Dumartroy, maîtres des requêtes, en leurs rapport et conclusions, a statué en ces termes :

« Considérant que, si aux termes de l'article 1er de l'arrêté du 19 fructidor an IX, sus-visé, les conseillers de Préfecture ne peuvent prendre de délibération qu'au nombre de trois au moins, les articles 2 et 3 du même arrêté disposent que, dans le cas où lesdits conseillers se trouveront réduits à moins de trois, il devront désigner, pour siéger avec eux, un membre du Conseil général ;

« Considérant qu'il résulte de l'instruction, que l'arrêté attaqué a été rendu par deux conseillers de Préfecture et par un membre du Conseil général, régulièrement désigné pour siéger en l'absence du troisième conseiller de Préfecture ; que, dès lors, l'arrêté du 25 janvier 1848 est régulier en la forme ;

« Au fond,

« Considérant qu'il résulte de l'instruction que la réception à laquelle il a été procédé, le 24 mars 1847, avant l'expiration du délai de garantie, et qui n'a pas été approuvée par le préfet, constituait une réception simplement provisoire, et que l'omission de la radiation du mot *définitive*, imprimé après le mot réception au cours du procès-verbal, ne saurait changer le caractère de ladite opération ; que, dès lors, c'est avec raison que le Conseil de Préfecture de la Haute-Saône a déclaré que la réception du 24 mars 1847 n'était pas définitive et ne liait pas l'administration à l'égard de l'entrepreneur ;

« Décide :

« Art. 1er. La requête du sieur Jacquot est rejetée.

« Art. 2. Le sieur Jacquot est condamné aux dépens. »

Séance du 29 *novembre* 1851.

Pourvoi du sieur Lucq-Rosa, entrepreneur d'une fourniture de fourrages pour le service de la guerre, contre une décision du ministre de la guerre. — Incendie d'un bâtiment mis à la disposition de l'entrepreneur. — Force majeure. — Responsabilité de l'entrepreneur.

En 1848, M. Lucq-Rosa se rendit adjudicataire de la fourniture des fourrages dans le 5ᵉ arrondissement militaire du département du Nord, et, à cet effet, l'État mit à sa disposition un bâtiment sis à Avesnes et estimé 10,430 fr. En juin 1849, des enfants ayant mis le feu à un hangar placé près de ce bâtiment, l'incendie s'y communiqua et le détruisit en partie.

Avis de ce sinistre fut donné au ministre de la guerre, qui entendit en rendre M. Lucq-Rosa responsable, et qui, sur la réclamation de ce dernier, lui fit transmettre la lettre suivante :

« Maubeuge, le 21 octobre 1849.

« Monsieur,

« Vous me demandez de vous faire connaître le dispositif de la décision qui a été prise, le 25 août dernier, par M. le ministre de la guerre, au sujet de la responsabilité mise à votre charge dans l'incendie des bâtiments servant à l'exploitation du service des fourrages, à Avesnes. Le ministre avait déjà pris une décision le 6 août dernier ; sur ma réclamation, il a écrit de nouveau le 25 août, et voici, en substance, les motifs de sa décision : M. Lucq-Rosa s'est assujetti par son marché, au cahier des charges du 24 août 1848. Ce document contient une clause qui rend l'entrepreneur responsable vis-à-vis du département de la guerre « au même « titre et d'après le même principe que ceux qui règlent, aux ter- « mes du Code civil, les devoirs et la responsabilité du locataire « envers le propriétaire. » L'entrepreneur se trouve donc soumis aux dispositions de l'article 1733 du Code civil, et, d'après le résultat de l'enquête, il est évident que, ne pouvant pas faire les justifications exigées par cet article, il doit subir la responsabilité qui en est la suite. En conséquence de ces motifs, le ministre a fait connaître qu'il n'y avait plus à revenir sur l'appréciation de la responsabilité encourue, qu'une décision était prise, et que, si vous aviez à vous en plaindre, vous vous pourvoiriez dans les formes usitées.

« Recevez, Monsieur, l'assurance de ma considération distinguée.

« *Le sous-intendant militaire,*

« Signé : * * * »

L'entrepreneur se pourvut au Conseil d'État contre cette décision, et proposa deux moyens à l'appui de son pourvoi. Il a prétendu d'abord que le ministre avait incompétemment prononcé sur une question dont l'interprétation, toute de droit civil, appartenait aux tribunaux civils ; que, dans l'espèce, il ne s'agissait pas d'une contestation relative aux fournitures soumissionnées, mais d'un cas particulier de responsabilité prévu par l'article 1733 du Code civil.

Il a soutenu, en second lieu, que l'événement étant de force majeure, les suites n'en devaient, en aucun cas, être mises à sa charge.

Le ministre de la guerre a répondu, sur la question de compétence, que de la jurisprudence constante du Conseil d'État et des termes du décret du 11 juin 1806, il résultait que toutes les contestations relatives à des marchés de fournitures rentraient dans la compétence des tribunaux administratifs. Sur le second moyen, le ministre a déclaré que le sinistre aurait pu être empêché, qu'il doit être attribué à un défaut de surveillance suffisante de la part du sieur Lucq-Rosa, qui, dès lors, devait encourir la responsabilité que fait peser sur lui la lettre ministérielle.

Le Conseil d'État, après avoir entendu MM. Gomel et Cornudet, maîtres des requêtes, en leurs rapport et conclusions, a statué en ces termes :

« Sur la compétence :

« Considérant que le marché passé entre le sieur Lucq-Rosa et le

département de la guerre a pour objet la fourniture des fourrages
dans l'arrondissement d'Avesnes, et qu'aux termes de l'art. 38 du
cahier des charges ci-dessus visé, toutes les contestations relatives
soit à l'interprétation des clauses et conditions dudit marché, soit
à l'exécution du service et de tout ce qui s'y rattache, doivent être
décidées administrativement par le ministre de la guerre, par application de l'art. 14 du décret du 11 juin 1806 ; que, dès lors, la
décision attaquée a été compétemment rendue ;

« Au fond,

« Considérant qu'il résulte de l'instruction, et notamment des
procès-verbaux d'enquête ci-dessus visés, que l'incendie du bâtiment dont il s'agit est arrivé par cas fortuit, et que, dès lors, c'est
à tort que le ministre de la guerre a déclaré le sieur Lucq-Rosa
responsable de la valeur du bâtiment incendié et débiteur de la
somme de 10,430 fr., montant de cette valeur ;

« Décide :

« Art. 1er. La décision du ministre de la guerre, en date du
16 août 1849, est annulée.

« Art. 2. L'État, en la personne du ministre de la guerre, est
condamné aux dépens. »

———————

Séance du 29 novembre 1851.

Requête du sieur Bourdin, propriétaire, contre un arrêté du Conseil de Préfecture de la Charente, du 19 novembre 1849, rendu en faveur du sieur Cante, entrepreneur de travaux publics. — Dommages dus à un particulier. — Tierce-expertise. — Serment. — Avis du contrôleur des contributions indirectes. — Intérêts. — Dépens.

Afin de trouver les cailloux nécessaires à ses travaux, le sieur
Cante, entrepreneur des travaux d'entretien de la route nationale

n° 139, de Périgueux à La Rochelle, avait fait opérer des fouilles dans des bois désignés comme devant fournir ces dits matériaux, situés dans la commune de Soyeux, et appartenant au sieur Bourdin, propriétaire à Angoulême.

Sur les plaintes de ce propriétaire, qui prétendit que l'exploitation avait été faite dans des conditions préjudiciables à ses intérêts, intervint un arrêté du préfet de la Charente qui, autorisant le sieur Cante à continuer son exploitation, nommait le sieur Trouiller, expert de l'entrepreneur, pour évaluer, avec celui qu'il plairait au sieur Bourdin nommer, les dommages causés à ce dernier. En cas de désaccord, l'ingénieur en chef du département devait être tiers-expert. Les deux experts n'ayant pu s'entendre, rédigèrent chacun un rapport séparé qu'ils adressèrent à l'ingénieur en chef, lequel renvoya le tout au préfet avec son avis et celui du directeur des contributions directes. Le Conseil de Préfecture, saisi de la difficulté, rendit, le 16 novembre 1849, l'arrêté dont voici les termes :

« Attendu que l'indemnité due au sieur Bourdin, à raison des fouilles pratiquées dans ses bois, doit être égale à la différence qui existe entre la valeur actuelle du terrain fouillé et celle qu'il avait antérieurement ; plus la valeur du dommage causé par le passage des voitures destinées à l'enlèvement des matériaux ;

« Attendu qu'il résulte de l'avis de M. l'ingénieur en chef et de M. le directeur des Contributions directes, que la valeur de l'are de bois, première qualité, dans la commune de Soyeux, est de 7 fr. 54 c. ; que ce chiffre est incontestable ; que la dépréciation résultant des fouilles est suffisamment évaluée à 3 fr. 77 c. par are et que ce chiffre doit être adopté pour la fixation de l'indemnité ;

« Attendu qu'il en résulte aussi que la dépréciation causée par le passage forcé des voitures et tombereaux, est suffisamment évaluée à 2 fr. 51 c. par are, et que celle causée par les mêmes passages sur les chemins de vidange des coupes, est suffisamment évaluée à 1 fr. 26 c. par are ;

« Attendu que l'expert du sieur Bourdin, en indiquant un chiffre unique pour l'indemnité réclamée, n'a pas expertisé les terrains fouillés et parcourus, en se reportant à l'unité de superficie ;

« Attendu qu'il est constaté qu'au jour de l'expertise, l'entrepreneur Cante avait fouillé dans une étendue de terrain de quatre ares quatre-vingt-dix centiares ; qu'il avait parcouru un trajet de passage forcé, représentant une superficie de six ares ; que le chemin de vidange de coupe dont il s'était servi présentait une étendue de cinq ares, et qu'il suffit, pour fixer l'idemnité, de faire à ces mesurages l'application des chiffres ci-dessus indiqués ;

« Attendu que l'indemnité dont il s'agit ne serait pas exacte si l'entrepreneur ne régalait pas les terrains fouillés et battus, en replaçant la terre végétale à la superficie ;

« Attendu qu'il y a lieu de faire supporter à chacune des parties les frais de son expert ;

« Arrête :

« Art. 1er. Le sieur Cante paiera au sieur Bourdin, 1° la somme de 18 fr. 47 c. pour quatre ares quatre-vingt-dix centiares de terrain fouillé ; 2° celle de 15 fr. 6 centimes pour six ares de terrain battu pour le passage forcé des voitures ; 3° et celle de 6 fr. 30 c. pour les dégradations causées à cinq ares de terrain occupé par le chemin de vidange des coupes. Le sieur Cante sera tenu de régaler les terrains qu'il a fouillés et dégradés en replaçant la terre végétale à la superficie.

« Art. 2. Le sieur Cante paiera les frais d'expertise dus au sieur Trouiller, taxés à 12 fr. ; et le sieur Bourdin paiera ceux dus au sieur Blanlœil, taxés à 6 fr. »

Le sieur Bourdin s'est pourvu contre cet arrêté. Il a soutenu que, contrairement à la loi du 16 septembre 1807, il n'y avait pas eu de tierce-expertise proprement dite, mais un simple avis donné par l'ingénieur en chef sans visite des lieux et sans explications orales avec les deux premiers experts ; que ce défaut de tierce-expertise régulière devait emporter la nullité de toutes les opérations d'experts, et, en conséquence, de l'arrêté qui en avait été la suite. Il a cité, à l'appui de cette doctrine, deux arrêtés du Conseil d'État, des 1er juin 1847 et 11 mars 1830. Le propriétaire a prétendu, en second lieu, que le tiers-expert n'avait pas prêté serment, ce qui constituait, selon lui, une deuxième cause de nullité;

Qu'enfin, nonobstant les dispositions formelles de l'art. 57 de la loi du 16 septembre 1807, l'avis du *contrôleur* des contributions directes n'avait pas été demandé en outre de celui du directeur.

Après ces moyens de droit, le demandeur au pourvoi réclamait : 1° les intérêts des indemnités à lui attribuées, à partir du jour de la demande (ordonnances des 29 juin et 30 septembre 1832) ; et, en outre, que le sieur Cante, qui, avant le débat du Conseil de Préfecture, n'avait formulé aucune offre, fût condamné aux dépens. Enfin, il a conclu à ce que cet entrepreneur fût condamné à 159 fr. 91 d'indemnités, avec intérêts, et, de plus, à réparer les dégâts commis par son exploitation, sinon à payer 80 fr. pour en tenir place.

Le sieur Cante, répondant à cette demande, a soutenu :

Sur le moyen tiré du défaut de serment par le tiers-expert : que, dans l'espèce, l'ingénieur en chef, ayant agi en qualité de fonctionnaire public, était dispensé du serment; il a cité, à l'appui de cette doctrine, un arrêté du Conseil d'État du 11 août 1849.

Sur le moyen tiré de ce que le tiers-expert se serait contenté de rédiger un rapport sans faire d'expertise proprement dite, le sieur Cante a soutenu que nul texte de loi n'indiquait les formes à suivre pour les expertises, et que rien n'obligeait le tiers-expert à se rendre sur les lieux ; que, dans l'espèce, il en avait une connaissance personnelle, et que le rapport qu'il avait rédigé avait été fait dans toutes les conditions désirables d'instruction et de vérifications préalables.

En ce qui concerne l'avis du contrôleur, le défendeur a soutenu que cet avis n'était réclamé par la loi du 16 septembre 1807 que lorsque le débat s'agitait entre des particuliers et l'État ; que, dans l'espèce, l'État était étranger au procès; que, dès lors, la disposition invoquée n'était pas applicable.

Quant aux intérêts, il n'en a pas été demandé, et les dépens sont valablement prononcés contre celui qui succombe. Or, le sieur Bourdin a succombé, et quant au chiffre de sa demande, et quant à sa conclusion tendant à ce que les travaux fussent discontinués.

Touchant l'indemnité, elle a été, selon le défendeur, justement appréciée par l'arrêté du Conseil de Préfecture, que ce n'était, en vérité, pas la peine d'attaquer.

Le ministre des travaux publics, auquel le pourvoi avait été communiqué, s'en est référé aux moyens présentés au nom du sieur Cante.

Le Conseil d'État, après avoir entendu MM. Lucas et Reverchon, maîtres des requêtes, en leurs rapport et conclusions, a statué en ces termes :

« Considérant que si l'art. 57 de la loi du 16 septembre 1807 exige l'avis du contrôleur et du directeur aux contributions, l'omission de l'un de ces deux avis n'est pas de nature, dans l'espèce, à entraîner l'annulation de l'arrêté attaqué ;

« Sur les moyens tirés de ce que l'ingénieur en chef, tiers-expert, n'a pas visité les lieux, n'a pas appelé devant lui les experts, et de ce qu'il n'a pas prêté serment :

« Considérant que la loi n'exige pas que le tiers-expert se transporte sur les lieux, ni qu'il appelle devant lui les experts ;

« Considérant que l'ingénieur en chef ayant été nommé tiers-expert en ladite qualité, il n'y avait pas lieu de l'assujettir à la prestation du serment ;

« En ce qui touche le montant de l'indemnité :

« Considérant qu'il résulte de l'instruction que le Conseil de Préfecture a fait une juste appréciation du dommage causé à la propriété du requérant, et a équitablement réglé l'indemnité à laquelle il a droit ;

« En ce qui touche les intérêts de l'indemnité :

« Considérant que la réclamation du sieur Bourdin devant le Conseil de Préfecture ne comprenait pas la demande de l'intérêt ; que, dès lors, lesdits intérêts ne lui sont dûs que du jour de la demande qu'il en a faite, pour la première fois, par sa requête ci-dessus visée.

« Sur le chef des conclusions relatif au règlement des terrains :

« Considérant qu'il résulte de l'instruction que le règlement des terrains a eu lieu, qu'ainsi ce chef de la demande est sans objet ;

« En ce qui touche les dépens devant le Conseil de Préfecture :

« Considérant qu'il n'est pas justifié que l'entrepreneur Cante ait fait des offres au sieur Bourdin avant l'instance engagée devant le Conseil de Préfecture ; que, dès lors, tous les dépens de cette instance doivent être mis à sa charge ;

« Décide :

« Art. 1er. Le sieur Cante est condamné aux dépens auxquels a donné lieu l'instance devant le Conseil de Préfecture ; l'arrêté ci-dessus visé dudit conseil, en date du 16 novembre 1850, est réformé en ce qu'il a de contraire à la présente décision.

« Art. 2. Il n'y a lieu de statuer sur le chef de conclusions relatif au règlement des terrains.

« Art. 3. Les intérêts de l'indemnité due au sieur Bourdin courront du jour de l'enregistrement de son pourvoi au Conseil d'État.

« Art. 4. Les dépens de l'instance devant le Conseil d'État sont compensés entre les parties.

« Art. 5. Le surplus des conclusions du sieur Bourdin est rejeté. »

Le 2 décembre 1851, par décret rendu par le Président de la République, le Conseil d'État a été dissous.

LÉGISLATION DES TRAVAUX PUBLICS.

L'article 12 de la loi de finances du 31 janvier 1833 est ainsi conçu :

Une ordonnance royale réglera les formalités à suivre à l'avenir dans tous les marchés passés au nom du gouvernement.

Voici l'ordonnance annoncée par cet article ; elle a été rendue le 4 décembre 1836 :

LOUIS-PHILIPPE, etc.

Vu la loi du 31 janvier 1833, portant, art. 12 :

« Une ordonnance royale réglera les formalités à suivre à l'a-
« l'avenir dans tous les marchés passés au nom du gouvernement.»

Vu les avis et propositions de nos ministres de la guerre, de la marine, des affaires étrangères, de l'intérieur, des travaux publics, de l'agriculture et du commerce, de la justice et des cultes et de l'instruction publique ; sur le rapport de notre ministre secrétaire d'État au département des finances ;

Notre Conseil d'État entendu, etc.

Art. 1er. Tous les marchés au nom de l'État seront faits avec concurrence et publicité, sauf les exceptions mentionnées en l'article suivant.

Art. 2. Il pourra être traité de gré à gré

1° Pour les fournitures, transports et travaux dont la dépense totale n'excédera pas 10,000 fr., ou, s'il s'agissait d'un marché passé pour plusieurs années, dont la dépense annuelle n'excédera pas 3,000 fr. ;

2° Pour toute espèce de fournitures, de transports ou de travaux, lorsque les circonstances exigeront que les opérations du gouvernement soient tenues secrètes : ces marchés devront être préalablement autorisés par nous sur un rapport spécial ;

3° Pour les objets dont la fabrication est exclusivement attribuée à des porteurs de brevets d'invention ou d'importation ;

4° Pour les objets qui n'auraient qu'un possesseur unique ;

5° Pour les ouvrages et objets d'art et de précision dont l'exécution ne peut être confiée qu'à des artistes éprouvés ;

6° Pour les exploitations, fabrications et fournitures qui ne seraient faites qu'à titre d'essai ;

7° Pour les matières et denrées qui, à raison de leur nature particulière et la spécialité de l'emploi auquel elles sont destinées, doivent être achetées et choisies aux lieux de production, ou livrées, sans intermédiaire, par les producteurs euxmêmes ;

8° Pour les fournitures, transports ou travaux qui n'auraient été l'objet d'aucune offre aux adjudications, ou à l'égard desquels il n'aurait été proposé que des prix inacceptables : toutefois, lorsque l'administration aura cru devoir arrêter et reconnaître un maximum de prix, elle ne devra pas dépasser ce maximum ;

9° Pour les fournitures, transports et travaux qui, dans les cas d'urgence évidents, amenés par des circonstances imprévues, ne pourront pas subir les délais des adjudications ;

10° Pour les affrétements passés au cours des places, par l'intermédiaire des courtiers, et pour les assurances sur les chargements qui s'ensuivent ;

11° Pour les achats de tabac ou de salpêtre indigène, dont le mode est réglé par une législation spéciale ;

12° Pour le transport des fonds du Trésor.

Art. 3. Les adjudications publiques relatives à des fournitures, à des travaux, à des exploitations ou fabrications, qui ne pourraient être sans inconvénient livrés à une concurrence illimitée, pourront être soumises à des restrictions qui n'admettront à concourir que des personnes reconnues capables par l'administration, et produisant les titres justificatifs exigés par les cahiers des charges.

Art. 4. Le mode d'approvisionnement des tabacs exotiques employés par l'administration sera déterminé par un règlement spécial.

Art. 5. Les cahiers des charges détermineront la nature et l'importance des garanties que les fournisseurs ou entrepreneurs auront à produire, soit pour être admis aux adjudications, soit pour répondre de l'exécution de leurs engagements ; ils détermineront aussi l'action que l'administration exercera sur ces garanties en cas d'inexécution de ces engagements.

Art. 6. L'avis des adjudications à passer sera publié, sauf les cas d'urgence, un mois à l'avance, par la voie des affiches et par tous les moyens ordinaires de publicité.

Cet avis fera connaître

1° Le lieu où l'on pourra prendre connaissance du cahier des charges ;

2° Les autorités chargées de procéder à l'adjudication ;

3° Le lieu, le jour et l'heure fixés pour l'adjudication.

Art. 7. Les soumissions devront toujours être remises cachetées en séance publique. Lorsqu'un *maximum* de prix ou un *minimum* de rabais aura été arrêté d'avance par le ministre ou par le fonctionnaire qu'il aura délégué, ce *maximum* ou ce *minimum* devra être déposé cacheté sur le bureau, à l'ouverture de la séance.

Art. 8. Dans le cas où plusieurs soumissionnaires auraient offert le même prix, et où ce prix serait le plus bas de ceux portés dans les soumissions, il sera procédé, séance tenante, à une réadjudication, soit sur de nouvelles soumissions, soit à extinction des feux, entre ces soumissionnaires seulement.

Art. 9. Les résultats de chaque adjudication seront constatés par un procès-verbal relatant toutes les circonstances de l'opération.

Art. 10. Il ne pourra être fixé par le cahier des charges un délai pour recevoir des offres de rabais sur le prix de l'adjudication. Si, pendant ce délai, qui ne devra pas dépasser trente jours, il est fait une ou plusieurs offres de rabais d'au moins 10 pour 100 chacune, il sera procédé à une réadjudication entre le premier adjudicataire et l'auteur ou les auteurs des offres de rabais, pourvu que ces derniers aient, préalablement à leurs offres, satisfait aux conditions imposées par le cahier des charges pour pouvoir se présenter aux adjudications.

Art. 11. Les adjudications et réadjudications seront toujours subordonnées à l'approbation du ministre compétent, et ne seront valables et définitives qu'après cette approbation, sauf les exceptions spécialement autorisées et rapportées dans le cahier des charges.

Art. 12. Les marchés de gré à gré seront passés par nos ministres ou par les fonctionnaires qu'ils auront délégués à cet effet ; ils auront lieu

1° Soit sur un engagement souscrit à la suite d'un cahier des charges ;

2° Soit sur soumission souscrite par celui qui propose de traiter ;

3° Soit sur correspondance, suivant les usages du commerce.

Il pourra y être suppléé par des achats faits sur simple facture, pour des objets qui devront être livrés immédiatement et dont la valeur n'excédera pas 500 fr.

Les marchés de gré à gré passés par les délégués d'un ministre, et les achats qu'ils auront faits, seront subordonnés à son approbation, à moins, soit de nécessité résultant de force majeure, soit d'une autorisation spéciale ou dérivant des règlements ; circonstances qui devront être relatées dans lesdits marchés ou dans les décisions approbatives des achats.

Art. 13. Les dispositions de la présente ordonnance ne sont point applicables aux marchés passés aux colonies ou hors du territoire français, ni aux travaux que l'administration se trouve dans la nécessité d'exécuter en régie ou à la journée.

Art. 14. Les décrets et ordonnances relatifs aux marchés pour les diverses branches de services publics continueront à recevoir leur exécution en tout ce qui n'est pas contraire à la présente ordonnance.

Art. 15. Nos ministres secrétaires d'État sont chargés, etc.

Par une ordonnance du 14 novembre 1837, les règles tracées par cette ordonnance ont été appliquées aux travaux et fournitures mises en adjudication par les communes et les établissements publics.

Cahier des clauses et conditions générales imposées aux entrepreneurs des travaux des Ponts-et-Chaussées, par une circulaire du directeur général des Ponts-et-Chaussées du 25 août 1833.

(Les conditions applicables antérieurement portaient la date du 30 juillet 1830).

Formalités préalables à l'adjudication.

Art. 1er. Nul ne sera admis à concourir aux adjudications s'il n'a les qualités requises pour entreprendre les travaux et en garantir le succès. A cet effet, chaque concurrent sera tenu de fournir un certificat constatant sa capacité, et de présenter un acte régulier, ou au moins une promesse valable de cautionnement. Il ne sera pas exigé de certificat de capacité pour les fournitures de matériaux destinés à l'entretien des routes, ni pour les travaux de terrassements dont l'estimation ne s'élèvera pas à plus de 15,000 f. (art. 9 de l'ordonnance royale du 10 mai 1829).

Le certificat devra avoir été délivré dans les trois ans qui précèdent l'adjudication ; il contiendra l'indication des travaux exécutés ou suivis par l'entrepreneur, ainsi que la justification de l'accomplissement des engagements qu'il aurait contractés.

Cautionnement.

Art. 2. Le montant du cautionnement n'excédera pas le trentième de l'estimation des travaux, déduction faite de toutes sommes portées à valoir pour cas imprévus, indemnités de terrain et ouvrages en régie.

Ce cautionnement sera mobilier ou immobilier, à la volonté des soumissionnaires. Les valeurs mobilières ne pourront être que des effets publics ayant cours sur la place (art. 20 de la même ordonnance).

Homologation de l'adjudication avec changement au projet.

Art. 3. Si, en homologuant l'adjudication, l'administration or-

donne quelques changements au projet ou au devis, l'entrepreneur
devra s'y conformer, et il lui sera fait état de la valeur de ces
changements, soit en plus, soit en moins, au prorata des prix de
l'adjudication, sans qu'il puisse, en cas de réduction, réclamer
aucune indemnité, à raison des prétendus bénéfices qu'il aurait pu
faire sur les fournitures et la main-d'œuvre.

Néanmoins, lorsque ces changements dénatureront fortement le
projet, en opérant sur le prix du total une différence d'un sixième
en plus ou en moins, l'entrepreneur sera libre de retirer sa soumission.

Il ne pourra prétendre à aucune indemnité dans le cas où l'adjudication ne serait pas approuvée.

Interdiction de céder tout ou partie de l'entreprise.

Art. 4. Pour que les travaux ne soient pas abandonnés à des
spéculateurs inconnus ou inhabiles, l'entrepreneur ne pourra céder
tout ou partie de son entreprise : si l'on venait à découvrir que
cette clause a été éludée, l'adjudication pourrait être résiliée, et,
dans ce cas, il serait procédé à une nouvelle adjudication à la folle
enchère de l'entrepreneur.

Résidence de l'entrepreneur sur le lieu des travaux.

Art. 5. Pendant la durée entière de l'entreprise, l'adjudicataire
ne pourra s'éloigner du lieu des travaux que pour affaires relatives
à son marché et après en avoir obtenu l'autorisation ; dans ce cas,
il choisira et fera agréer un représentant capable de le remplacer, et auquel il aura donné pouvoir d'agir pour lui et de faire les
payements aux ouvriers, de manière qu'aucune opération ne
puisse être retardée ou suspendue pour raison de l'absence de
l'entrepreneur.

Commencement des travaux.

Art. 6. A l'époque fixée par l'adjudication, l'entrepreneur met-
tra la main à l'œuvre ; il entretiendra constamment un nombre
suffisant d'ouvriers, il exécutera tous les ouvrages, en se conför-
mant strictement aux plans, profils, tracés, instructions et ordres
de service qui lui seront donnés par les ingénieurs ou leurs pré-
posés.

Il lui sera préalablement délivré, par le préfet, des expéditions en bonne forme du procès-verbal d'adjudication, du devis et du détail estimatif.

L'entrepreneur ne peut faire aucun changement au projet sans ordre écrit.

Art. 7. Il se conformera, pendant le cours du travail, aux changements qui lui seront ordonnés par écrit et sous la responsabilité de l'ingénieur, pour des motifs de convenance, d'utilité ou d'économie; il lui en sera fait compte suivant les dispositions de l'article 3 ; mais il ne pourra, de lui-même et sous aucun prétexte, apporter le plus léger changement au projet ou au devis.

Rétrocession des matériaux par l'entrepreneur sortant à l'entrepreneur entrant.

Art. 8. Dans le cas d'adjudication en continuation d'ouvrages, si l'entrepreneur sortant juge à propos de garder pour son compte les matériaux par lui approvisionnés en vertu d'ordres des ingénieurs, et non soldés par l'administration, ainsi que ses propres outils et équipages, il sera tenu d'évacuer, dans le délai qui aura été fixé par le devis, tous les chantiers, magasins et emplacements publics. Si, au contraire, il a déclaré vouloir céder tout ou partie des objets ci-dessus indiqués, l'entrepreneur entrant sera tenu d'accepter les matériaux au prix de la nouvelle adjudication, et sur un état dressé contradictoirement entre les deux entrepreneurs, et en supposant, toutefois, qu'on ait reconnu à ces matériaux les qualités requises.

Les outils et équipages seront payés de gré à gré ou à dire d'experts.

Exploitations des carrières et indemnités y relatives à la charge de l'entrepreneur.

Art. 9. Lorsque le devis n'indiquera pas des carrières ou sablières appartenant à l'État, l'entrepreneur en ouvrira à ses frais dans les lieux indiqués par le devis; il sera tenu de prévenir les propriétaires avant de commencer les extractions, et de les dédommager de gré à gré ou à dire d'experts conformément aux lois et règlements sur la matière ; il devra représenter, toutes les fois qu'il en sera requis, le traité fait avec eux.

Il payera sans recours contre l'administration tous les dommages que pourront occasionner la prise, le transport ou le dépôt des matériaux.

Il en sera de même des dommages pour l'établissement des chantiers, chemins de service et autres indemnités temporaires qui font partie des charges et faux frais de l'entreprise.

L'entrepreneur ne sera entièrement soldé, et ne pourra recevoir le montant de la retenue pour garantie dont il est parlé dans l'article 35, qu'après avoir justifié, par des quittances en forme, qu'il a payé les indemnités et dommages mis à sa charge.

Dans le cas où le devis prescrirait d'extraire les matériaux dans les bois soumis au régime forestier, l'entrepreneur devra se conformer, sans recours en indemnité contre l'administration des Ponts et Chaussées, aux obligations résultant pour lui de l'article 145 du *Code forestier*, ainsi que des art. 172, 173 et 175 de l'ordonnance royale du 1er août 1827, concernant l'exécution de ce Code.

Si, pendant la durée de l'entreprise, il était reconnu indispensable de prescrire à l'entrepreneur d'extraire des matériaux dans des lieux autres que ceux qui auraient été prévus au devis, les ingénieurs établiront de nouveaux prix d'extraction et de transport d'après les éléments de l'adjudication. Ces changements, après avoir été soumis à l'approbation du préfet, seront signifiés à l'entrepreneur, qui, en cas de refus, devra déduire ses motifs dans le délai de dix jours, et il sera statué ensuite par l'administration ce qu'il appartiendra. Dans ce même cas de refus, l'administration aura le droit de considérer l'extraction et le transport desdits matériaux comme ne faisant pas partie de l'entreprise.

Si l'entrepreneur parvenait à découvrir de nouvelles carrières plus rapprochées que celles qui auraient été indiquées au devis, et offrant des matériaux d'une qualité au moins égale, il recevra l'autorisation de les exploiter, et il ne subira sur les prix de l'adjudication aucune déduction pour cause de diminution de frais d'extraction, de transport et de taille de matériaux.

L'entrepreneur ne pourra, en aucun cas, livrer au commerce les matériaux qu'il aura fait extraire dans une carrière qui ne lui appartiendrait pas, attendu que le droit d'exploitation ne lui a été conféré qu'en sa qualité d'entrepreneur de travaux publics, et pour un objet déterminé.

Magasins, équipages et faux frais.

Art. 10. L'entrepreneur sera tenu, indépendamment des indemnités mentionnées dans l'article précédent, de fournir à ses frais les magasins, équipages, voitures, ustensiles et outils de toute espèce, sauf les exceptions qui seront stipulées au devis.

Seront également à sa charge les frais de tracé d'ouvrages, les cordeaux, piquets et jalons, et généralement tout ce qui constitue les faux frais et menues dépenses dont un entrepreneur n'est pas admis à compter.

Application des prix consentis. — Erreur de métré ou de dimensions d'ouvrages.

Art. 11. Au moyen des prix consentis et approuvés, l'entrepreneur fera l'achat, la fourniture, le transport à pied d'œuvre, la façon, la pose et l'emploi de tous les matériaux.

Il soldera les salaires et peines d'ouvriers, les commis et autres agents dont il pourra avoir besoin pour assurer la bonne et solide exécution des ouvrages.

Il ne pourra, sous aucun prétexte d'erreur ou d'omission dans la composition des prix du sous-détail, revenir sur les prix par lui consentis, attendu qu'il a dû s'en rendre préalablement un compte exact, et qu'il est censé avoir refait et vérifié tous les calculs d'appréciation.

Mais il pourra réclamer, s'il y a lieu, contre les erreurs de métré ou de dimensions d'ouvrages.

Origine et qualité des matériaux.

Art. 12. Les matériaux proviendront des lieux indiqués au devis; ils seront de la meilleure qualité, parfaitement travaillés et mis en œuvre, conformément aux règles de l'art : on ne pourra les employer qu'après qu'ils auront été visités par l'ingénieur; en cas de surprise, de mauvaise qualité ou de malfaçon, ils seront rebutés et remplacés aux frais de l'entrepreneur. Toutefois, si l'entrepreneur conteste les faits, l'ingénieur dressera immédiatement procès-verbal des circonstances de cette contestation : l'entrepreneur pourra consigner, à la suite du procès-verbal qui devra lui être communiqué, les observations qu'il se croira en droit de présenter ; il sera ensuite statué par l'administration ce qu'il appartiendra.

Vices d'exécution.

Art. 13. Lorsque les ingénieurs présumeront qu'il existe dans les ouvrages des vices d'exécution, ils ordonneront, soit en cours d'exécution, soit avant la réception finale, la démolition et la reconstruction des ouvrages présumés vicieux.

Les dépenses résultant de cette vérification seront à la charge de l'adjudicataire, lorsque les vices de consruction auront été constatés et reconnus.

En cas de contestation de l'entrepreneur sur les vices d'exécution, il sera procédé comme il a été dit ci-dessus, art. 12.

Dimensions ou poids des matériaux.

Art. 14. En général, tous les matériaux auront les dimensions prescrites par le devis.

Si l'entrepreneur leur donne des dimensions plus fortes, il ne pourra réclamer aucune augmentation de prix ; les métrages et les pesées seront basés sur les dimensions du devis, et cependant les pièces qui seraient jugées nuisibles ou difformes seraient enlevées et remplacées aux frais de l'entrepreneur.

Dans le cas de dimensions plus faibles, les prix seront réduits en proportion, et néanmoins les pièces dont l'emploi serait reconnu contraire au goût et à la solidité seraient également enlevées et remplacées aux frais de l'entrepreneur.

Dans tous les cas, l'entrepreneur ne pourra employer aucune pièce ni aucune matière qui ne seraient pas de dimensions ou de poids prescrits par le devis, sans l'autorisation écrite de l'ingénieur.

A-compte sur les matériaux approvisionnés.

Art. 15. Il pourra être accordé des à-compte sur les prix des matériaux approvisionnés, jusqu'à concurrence des quatre cinquièmes de leur valeur ; on ne regardera comme approvisionnés que les matériaux déposés sur l'atelier, et dès ce moment, l'entrepreneur ne pourra les détourner pour un autre service sans une autorisation par écrit.

Démolitions d'anciens ouvrages.

Art. 16. Si, aux termes du devis, l'entrepreneur est tenu de démolir d'anciens ouvrages, les matériaux seront déplacés avec attention pour pouvoir être réparés et remis en place, s'il y a lieu, avec les mêmes précautions que les matériaux neufs. Dans le cas où les démolitions n'auraient pas été prévues, il en sera tenu compte à l'entrepreneur dans les formes prescrites ci-après, art. 22.

Emploi des matériaux de démolition.

Art. 17. Toutes les fois que, par des motifs d'économie ou de célérité, on croira devoir employer des matières neuves ou de démolition appartenant à l'État, l'entrepreneur ne sera payé que des frais de main-d'œuvre et d'emploi, sans pouvoir répéter de dommage pour manque de gain sur les fournitures supprimées.

Choix des commis, maîtres et chefs d'atelier.

Art. 18. L'entrepreneur aura soin de ne choisir pour commis, maîtres et chefs d'atelier que des gens probes et intelligents et capables de l'aider et même de le remplacer au besoin dans la conduite et le métrage des travaux.

Il choisira également les ouvriers les plus habiles et les plus expérimentés ; néanmoins il demeurera responsable, en son propre et privé nom, comme en celui de sa caution, des fraudes et malfaçons que ses agents pourront commettre sur les fournitures, la qualité et l'emploi des matériaux, sous les peines indiquées à l'article 12.

Changement ou renvoi des ouvriers de l'entrepreneur.

Art. 19. L'ingénieur aura le droit d'exiger le changement ou le renvoi des agents et ouvriers de l'entrepreneur, pour cause d'insubordination, d'incapacité ou de défaut de probité.

Liste nominative des ouvriers.

Art. 20. Le nombre des ouvriers, de quelque espèce qu'ils soient, sera toujours proportionné à la quantité d'ouvrages à faire ; et, pour mettre l'ingénieur à même de s'assurer de l'accomplissement de cette condition et de reconnaître les individus, il lui en sera remis, périodiquement et aux époques qu'il aura fixées, une liste nominative.

Travaux en retard ; mise en régie.

Art. 21. Lorsqu'un ouvrage languira faute de matériaux, d'ouvriers, etc., de manière à faire craindre qu'il ne soit pas achevé aux époques prescrites, ou que les fonds crédités ne puissent pas être consommés dans l'année, le préfet, dans un arrêté qu'il notifiera à l'entrepreneur, ordonnera l'établissement d'une régie aux frais dudit entrepreneur, si, après une époque fixée, il n'a pas satisfait aux dispositions qui lui seront prescrites.

A l'expiration du délai, si l'entrepreneur n'a pas satisfait à ces dispositions, la régie sera organisée immédiatement et sans autre formalité : il en sera aussitôt rendu compte au directeur général, qui, selon les circonstances de l'affaire, pourra ordonner la continuation de la régie aux frais de l'entrepreneur, ou prononcer la résiliation du marché et ordonner une nouvelle adjudication sur folle enchère.

Dans ces divers cas, les excédants de prix et de dépenses seront prélevés sur les sommes qui pourront être dues à l'entrepreneur, sans préjudice des droits à exercer contre lui et sa caution, en cas d'insuffisance.

Si la régie ou l'adjudication sur folle enchère amenait, au contraire, une diminution dans les prix et les frais des ouvrages, l'entrepreneur ou sa caution ne pourrait réclamer aucune part à ce bénéfice, qui resterait acquis à l'administration.

Travaux non prévus.

Art. 22. Lorsqu'il est jugé nécessaire d'exécuter des parties d'ouvrages non prévues par les devis, les prix en seront réglés d'après ceux de l'adjudication, par assimilation aux ouvrages les plus analogues. Dans le cas d'une impossibilité absolue d'assimilation, les prix seront réglés sur estimation contradictoire, en prenant pour termes de comparaison les prix courants du pays.

Lorsque ces travaux devront être de quelque importance, il en sera fait un avant-métré que l'entrepreneur acceptera, tant pour les prix proposés que pour l'indication des ouvrages, par une soumission particulière qui sera présentée à l'approbation de l'administration.

Épuisements.

Art. 23. S'il y a lieu de faire des épuisements qui n'auraient pas été mis, par le devis, à la charge de l'entrepreneur, les dépenses y relatives seront constatées par attachement et sur des contrôles tenus sous la surveillance de l'ingénieur ; elles seront acquittées régulièrement par l'entrepreneur, à la fin de chaque semaine, aux conditions portées en l'article suivant.

Payement des ouvrages imputés sur la somme à valoir.

Art. 24. Tous les payements pour épuisements, ouvrages par attachement, indemnité et autres articles imputés sur la somme à valoir, seront remboursés à l'entrepreneur avec un quarantième en sus pour le dédommager de ses avances de fonds ; à cet effet, il sera tenu de payer à vue, en présence d'un employé désigné par l'ingénieur, les rôles ou états qui seront dressés pour le compte des travaux, et de le faire quittancer par les parties prenantes avant de pouvoir en demander le remboursement.

Deux quarantièmes lui seront, en outre, alloués pour ceux desdits articles qui nécessitent, de sa part, des outils, soins, frais de conduite des travaux, fournitures et entretien de machines.

Dépenses faites sans avances de fonds de la part de l'entrepreneur.

Art. 25. Sont exceptés des dispositions ci-dessus les payements qu'on pourait être obligé de faire par l'intermédiaire de l'entrepreneur, mais qui n'exigeraient réellement, de sa part, aucune avance de fonds, et pour lesquels, conséquemment, il ne sera alloué aucune rétribution.

Refus d'indemnité à l'entrepreneur, excepté pour les cas de force majeure.

Art. 26. Il ne sera alloué à l'entrepreneur aucune indemnité à raison des pertes, avaries ou dommages occasionnés par négligence, imprévoyance, défaut de moyens ou fausses manœuvres. Ne sont pas compris, toutefois, dans la disposition précédente, les cas de force majeure qui, dans le délai de dix jours au plus après l'événement, auraient été signalés par l'entrepreneur; dans ce cas, néanmoins, il ne pourra être rien alloué qu'avec l'approbation de l'administration. Passé le délai de dix jours, l'entrepreneur ne sera plus admis à réclamer.

Visite des travaux.

Art. 27. L'entrepreneur, soit par lui-même, soit par ses commis, visitera les travaux aussi souvent que pourra le réclamer le bien du service ; il justifiera de ses visites, et accompagnera les ingénieurs dans leurs tournées toutes les fois qu'il en sera requis.

Contraventions de voirie.

Art. 28. Il surveillera, dans l'étendue de son entreprise, les propriétaires riverains et les cultivateurs qui se permettraient de labourer et de planter trop près des routes, canaux et autres propriétés publiques, ou qui détérioreraient les bornes, talus, fossés et plantations. Il avertira sur-le-champ les ingénieurs des contraventions qu'il apercevrait à cet égard, comme aussi de celles qui consisteraient en des dépôts de bois et de fumier, ou autres encombrements quelconques, ainsi que les anticipations qui seraient faites sur le domaine de la voie publique.

Règlements d'ordre sur les travaux.

Art. 29. L'ingénieur en chef fera tous les règlements nécessaires pour le bon ordre des travaux ou pour l'exécution des clauses du devis. Ces règlements seront visés par le préfet, lorsqu'il aura été reconnu, par ce magistrat, qu'ils n'imposent pas de nouvelles charges à l'entrepreneur pour lequel, dès lors, ils seront obligatoires.

Difficulté sur l'application des prix.— Exclusion des us et coutumes.

Art. 30. S'il survient quelque difficulté entre l'ingénieur ordinaire et l'entrepreneur au sujet de l'application des prix ou du métrage, il en sera référé à l'Ingénieur en chef, qui appliquera les règles admises dans le service des Ponts et Chaussées ; dans aucun cas, l'entrepreneur ne pourra invoquer en sa faveur les usages et coutumes, auxquels il est formellement dérogé par le présent article.

Application du système légal des poids et mesures.

Art. 31. Toutes les dimensions d'ouvrages, tous les prix, salaires et dépenses seront calculés d'après le système légal des poids et mesures.

Communication, à l'entrepreneur, des métrages et pièces de comptabilité ; délai pour réclamer.

Art. 32. Les métrages généraux et partiels, les états d'attachement, les états de dépense, les états de situation et les procès-verbaux de réception devront être communiqués à l'entrepreneur et acceptés par lui ; en cas de refus, il déduira, par écrit, ses motifs dans les dix jours qui suivront la présentation desdites pièces, et, dans ce cas seulement, il sera dressé procès-verbal de l'acte de présentation et des circonstances qui l'auront accompagné. Un plus long délai mettrait souvent dans l'impossibilité de rechercher et de constater les causes d'erreurs qui auraient pu donner lieu à quelques réclamations ; en conséquence, il est expressément stipulé que l'entrepreneur ne sera jamais admis à élever des réclamations au sujet des pièces ci-dessus indiquées après le délai de dix jours, et que, passé ce délai, lesdites pièces seront censées acceptées par lui, quand bien même il ne les aurait pas signées ; le procès-verbal de présentation devra toujours être joint à l'appui des pièces qui n'auront pas été acceptées.

Expédition des pièces de comptabilité à l'entrepreneur.

Art. 33. Indépendamment de la communication des pièces énoncées dans l'article précédent, l'entrepreneur sera autorisé à s'en procurer des expéditions, qu'il pourra faire transcrire par ses propres commis dans les bureaux de l'ingénieur en chef ou dans ceux de la préfecture.

Payements pour ouvrages faits

Art. 34. Les payements d'à-compte pour ouvrages faits s'effectueront en raison de l'avancement des travaux, en vertu des mandats du préfet expédiés sur les certificats de l'ingénieur en chef, d'après les états fournis par l'ingénieur ordinaire, jusqu'à concurrence des neuf dixièmes de la dépense, et déduction faite des à-compte qui auront pu être délivrés sur les approvisionnements avant leur emploi.

Les payements ne pouvant être faits qu'au fur et à mesure des ordonnances et des fonds disponibles, il ne sera jamais alloué d'indemnité, sous aucune dénomination, pour retard de payement pendant l'exécution des travaux.

Toutefois, si, les travaux étant définitivement reçus, l'entrepreneur ne pouvait pas être entièrement soldé à l'expiration du délai de garantie, il pourra prétendre à des intérêts pour cause de retard de payement de la somme qui lui restera due à dater de cette époque.

Retenue pour garantie, réception provisoire ou définitive.

Art. 35. Le dernier dixième ne sera payé à l'entrepreneur qu'après l'expiration du délai fixé pour la garantie des ouvrages, sauf les justifications préalables exigées par le quatrième paragraphe de l'art. 9.

Immédiatement après l'achèvement des travaux, il sera procédé à leur réception provisoire ; la réception définitive n'aura lieu qu'après l'expiration du délai de garantie. Pendant ce délai, l'entrepreneur demeurera responsable de ses ouvrages et sera tenu de les entretenir.

Ce délai de garantie sera de trois mois après la réception pour les travaux d'entretien, de six mois pour les terrassements et les chaussées d'empierrement, d'un ou deux ans pour les ouvrages d'art, selon les stipulations du devis.

Cessation ou ajournement des travaux.

Art. 36. Dans le cas où l'administration ordonnerait la cessation absolue ou l'ajournement indéfini des travaux adjugés, l'entrepreneur pourra requérir qu'il soit procédé de suite à la réception provisoire des ouvrages exécutés, et à leur réception définitive après l'expiration du délai de garantie.

Après la réception définitive, il sera, ainsi que sa caution, déchargé de toute garantie pour raison de son entreprise.

Maximum de la retenue de garantie.

Art. 37. Si le dixième des dépenses est jugé devoir excéder la proportion nécessaire pour la garantie de l'entreprise, il pourra être stipulé au devis que la retenue cessera de croître lorsqu'elle aura atteint un maximum déterminé.

Mode de réception des ouvrages.

Art. 38. Toutes les réceptions d'ouvrages seront faites par l'ingénieur, en présence de l'entrepreneur, ou lui dûment appelé, par écrit ; en cas d'absence, il en sera fait mention au procès-verbal.

Augmentation ou diminution notable sur le prix ou sur la masse des travaux.

Art. 39. Si, pendant le cours de l'entreprise, les prix subissaient une augmentation notable, le marché pourra être résilié sur la demande qui en sera faite par l'entrepreneur ; en cas de diminution notable, la résiliation du marché pourra également être prononcée, à moins que l'entrepreneur n'accepte les modifications qui lui seraient prescrites par l'administration.

Et dans le cas où, pendant le cours de l'entreprise, et sans changer les charges et les prix, il serait ordonné par l'administration d'augmenter ou de diminuer la masse des travaux, l'entrepreneur sera tenu d'exécuter les nouveaux ordres, sans réclamation, à moins qu'il n'ait été autorisé à faire des approvisionnements de matériaux qui demeureraient sans emploi, et pourvu que les changements en plus ou en moins n'excèdent pas le sixième du montant de l'entreprise ; auquel cas il pourra demander la résiliation de son marché.

En cas de résiliation, disposition relative aux outils, ustensiles et matériaux.

Art. 40. Dans les cas prévus par l'art. 36, et dans celui où, conformément à l'art. 39 et par suite d'une diminution notable dans le prix des ouvrages, l'administration aura prononcé la résiliation du marché, les outils et ustensiles indispensables à l'entreprise, que l'entrepreneur ne voudra pas garder pour son compte, seront acquis par l'État, sur l'estimation qui en sera réglée de gré à gré ou à dire d'experts, d'après la valeur première desdits outils ou ustensiles, et déduction faite de leur degré d'usure, le tout au taux du commerce et sans augmentation de dixième ou toute autre plus value, sous prétexte de bénéfice présumé.

Les matériaux approvisionnés par ordre et déposés sur les travaux, s'ils sont de bonne qualité, seront également acquis par l'État au prix de l'adjudication.

Les matériaux qui ne seraient pas déposés sur les travaux, resteront au compte de l'entrepreneur ; mais, tant pour cet objet que pour toutes autres réclamations, il pourra lui être alloué une indemnité qui sera fixée par l'administration, et qui, dans aucun cas, ne devra excéder le cinquantième du montant des dépenses restant à faire en vertu de l'adjudication.

Payement des frais d'adjudication.

Art. 41. L'entrepreneur payera comptant les frais relatifs à son adjudication, et sur un état arrêté par le préfet ; ces frais ne pouvant être autres que ceux d'affiches et de publication, ceux du timbre et d'expédition du devis, du détail estimatif et du procès-verbal d'adjudication ; enfin le droit d'enregistrement, fixé par la loi du 7 germinal an VIII, l'arrêté du 15 brumaire an XII, et le décret du 25 germinal an XIII.

Jugement des difficultés entre l'administration et l'entrepreneur.

Art. 42. Conformément aux dispositions du second paragraphe de l'art. 4 de la loi du 17 février 1800 (28 pluviôse an VIII), toutes les difficultés qui pourraient s'élever entre les entrepreneurs de travaux publics et l'administration, concernant le sens ou l'exécution des clauses de leur marché, seront portées devant le Conseil de Préfecture, qui statuera, sauf recours au Conseil d'État.

FIN.

TABLE ALPHABÉTIQUE

DES MATIÈRES TRAITÉES DANS CE VOLUME.

(Le chiffre à la suite indique la page où commence l'exposé du
procès où sont traitées et résolues les questions.)

ACQUIESCEMENT. — Page 55.

ADJUDICATIONS. — *Formalités.* — *Compétence,* page 228.

ARCHITECTES. — *Responsabilité,* pag. 35, 62.

CAHIER DES CLAUSES ET CONDITIONS GÉNÉRALES. — *Articles appliqués ou
interprétés : Art.* **9,** § 6, pag. 97. — *Art.* **11,** pag. 32, 145,
165. — *Art.* **13,** pag. 97. — *Art.* **15,** pag. 197. — *Art.* **21,**
pag. 6, 41, 97, 184, 209. — *Art.* **32,** pag. 35, 41, 46, 161,
223, 262. — *Art.* **34,** pag. 71. — *Art.* **35,** pag. 97, 197, 217,
262. — *Art.* **40,** pag. 197.

CARRIÈRES. — *Changement,* pag. 97, 237.

CHOSE JUGÉE. — *Arrêté interlocutoire,* pag. 184.

COMPÉTENCE. — *Préfets,* pag. 55, 176.
  —   *Ministres,* pag. 142, 228, 268.
  —   *Conseils de Préfecture,* pag. 55, 142, 176.
  —   *Conseil d'État,* pag. 139, 142, 228.

CONSEIL D'ÉTAT. — *Compétence,* pag. 139, 142, 228.

CONSEILS DE PRÉFECTURE. — *Composition,* pag. 262.
  —   *Compétence,* pag. 55, 142, 176.

CONVENTION VERBALE. — Pag. 24.

DÉCOMPTES MENSUELS. — *Leur valeur,* pag. 118.

DÉFAUT. — *Arrêté de Conseil de Préfecture.* — *Compétence.* — *Fin de non-
recevoir,* pag. 13.

DÉLAIS. — *Pourvois au Conseil d'État.* — *Déchéances,* pag. 10, 38, 128,
130, 157, 158, 165, 173, 175.

DEVIS PARTICULIERS.— *Interprétations ou applications relatives aux matières suivantes :*

    Achat de terrains pour dépôts, pag. 118, 165.
    Capacité de waggons fournis par l'administration, pag. 118.
    Carrières.— *Changements*, pag. 97, 237.
    Classification de déblais, pag. 97.
    Délai de garantie, pag. 145, 217.
    Distances parcourues, pag. 97, 145, 242.
    Durée de la responsabilité, pag. 231.
    Empierrements, pag. 6, 52.
    Entretien des travaux, pag. 145, 153.
    Époques des métrages, pag. 118.
    Exploitations diverses, pag. 145, 184.
    Foisonnement de remblais, pag. 145.
    Force majeure, pag. 268.
    Malfaçons, pag. 145, 217, 226, 231.
    Matériel à reprendre par l'administration, pag. 59.
    Matériaux rebutés, pag. 145.
    Matériaux à reprendre par l'administration, pag. 59.
    Métrage des travaux, pag. 197, 242.
    Retards d'exécution, pag. 118.
    Transport de matériaux *à pied-d'œuvre*, pag. 71.
    Travaux supplémentaires, pag. 118, 253.

ERREURS MATÉRIELLES.— *Décomptes*, pag. 41.

EXCÈS DE POUVOIR. — *Conseil de Préfecture*, pag. 176, 237.

FORCE MAJEURE. — Pag. 268.

FRAIS. — Pag. 270.

INDEMNITÉS. — *Accordées aux entrepreneurs*, pag. 71, 97, 118, 145.
    —   —   *aux particuliers*, pag. 270.
    —   —   *aux concessionnaires de péage*, pag. 179.

INTÉRÊTS. — *Décisions diverses*, pag. 71, 130, 179, 242, 270.

MISES EN RÉGIE. — *Régulières*, pag. 6, 41, 97, 184.
    —   *Irrégulières*, pag. 97, 209.

PRÉFETS. — *Compétence*, pag. 55, 176.

QUESTIONS DE FAIT. — *Espèces diverses*, pag. 24, 41, 97, 118, 139, 179, 242, 253.

RECOURS INCIDENT. — Pag. 118.

RESPONSABILITÉ. — *Des architectes*, pag. 35, 62.
    —   *Des entrepreneurs*, pag. 35, 145, 217, 226, 231.

RETENUE DE GARANTIE. — Pag. 97, 197, 217.

SERMENT. — *Tiers-expert*, pag. 270.

TIERCE-EXPERTISE. — *Serment du tiers-expert. — Avis du contrôleur des contributions indirectes*, pag. 270.

TABLE ALPHABÉTIQUE

DES NOMS DES PARTIES.

	Pages.
ANDRIEU.	52
ARDENNE.	139
BARCONDA.	38
BAZIN.	142
BEGUERY.	97
BENOIT.	32
BERRIER.	35
BITARD-EVRAT.	217
BODIN.	179
BOURDIN.	270
BOUTRAND.	55
BROUILLET.	118
BUYS.	145
CANTE.	270
CAPDEVILLE.	46
CARTIER.	128
CASSAGNE.	46
CHIGY (commune de).	157
COSTES.	249
DAGIEU.	71
DELMAS.	145
DESCHAMPS.	35
DESFOSSEUX.	231
EMERY.	223
EPAILLY.	10-13
ESCARRAGUEL.	153

— 298 —

Pages.

FAUCONNET.	184
FERMONT.	184
FORIEL.	24
FOUGEU.	165
GRANDIDIER.	171
HAMELIN.	252
HANICOTTE.	128
HUBERT.	164
JACQUOT.	262
JOLY.	237
JOUIN.	253
LAVAUD.	209
LELOIR.	173
LELUC.	165
LESPINASSE.	197
LUCQ-ROSA.	268
MARTIN.	228
MATRUCHOT.	59
MAYÉ.	209
MONERON.	41
MOREL.	130
MOURRAT.	130
ORTH.	8
OUDET.	62
PAILLOTET.	176
PASSAMA.	38
PAUPARDIN.	157
PRÉAUBERT.	242
REYNAUD.	18
ROUSSEL-AGNUS.	158
SAINTE-MARIE.	226
SIMARD.	164
TINARDON.	142
VIVET.	177

TABLE CHRONOLOGIQUE DES ARRÊTÉS

1851.

		Pages.
4 janvier.		6, 10
18 janvier.		13, 24, 32
25 janvier.		35, 38
1er février.		41
8 février.		46
22 février.		52
8 mars.		55
15 mars.		59
5 avril.		62, 71
12 avril.		97
16 avril.		118, 128
7 mai.		139, 142
10 mai.		130
24 mai.		145, 153, 157
31 mai.		158, 161, 165
14 juin.		171, 179
21 juin.		173
5 juillet.		176, 184
12 juillet.		197, 242
19 juillet.		209
26 juillet.		217, 223, 226, 228
2 août.		231
9 août.		237, 249
15 novembre.		252
22 novembre.		262
29 novembre.		268, 270

Paris. — De Soye, imprimeur, rue de Seine, 36.

www.ingramcontent.com/pod-product-compliance
Lightning Source LLC
LaVergne TN
LVHW012246030726
842520LV00008B/579